전문인 선교행전

-사도행전의 선교적 해석학-

김태연 박사 저

보이스사

추 천 사

정진경 원로목사
(한국세계선교협의회, 한국전문인선교원 고문)

　교회성장 둔화의 원인을 종교학적인 측면에서 발견하기란 그리 까다롭지 않다. 교회에 종교적인 이물질과 세속적인 이물질이 들어와서, 교회가 순수한 하나님의 말씀으로 양육받지 못할 때 그 교회는 병들게 되고, 잘 자라지 못하게 된다. 반면에 순수한 복음이 전파되고 진실한 회개운동이 일어날 때 그로 인해 성령의 역사와 "하나님의 선교"(Missio Dei)는 활발해질 것이다(행2:38).
　복음이 회개의 과정을 거쳐서 토착화되어야 하고, 또 그 순수성이 유지되어야 한다. 회개란 하나의 불연속성을 경험하는 것이다. 윤리만이 아니라 사상과 우상에 대한 불연속성(discontinuity)이다. 복음은 왜 불연속성 내지 충돌을 겪어야 하는가? 종교다원주의 내지 혼합주의는 왜 교회성장을 저해하는가?
　이제 한국교회가 호소력을 잃고, 왜곡된 교리에 대한 저항력도 상실해 가고, 예수 그리스도에 대한 신앙과 감격도 소멸해 가고 윤리적으로 부패해 가며, 성령의 역사가 감소됨을 발견하면서, 점점 심화되는 한국교회 성장둔화현상을 분석하고, 교회의 건강이 회복될 수 있는 길을 종교적인 측면에서 제시하고 그 대책을 강구한 실제적인 책이 복음주의적인 선교학자에게서 나왔다고 하는 것은 시기적절한 것으로 본다. 한국적인 신학의 토착화 작업으로 이루어진 것들을 왼 눈으로는 하나하나 한국 신학의 현실을 직시하고 오른 눈으로는 한국 신학의 21세기를 예견하는 입장에서 전문인 신학을 소개한 데 이어서 실질적으로 전문인 선교행전 차원에서 사도행전을 전문인의 입장에서 비판적 상황화하여 글로벌 시대에 역사적 문법적 신학적 해석에 기포하여 선교적 해석을 한 것을 높이 사는 바이다. 전문인 선교라는 정체성을 가지고 한국교회의 2007년 평양 대 부흥 100주년 이후의 탈레반 너머의 한국선교재건이라는 현실을 바라보며 미래를 예견하는 심정을 가지고 사도행전의 타문화권 선교해석의 해결책을 한국인의 입장에서 제시한 이론과 실제가 겸비되어진 시도라고 본다. 현재 독도를 일본 땅이라고 주장하는 다까시마 현의 조례가 통과가 되었으며 일본 문무성에서는 독도가 일본 땅임을 교과서에 반영해야 한다고 주장하고 있다.

  전천후 선교사의 상징인 거북선이 그리워진다.

  거북선은 5중 전문성을 갖추고 있다.
먼저 덮개가 있다.
바탕에 못이 있다.
안에서 화포를 쏠 수 있다.
돌격대가 될 수 있다.
특공대가 있다.

이와 마찬가지로 우리는 직업의 전문성, 사역의 전문성, 언어의 전문성, 지역의 전문성, 그리고 성령의 기름 부으심을 갖추어야 한다. 세계화의 시대에 광화문 네거리에서 우리를 보고 계시는 이순신 장군의 마음은 거북선과 같은 위기관리 능력이 있는 선교사가 되라는 것이다. 사도행전에 대한 연구가 한국선교사들에게 전천후 이순신 선교사와 같은 위기관리 능력을 갖춘 선교사가 될 수 있다는 가능성을 김태연 박사의 설교에서 발견하게 되는 것은 행운이다.

추천사

제임스 송 박사
(미드웨스트대학교 총장, 세인트루이스)

　김태연 박사의 또 다른 선교 설교집인 전문인 선교행전을 추천하는 것은 전문인 신학의 실제 현장에서 본인이 직접적으로 경험한 이야기와 10년 동안 전문인 선교사들을 훈련하고 저들의 신앙간증을 담은 선교적 해석학이라고 하는 데에 차별화된 전문인 해석학이라고 하는 것을 높이 치하하는 바이다. 김태연 박사의 선교적 해석학은 하나님만을 바라는 성육신적 선교의 방법으로서 적절한 카타르시스를 한국의 모든 크리스챤들에게는 물론이고 복음주의자들에게 제시해 주고 있기 때문이다.

　지난 12년 동안 김 박사는 전문인 선교에 관한 책을 20여권 이상 저술함으로써 단순한 복음을 알고 복음을 타문화권에 나아가서 실천하는 직업의 전문성에 사역의 전문성에 언어의 전문성과 지역의 전문성을 배양받아 성령의 기름부음을 받아 사역해야 한다고 주장해 왔다. 이제 목회자의 강단을 선교적 강단으로 변혁시키기 위해서 자신이 시도했던 선교적 설교들을 나누고자 하는 저자의 관심은 20세기까지의 전통적인 한국 교회의 설교 강단의 패러다임을 바꾼 좋은 시도라고 본다.

이러한 차원에서 저자는 왜곡되어진 다른 그리스도론으로 가는 것이 아니라 성육신적인 그리스도론의 실질적인 복음의 사역을 위한 사명을 선교적 해석학에 기초한 설교를 통하여 일깨워 줌으로써 제3의 길로서 화합할 수 있는 길을 제시하고 있다. 보수주의자들은 자신이 추구하는 교리는 맞지만 의견이 다른 사람의 의견을 경청하는 것을 하지 못하는 복음주의의 현실에서 선교에 대한 사명으로서의 전문인 신학을 리더십 차원에서 소개하는 것은 의미있는 창조적인 작업이라고 보여 진다.
　한국종교의 영역에 있어서 기본 핵심사항을 꿰뚫고 분석을 하고 그 대안으로서 선교학적인 입장에서의 사도행전에 대한 해석이라고 여겨져 창조성이 엿보이는 케이스라고 여겨서 한국신학계와 교계와 선교계에 추천을 하는 바이다.

감사의 글

지난 50여년을 익숙한 것과 결별하기를 하면서 창조적인 인생을 추구하며 살아온 것 같습니다. 이번에 20번째로 책을 내 놓습니다. 책장에 전시된 제가 쓴 책을 보면서 정신적 폐경기를 느끼곤 합니다. 하나님의 의(the righteousness of God)를 위한 책이었는지, 아니면 자기의 의(self-righteousness)를 위한 책이었는지를 반성하며 하나님의 의를 위한 삶임을 성령이 증거하시니 이번 책을 지난 5년 동안 미간행물로 시용하다가 <전문인 선교행전>이란 이름으로 조심스럽게 내 놓습니다.

사도행전에 대한 연구를 처음 하게 된 것은 오래 전 중국선교에 헌신한 시절, 대학교에 다닐 때, 미국에서 오신 우리 교단의 어느 목사님이 바울 연구의 대가라며 한번 만나 보라고 하시던 선친의 말씀을 듣고 나서였습니다.

바울 신학에 대해서 한국 분만 보더라도 이종윤 박사님(서울교회), 김세윤 박사님(풀러 신학교)을 필두로 정말 학적으로 연구하면 할수록 우리 섬 독도와 같이 독특하고 깊이가 있는 것이 바울 신학임을 경험하고 있습니다. 이번에 졸저 <전문인 선교행전>을 내놓은 것은 한국전문인선교원(Global Professional Institutes:031-383-9676-7)에서 전문인 선교사들을 양성하며 설교연습시간에 사도행전을 함께 나누면서 나름대로 교재가 필요해서였습니다. 그리고 미국 세인트 루이스에 있는 미드웨스트 대학교(제임스 송 총장)에서도 몇 해 전에, intensive course시에도 필요했기 때문이었습니다. 이제는 명지 대학교(유병진 총장)에서 대학원과 학부과정에서도 실질적인 자료가 문화교류 선교학과(intercultural studies in mission)의 수업시간에 필요하게 되었기 때문입니다.

본서를 집필하면서 사도행전에 대한 역사적, 문법적, 신학적 연구를 기초를 전제로 해야 함에도 불구하고 대중적으로 표현하다보니 그 부분들은 많이 부족함을 느끼실 것입니다. 감히 사도행전에 대한 전문인의 입장에서의 선교적 해석학(missiological hermeneutics)이라는 이름으로 제가 그동안 사역했던 워싱톤 한인침례교회와 외대 선교센타교회, 지구촌 교회(이동원 목사) 그리고 협동으로 사역하는 강남중앙 침례교회(피영민 목사), 한국기독실업인회(CBMC) 등에서 배우고 나누고 국내외 30여 개국의 선교 현장을 다니면서 실천하고자 했던 내용들을 전문인 선교의 시각에서 정리한 것입니다.

요즈음 인터넷 세상이고 수많은 설교집이 국내외적으로 나와 있기에 설교집을 낸다고 하는 것은 어쩌면 지혜롭지 않은 선택인지 모릅니다. 이 책을 쓰면서 성령 안에서 성경을 보며 선교만을 생각하며 저술하였습니다. 이동원 목사님의 말씀처럼 청중을 깨우는 강해설교가 되기 위하여 국내외의 다양한 주석과 설교집을 마지막에는 참조할 수밖에 없었습니다.

향후 많은 지도와 편달을 부탁드립니다.

일찍이 본이은 보이스사에서 졸저 <전문인설교코드분석>이라는 이름으로 선교적 설교집을 낸 적이 있었습니다. 그 결과로 많이 알려지게 되었습니다. 그 일이 인연이 되어서 이번에도 보이스사의 대표이신 권승달 장로님께서 출판시장의 여건이 좋지 않은 상황에서도 명지대학교의 설립자이신 방목 유상근 박사님과의 인연을 회고하시며 선교형 교회의 목회자와 선교사 뿐 아니라 대학원생들과 대학생들을 위해서도 이 책이 교재로 활용되도록 허락하신 것을 진심으로 감사드립니다.

시애틀에 잠시 있는 사랑하는 아내 김연화 사모와 미래의 소설가를 꿈꾸며 판타지 소설을 쓰고 있는 아들 학연 군에게 이 책을 드립니다. 한국전문인선교원에서 사무총장으로 수고하시는 김원희 박사님과 스텝들의 노고에 조금이라도 보답이 되었으면 합니다. 미국 워싱톤에 있는 Tissuegene Inc.의 사장이신 친구 이관희 박사님을 비롯한 하나 웰빙의 장지만 회장님 그리고 실제로 이 길을 가고 있는 산본의 세린 교회(주성훈 목사)를 비롯한 셀 그룹을 통한 선교형 교회(missional church)의 목회자와 국민일보 이태형 기독교연구소장님과 비전을 심화시키며 동역하시는 교회들과 기업들과 출신자 선교사님들에게 좋은 선물이 되고 싶습니다. 먹구름 뒤의 일곱 무지개와 같이 일곱 자녀들을 낳으시고 자립정신으로 요셉처럼 바울처럼 승리하라며 길러 주셨던 고 김인건 전도사님과 윤여정 사모님께 늘 송구하고 감사하는 마음으로 이 책을 올립니다. 미국 하와이 마우이 섬에 계시는 장인 박철 장로님, 장모 장성순 권사님께도 선물로 올립니다.

마지막으로, 교육 선교에 멘토가 되어주시는 대교 송자 회장님과, 늘 모든 교수들을 격려해주시는 명지대학교 유병진 총장님과 석좌교수님이신 조종남 박사님을 비롯한 여러 선배님들과 가족 여러분께 2008년 추석을 맞이하여 이 책을 선물로 올립니다. 이 책을 읽고 전문인 선교에 좀더 관심이 있는 분은 www.gpithree.or.kr로 들어와 주시기 바랍니다.

차 례

추천사 (정진경 원로목사) · 5
추천사 (제임스 송 박사) · 8
감사의 글 · 10
저자의 詩 · 15

코드분석-1

1 전문인 선교사에게 고함 (행1:8) / 19
2 전문인 선교사의 교제 (행2:42-47) / 29
3 초대교회처럼 성장하는 우리 (행3:1-10) / 37
4 일터 교회 (행4:23-37) / 51
5 전문인 선교사와 영성기도 (행5:24-31) / 61
6 첫 번째 순교자 스테반 (행6:1-7:60) / 72
7 전문인 선교사의 선교 폭발 (행8:26-40) / 83
8 전문인 선교사와 멘토링 (행9:10-30) / 97
9 고넬료의 집의 환상 (행10:1-10) / 107

코드분석-2

10 전문인 선교사와 문화적응 (행11:2-3) / 117
11 성육신적인 선교의 기초 (행11:19-26) / 128

12 기도와 영적전투 (행12:5) / 138
13 선교형 교회 안디옥 교회 (행13:1-3) / 143
14 타문화권 전도폭발의 사명 (행14:8-18) / 154
15 전문인 선교사와 팀 사역 (행15:37-41) / 168
16 세 가지 능력대결 (행16:16-40) / 176
17 전문인 선교사와 구속적 유비 (행17:16) / 182
18 전문인 선교사의 정체성 (행18:1-15) / 195
19 선교교육과 하나님의 나라 (행19:7-22) / 207

코드분석-3

20 전문인 선교의 3대 자세 (행20:19) / 219
21 선교사의 협상술-1 (행21:1-40) / 231
22 선교사의 협상술-2 (행22:1-21) / 238
23 선교사의 협상술-3 (행23:1-10) / 245
24 선교사의 협상술-4 (행24:1-27) / 251
25 선교사의 협상술-5 (행25:1-12) / 258
26 선교사의 협상술-6 (행26:1-13) / 263
27 신앙의 모래톱을 뚫어라 (행27:1-44) / 276
28 열린 문 앞에서 선 대사 (행28:16-31) / 288

저자의 詩

신사도적 교회를 이루자

한국교회의 전설과 같은 여의도 순복음 교회에서
신사도적 교회를 이루기 위한 세미나가 열렸다.
성령 안에서 기도로 성정을 이룬 하나님의 사람들이 모였다.
피터 와그너 박사님을 모시고 한국교회 안에 새로운 교회부흥을 꿈꾼다.
20년 전 금요철야기도회에 참석한 대성전이 작아 보인다.
내 눈이 나빠진 것이 분명하다.
통성으로 기도하면서 지난날의 기도제목들을 회고해 본다.
개인적인 것은 모두 다 이루어졌다. 이제 사회적인 것이다.
예수님의 마음을 품고 성자가 되지 못한 것이 부끄러울 뿐이다.

여의도 교회의 조용기 원로 목사의 집회에는 여전히
찬양이 힘이 있고 흥이 있는 것이 참 좋다.
여전히 여의도 순복음 교회 우월주의에서 벗어나서
진정한 의미에서 축복의 통로가 되려는 것이다.
수동적인 신자가 아니라 능동적으로 복음을 증거하는
4차원의 영성의 길을 가는 의지를 천명한 것이다.
물 설고 낯 설은 이방 땅에까지 나아가
시장(市場)의 사도(使徒)가 되는 것이다.

신사도 운동이란 초교파적으로 성령의 운동에 동참하여
자신의 생활 가운데 복음을 증거하는 가운데
초자연적인 성령의 체험을 통해서
하나님의 살아계심을 증거하는 것이다.

함께 찬양하며 박수치며 청중과 함께 호흡하는
모습을 통해서 사도로서의 피터 와그너의 모습을 본다.
주님! 이 분이 정말 이 시대에 하나님이 세우신 사도가 되게 하시고
온 세상의 사역의 터닝 포인트가 되게 하소서.
온 세상이 갱신되고 쇄신되고 기적이 일어날 것이다.
작은 교단운동으로 끝나지 않기를 믿고 간구한다.

코드분석-1

도산 안창호 선생님 앞에서

나도 도산 선생님처럼 하나님을 믿으며 경외하련다.
나도 도산 선생님처럼 그리스도의 향기를 전하련다.
나도 도산 선생님처럼 나라를 사랑하련다.
나도 도산 선생님처럼 부모님을 공경하련다.
나도 도산 선생님처럼 타인을 배려하고 사랑하련다.
나도 도산 선생님처럼 먼저 자신을 아끼고 사랑하련다.
나도 도산 선생님처럼 뚜렷한 목표를 세우련다.
나도 도산 선생님처럼 포기하지 않으련다.
나도 도산 선생님처럼 끊임없이 노력하련다.
나도 도산 선생님처럼 모든 것에 감사하련다.

1 전문인 선교사에게 고함

(행 1:8)

    명지대학교의 설립자이신 방목(邦牧) 유상근 선생님은 교수 선교사입니다. 이분의 호가 '열방을 양육한다'라는 의미를 담고 있습니다.
    이분은 장관 시절에도 해외 순방시에 개인적인 식사는 허름한 곳에서 자비로 내시고 달러를 절약하려는 모습을 보고 많은 분들이 검약 정신에 감동을 받았다고 합니다. 새마을운동을 실천하시며 당신 집 앞 뿐 아니라 동네 전체를 새벽마다 청소하셨다는 일화는 많은 분들 사이에서 회자하는 이야기입니다. 그리고 그 당시 데모 중에 명지 대학생 한 명의 사망 소식을 듣고 방목 선생님도 크게 충격을 받고 그 이후에 소천 하셨다는 이야기는 미국 멤피스에서 제가 모시고 있던 Daniel Moon 박사님을 통하여 '진정한 스승은 제자를 사랑해야 한다' 하시던 말씀이 이제 힘이 납니다.
    한국교회에 선교 100주년을 지내면서 우리는 이 사실을 분명히 해야 합니다. 우리의 행동이 선교사로 살아야 합니다. 그때 우리를 생활선교사(life-style missionary)라 불러 줄 것입니다.

우리의 가치관이 선교사로 살아야 합니다. 그때 우리를 지상 대명령에 순종하는 이들(GCC : Great Commission Commandment)이라고 부를 것입니다. 우리의 믿음이 선교사임을 인식해야 합니다.

그때 우리는 전신자선교사주의(Every Believer's Missionarihood)에 의거해서 선교하는 하나님의 백성이라고 할 것입니다. 우리의 세계관이 선교사임을 알아야 합니다. 그 때 우리를 성육신 선교사(incarnational missionary)라고 불러 줄 것입니다.

우리는 한국교회의 목회자 세습이라는 이야기를 신문지상에서 보면서 목회자들의 생각이 선교의 정신과는 상당한 갭(Gap)이 있구나! 하는 생각을 해보게 됩니다.

양화진에서 문득 읽은 닥터 셔우드 홀과 그의 가족들에 대한 이야기를 다시 생각해 보게 됩니다. 조사를 받고 조선에서 추방령을 받았다. 심문하는 일경에게 "당신들은 당신의 봉급과 관계없이 천황을 위해 봉사하듯이, 나는 내가 받는 봉급과 관계없이 나의 왕 그리스도를 위해 봉사합니다."라고 항변했으나 일제는 그의 추방을 이미 결정하고 있었다.

순교자의 피에 의해서 세워진 교회가 순교자의 정신을 잊어버리면 그 때는 하나님의 뜻을 준행할 수 없습니다. 우리가 사고의 틀을 변환하려고 노력하지 않으면 정보통신의 시대 가운데서 영원한 하나님의 말씀을 붙잡으려다가 어제의 믿음도 점점 석고화되고 마는 것입니다. 석고화된 믿음은 외부에서 충격을 가하면 무너져 버립니다.

저는 이것을 세속주의(Secularism)이라고 생각합니다.

현대사회를 사는 우리 모두는 이러한 정신적인 사고가 우리의 기독교 세계관에 흠집을 내어 계속 우리의 세계관을 함몰시켜 가게 될 것입니다. 그리고 마침내, 영적인 타이타닉호처럼 무너지는 것입니다.

석고화된 믿음은 내부의 충격을 가하면 무너져버립니다.

저는 이것을 인본주의(Humanism)이라고 생각합니다.

내부에서 인간적인 생각이 먼저 사로 잡혀서 부정적으로 판단하게 되면 영적으로 역삼투압 현상(saturation)이 일어나서 여리고 성이 무너지듯이 일시에 안으로 무너지게 되는 것입니다.

1. 석고화된 믿음은 위로부터 오는 음성을 들어야 합니다.

저는 이것을 '하나님을 체험하는 법'이라고 생각합니다.

신본주의라는 현상학적인 용어로 표현하면 다시 석고화된 믿음으로 돌아가기 때문에 신본주의(Theism)라는 용어를 쓰지 않겠습니다. 이 용어는 중세 교회시대의 토마스 아퀴나스가 쓰던 석고화된 용어이기 때문입니다.

포스트 모더니티(post-modernity)의 사회에 사는 후기 복음주의자의 입장에서는 하나님을 체험하는 법이라고 표현하고 싶습니다.

2. 석고화된 믿음은 내부에서 오는 음성을 들어야 합니다.

저는 이것을 Q.T.(경건일기)와 O.T.(관찰일기)에 의해서 가능하다고 믿습니다. 때로는 자연계시를 통해서도 하나님의 음성을 들을 수 있다고 봅니다. 그러나 전문가의 경지에 들어가기 전에는 성경의 말씀을 통한 특별계시를 통해서 하나님의 음성을 들을 수 있습니다.

사람들은 자주 네가 믿는 하나님이 어디 계시느냐? 고 질문하므로 자신의 침상을 눈물로 적신다고 하는 시편 기자의 고백은 겸손한 고백이요 계시의 완성으로서 성경 66권을 믿는 탈현대시대에 맞는 고백은 아닌 것 같습니다.

차라리, 사람들이 네가 믿는 하나님이 어디 계시냐? 고 질문할 때, 대답할 말을 준비하고 있어야 합니다. 때로는 그것이 우리 입술의 말이 아니라 우리의 인격을 통해서도 표출될 수 있습니다. 할 수만 있으면 영적 지도인 성경에 근거해서 하나님의 영과 나의 영이 만나는 그 시간에 하나님의 음성을 들을 뿐 아니라 나의 헌신의 고백을 그분께 들려드리십시오. 이것이 영적인 '닷컴'의 시대를 올바로 사는 것이 아니겠습니까?

석고화된 믿음은 '마케도니아인의 음성'을 들어야 합니다.

우리가 사는 한국은 어쨌든 수레바퀴가 굴러가고 있는 것 같습니다. 또, 전직 대통령 김대중 선생님도 노벨 평화상을 수상한 것을 보면 인본주의적인 입장에서 이제 한국은 남에게 도움을 받는 수상한 나라에서 도움을 주는 우수한 나라로 인정을 받고 있는 듯합니다. 대우 그룹의 김우중 회장이 하나님의 음성을 들을 수만 있었다면 몽골의 징기스칸의 후예로서 중앙아시아와 서남아시아에 무리하게 자동차 사업을 신장하고 망하지 않았을 것입니다. 믿음이 좋은 그 어머니는 하나님의 음성을 들었지만 세계관이 석고화된 분이시기 때문에 문화 변혁자로서의 삶을 살지도 못하고 자신의 아들도 살리지 못했습니다.

그러나 진젠도르프 백작의 어머니는 달랐습니다.

모라비안교도들이 신앙의 박해를 피해서 백작의 영지내로 들어오기를 원했을 때, 아들이 외출한 상황이었으나 '마게도니아인의 음성'

을 들을 수 있었기에 저들을 들어오게 함으로써 자신은 선교하러 가지 못하지만 보내는 선교사로서의 중보기도의 사역을 감당할 수 있었습니다.

전 세계 어느 곳을 가보아도 선민(Chosen People:조선사람)에 대한 기대가 많은 것을 느끼고 있습니다.

무엇인가, 영적인 능력을 당신들은 우리에게 제공해 줄 수 있다는 검은 콩자반 같이 반짝반짝 빛나는 저들의 눈동자에서 현존하시는 그분의 음성을 듣습니다.

아마도 이것은 아직도 외부자적인 시각에서 들려오는 음성에 피동적으로 반응하는 정도로 보여집니다.

3. 마지막으로, 우리는 지옥의 불못에서 부르짖는 부자의 음성을 들어야 합니다.

이것은 처절한 절규하는 외침입니다.

우리가 외치는 기도(shouting prayer)를 하듯이 처절하게 외치는 것입니다.

전문인 선교사역을 하시는 분 가운데, 한국동란 당시에 36명의 전 가족이, 빨갱이가 된 자신의 집의 머슴에 의해서 다 죽고 자신만 할아버지가 탄원을 하여 살아남은 대덕단지의 최창웅 장로님이 계십니다. 이 분은 처절한 절규하는 외침으로서의 부르심이 무엇인지 내부자적인 시각을 가지고 본 분이십니다.

하나님은 우리가 지옥으로 떨어지는 땔감만도 못한 영혼들의 음성을 듣지 않는다면 우리 민족을 버리실 수도 있습니다. 하루에 20만 명이 죽어가고 있습니다.

오늘 본문의 말씀을 전문인 선교의 입장에서 분석해 보기를 바랍니다.

다같이 읽습니다.

"오직 성령이 너희에게 임하시면 너희가 권능을 받고 예루살렘과 온 유대와 사마리아와 땅 끝 까지 이르러 내 증인이 되리라 하시니라"(행1:8)

이 본문에 대해서 미국의 신학교에서 공부할 때 이런 공식으로 표현한 것을 들어본 적이 있습니다.

M=P.S+S.R

M=Mission

P.S.=Personal Salvation

S.R.=Social Responsibility

즉 선교는 개인적인 구원과 사회에 대한 책임을 동시에 하는 것입니다.

이것이 전문인 선교의 장점입니다. 자신의 직업의 전문성을 가지고 사역의 전문성을 배양 받아 생활 가운데 선교하는 것이므로 개인구원과 함께 사회에 대한 책임을 할 수가 있는 선교방법입니다.

M=E+N+S+F

M=Mission(선교)

E=Evangelism(전도)

N=Nuture(양육)

S=Service(봉사)

F=Fellowship(교제)

즉, 선교가 제대로 이루어지기 위해서는 전도뿐 아니라 개심자를 양육시켜서 그리스도의 몸된 교회를 위해서 봉사하고 친교의 손을 펼쳐서 이웃에게 까지 나아가는 것입니다.

M=M1+M2+M3

즉 선교는 동일 문화권인 M1에서 시작하여 유사문화권인 M2에 선교 접촉점을 두고 M3 즉 진정한 의미의 타문화권인 미전도 종족에게 까지 나아가는 것입니다.

1) 여기서 성령이 임하시는 것은 위로부터의 소명을 의미합니다.

우리의 소명은 하나님으로부터 온 소명과 자기 자신이 하나님께 응답한 순간에 이루어지는 것입니다. 소명이 분명한 사람만이 일을 했으면 좋겠습니다. 그렇지 않은 사람들로 인해서 우리는 너무나 많은 재원을 낭비하고 있습니다.

2) 여기서 내부로부터의 소명의 발상지가 예루살렘입니다.

예루살렘은 내 마음 즉 카르디아(heart)를 의미합니다. 지상에서부터 영원까지 예루살렘이 확장되어 나가는 것입니다. 선교를 이야기 할 때 우리가 확장된 교회로서의 개념을 이야기한다면 이것은 곧 확장된 예루살렘의 의미와 일맥상통하는 것입니다.

이제 하나님의 다리가 확장되어 가는 것입니다. 점차로 자문화에서부터 시작하여 유사문화 그리고 타문화를 향해서 확대되어 나아가는 것입니다.

3) 외부로부터의 소명입니다. 우리는 먼저 온 유다에서 들려오는 음성을 들어야 합니다.

우리의 모든 직업을 통해서 하나님께서 우리 한국인 뿐 아니라 여러 지방에서 모인 사람들의 차이를 침투하고 또 우리 곁에 온 외국인 그리고 조선족 등을 통해서도 유다의 영역을 확산시켜 나가게 됩니다. 이 일을 위해서는 관계전도의 삶을 살아야 합니다.

우리는 사마리아 접경에서부터 들려오는 마게도니아의 환상을 눈으로 보고 듣고 경험하는 것입니다. 이러한 일을 위해서 우리는 타문화의 체험을 통해서 확산되어 나아가는 것입니다.

예수님은 최초의 타문화권 선교사였습니다.

예수님은 예루살렘에만 머무르시지 아니하시고 유다와 사마리아까지 나아갔습니다. 다시 말해서 이방인에게 나아갔던 것입니다.

우리는 타문화권에 나아갈 때, 종교다원주의의 세상에서도 흔들리지 않는 선교세계관을 가지고 있어야 합니다.

4) 우리는 땅 끝에서 들려오는 영혼의 절규를 들어야 합니다.

땅 끝을 어떤 분은 북한이라고 합니다. 그러나 북한이 열리고 있습니다. 남태평양에서 오신 어떤 복음주의 선교협회의 대표는 한국에서 막대기를 바로 수직으로 내리면 솔로몬 군도로 나오기 때문에 남태평양이라고 합니다.

해뜨는 데부터 해지는 데까지 하나님이 창조하신 온 우주가 다 하나님이 지으신 땅의 양끝입니다. 그런데 중요한 것은 하나님의 주권이 이 모든 영역에 미쳐야 한다는 것입니다.

그러나 무엇보다도 성령의 역사가 우리 가운데 임해야 합니다.

자주 중국을 가보면서 깨달아지는 것이었습니다.

성령의 역사가 이제는 횡적으로는 중국으로 이동하고 있고 이제는 실크 로드를 지나서 예루살렘을 향해서 나아가는 마지막 시대를 우리는 살고 있습니다.

그러나 성령의 역사가 아직도 종적으로는 이 민족을 버리지도 아니하시고 여전히 기대하시고 북한선교를 향해서 나가라고 구름기둥, 불기둥처럼 머물러 계심을 느낍니다.

이러한 시각을 저 혼자만이 아니라 함께 가지기를 원합니다.

그래서 선교 2008년 행사 후의 한국선교는 하나님이 원하시는 전문인 선교의 계절이 속히 다시 오기를 바랍니다.

낮엔 해처럼 밤엔 달처럼 그렇게 살 순 없을까!

예수님처럼, 바울처럼 그렇게 살 순 없을까!

불렀던 우리의 복음성가의 내용처럼 성육신적인 선교사로서의 삶을 살아야 합니다.

결론

우리는 선교의 시각(mission perspective)을 가져야 합니다.

사도행전 1장 8절에서 비롯된 지상명령이 사도행전 8장 1절에 이르러서야 시작이 된 것은 선교를 위해서 사용되어야 할 교회가 선교에 방해가 되었다고 하는 것을 의미합니다.

교회는 행태론적 근본주의를 벗어버려야 합니다. 쉬운 말로 하면, 우리는 석고화된 믿음을 깨어버려야 합니다.

인격적인 성령의 역사를 받아들여야 합니다.

말씀이 생활 가운데 그대로 역사해야 합니다.

선교를 내 주위에서부터 시작하여 전 세계를 향해서 펼쳐야 합니다.

우리의 가정이 사철에 봄바람이 불어 잇는 임마누엘의 가정이 되게 해야 합니다.

그리고 그 석고 안에 갇혀 있는 하나님의 형상을 찾아내야 합니다. 또 그분 앞에 겸손히 앉아서 하나님의 음성을 듣고 우리의 헌신을 고백해야 합니다.

이 일은 우리의 선교 세계관까지 변화될 때에만 가능한 것입니다.

이 시간 주님께 기도드릴 때, 우리가 위로부터 오는 하나님의 음성을 들을 수 있도록 기도합니다. 내부로부터 오는 내 영의 음성을 들을 수 있도록 기도합니다.

☞ 연구과제

지상 대 명령과 성육신 선교사 그리고 전신자선교사주의를 설명하라.

2 전문인 선교사의 교제

(행 2:42-47)

교제(Fellowship)는 실제적인 것입니다.

2000년 7월 27일에 북인도의 찬디가르에서 YWAM의 오종문 선교사 부부를 만나게 해주신 하나님은 진정한 의미의 선교사의 교제가 무엇인지를 깨닫게 해 주었습니다.

이들 부부는 11년 전에 인도에 와서 사역을 계속하고 있고 이들이 개척한 교회에서 설교를 하면서 필자는 많은 것을 체험하였습니다.

그 중에 한 가정교회 아직은 이름이 없는 교회라고 하는 데 Sector 26 교회라고 지리명으로 부릅니다. 그 가정을 제공한 알리사의 이름을 따서 필자는 "알리사의 집" 교회라고 부르고 싶습니다. 그러나 그 가정을 제공한 알리사는 남편이 죽은 후에 마음의 위로가 필요한 상태로 있었습니다. 우리 전문인 선교 팀이 그곳에 가서 성도들을 위로하고 사랑의 터치 침술사역을 통해서 환자를 치료하고 격려하고 저들의 쓸 것을 나누어주었습니다.

교제라고 하는 것은 헬라어의 코이노니아에서 비롯된 용어인데 이는 삼위일체의 하나님의 사역에서 비롯된 것으로 볼 수 있습니다. 성부, 성자, 성령 하나님께서 상호의존적인 연합을 통해서 천지창조를 계획하시고 천지를 창조하셨습니다.

하나님은 역할 분담을 통해서 구속의 사역에 대해서 창조 전에 예정하셨습니다.

또한, 이 땅에 친히 성자 예수께서 성육신하시므로 모든 구원의 사역을 완성시키셨습니다.

이제는 죽으시고 부활하신 능력의 하나님이 예수 그리스도 대신에 또 다른 보혜사이신 성령님을 주셔서 선교사역의 새로운 힘이 되시고 마지막 주자로서 선교를 완성시키기 위해서 오늘도 강하게 역사하고 있습니다.

필자는 교제의 모델을 삼위일체의 하나님에게서 찾으며 소극적인 교제가 아니라 적극적인 교제의 모습을 보이고 싶었습니다. 가장 가난한 나라 가운데 하나인 북인도의 한 가정교회에서 성육신적인 교제의 연장으로서의 교회의 모습에서 찾아보고자 합니다. 이제 21세기의 정보통신시대의 주역은 인도가 될 것이기 때문입니다.

첫째, 하나님을 중심으로 한 교제였습니다.

사도행전 2장 44절을 보면 -다 함께 있어-라고 표현하고 있습니다.
우리가 하나님을 중심으로 한 교제를 할 때에만 우리는 장기적으로 함께 있을 수 있습니다.
하나님 아버지께서 영적으로 낳은 하나님의 자녀라는 세계관을 가지고 있을 때에 함께 있고 싶은 생각이 나는 것입니다.

선교지에서 전기가 나가고 촛불을 켜놓은 상태에서 쾌쾌한 냄새가 후각을 자극할 때에도 우리는 하나 되는 것이 얼마나 귀중한 것인지를 느끼게 되는 것입니다. 우리 선교 팀은 순례자적인 교회로서 이곳을 지나가는 것이고 저들의 교회는 성막이 광야에 머무는 것과 마찬가지로 교회가 하나님의 영광을 나타내는 성육신하신 예수 그리스도의 유업을 받들고 머물러있는 것입니다. 얼마나 소중한 모습입니까?

마치 가시밭의 백합화와 마찬가지로 그리스도의 향기를 풍겨야 하는 데 저들은 너무 연약해 보였습니다. 그러나 하나님을 중심으로 모여 있기 때문에 성령의 놀라운 역사를 체험할 수 있는 예배의 시간이었습니다.

"거룩하게 하시는 자와 거룩함을 입은 자들이 다 하나에서 난지라"(히2:11)

둘째, 복음을 중심으로 한 교제였습니다.

바울은 빌레몬서에서 '삼위일체의 교제'의 선교모델을 우리에게 제시해 주고 있습니다.

인간도 삼위일체의 교제의 모델을 중심으로 구속의 사역을 할 수 있음을 보여주고 있는 것입니다.

여기에는 디모데-빌레몬-오네시모를 다 하나님의 가족이라고 부르고 있습니다. 특별히, 디모데는 '그리스도를 위하여 함께 갇힌 자'라고 소개한다.

한번 선교지에서 구금을 당해본 자는 그리스도를 위하여 함께 갇혔다고 하는 의미가 무엇인지 알 것이다. 이것은 분명히 신랑이 신부의 방에 들어가는 것과 마찬가지로 영광에 동참하는 것이라고 말한

함석헌 선생님의 말씀을 생각나게 하는 것입니다.

빌레몬은 '동역자인 형제요' 라고 소개합니다.
참으로 동역이 어려운 것은 우리가 보조적인 역할을 감당할 때에도 그 자리에 있을 수 있느냐는 것입니다. 그 순간에는 참기 어려웠으나 시간이 지나면 다음에는 기쁜 마음으로 보조적인 일을 할 수 있어야 성육신적인 동역자의 교제가 가능한 것입니다. 저는 이러한 역할을 하면서 많이 갈등을 겪어 보았습니다. 그러나 내린 결론은 하나님 나라를 위해서라면 한번 다시 그 길을 갈 것입니다.

오네시모는 갇힌 자 가운데 낳은 아들이라고 합니다.
바울이 순회선교사역을 통해서 복음으로 낳은 아들이 여럿이 있었습니다. 그 가운데 오네시모는 물질에 갇힌 자였습니다. 탐욕으로 인해서 주인에게로 돌려보내질 수밖에 없는 갇힌 자 가운데 있는 자였습니다. 그런데 바울의 한 장의 그리스도의 편지에 의하여 그는 자유의 몸이 될 수 있었습니다. 예수님이 죄인된 우리를 친히 하나님 앞에 보증을 서 줌으로서 우리를 죄의 사슬에서 풀어주신 것과 같은 사건입니다.
오네시모의 이야기는 오네시모 개인의 이야기에서 끝이 나는 것이 아니라 우리 모두의 이야기입니다. 우리가 이러한 하나님의 사랑을 저버리게 되면 우리는 하나님의 친자녀가 아니라는 결론에 도달하게 됩니다.

셋째, 공동체를 중심으로 한 교제였습니다.

우리가 상대방의 잘못을 지적하고 상대방을 지적하기는 쉽습니다. 그러나 그 잘못이 지적이 되고 지적을 받은 자가 자신의 잘못을 참회하지 않으면 공동체는 급격히 파괴될 수 있습니다. 초대교회에도 아나니아와 삽비라의 이야기가 있습니다.

오늘날 하나님 앞에서 아간과 같지 않은 자가 과연 누가 있겠느냐?

물질의 유혹, 성의 유혹, 그리고 명예의 유혹을 느끼는 데 이것은 무엇인가가 채워지지 않았다는 것을 의미합니다. 복잡한 세속사회에서 인간관계에서 채워지지 않는 것이 상처가 되어 자신의 연약한 부분을 통해서 터지게 되는 것입니다.

이것은 우리가 죽기 전까지 인간이라는 정욕을 가지고 있는 동안에는 어쩔 수가 없는 것입니다. 그러나 그 순간에 공동체를 생각하고 무소유의 주님을 닮는 마음을 생각한다면 점점 극복할 수 있으리라 봅니다.

북인도의 찬디가르의 사역자인 요게시는 공동체 안에서의 겸손의 의미를 이렇게 말했습니다.

"찬디가르의 거리를 자전거를 타고 가면서 앞에서 순한 매연을 내뿜는 지프차를 부러워한다면 아직 내게는 겸손이 형성된 것이 아니다"

그렇다면, 전문인 선교사의 교제는 어떻게 사역에서 드러나게 되는가?

1) 연합하고 동거해야 합니다(히2:11)

우리는 단일민족이기 때문에 연합이라는 단어가 아직은 생소하다고 봅니다. 서구의 잣대를 가지고 보면 더욱 그렇습니다. 그러므로 마음을 넓혀서 하나님의 자녀로서의 연합의 의미를 배워나가야 합니다. 21세기는 공동체의 회복이 주요한 선교의 이슈입니다. 타종교에는 있는 데 기독교에서는 부족해 보이는 것이 바로 이 연합하고 동거하는 공동체 훈련입니다.

탈레반 사태 이후의 최근의 선교동향을 보면 이러한 느낌을 받습니다.

세계선교신학의 동향도 선교를 단지 기능적으로만 이해하는 것이 아니라 그리스도의 몸된 지체가 생활 가운데 선교하는 삶을 살아야 한다는 것입니다.

2) 협동재정의 정신을 가지고 서로 도와야 합니다.

"이 세상 재물을 가지고 형제의 궁핍함을 보고도 도와 줄 마음을 막으면 하나님의 사랑이 어찌 그 안에 거할까 보냐"(요일3:17)

우리가 서로 도울 수 있을 때 서로 도와야 합니다. 언제든지 하나님의 때가 있는 것입니다. 그 때를 놓치게 되면 우리는 돕고 싶어도 도울 수가 없게 될 것입니다. 그러나 서로 돕는 정신을 가지고 서로 협력하지 않으면 공동체 내에서의 상호 돕는 정신이란 오래 지속되지 않을 것입니다. 물질이 없는 자도 물질이 있는 자를 도울 수 있는 것이 있는 데, 그것이 마지막으로 지는 신세라고 생각하면 된다는 것입니다.

그렇다면, 협동재정의 정신을 가지고 서로 돕는 일이 믿음선교를 통해서 또, 자비량 선교를 통해서 활성화되어 질 수 있습니다.

3) 공동체의 지체들을 위하여 해산하는 수고를 해야 합니다.

해산하는 수고는 전도와 제자양육을 통해서 이루어집니다. 그러나 가장 중요한 것은 진로에 대한 지도를 해 주는 것이 가장 중요한 것으로 보입니다.

'구슬이 서말이라도 꿰어야 보배'라는 말과 마찬가지로 아무리 많은 준비를 하였어도 실제적인 출정식의 순간에 활용되지 못한다고 할 것 같으면 오합지졸에 불과한 것입니다.

많은 헌신자들이 자신의 진로에 대해서 확신이 없이 갈 바를 알지 못하고 아브라함과 같이 떠나가는 것을 보게 됩니다. 자신의 의무는 하지 않고 조직을 이용하고 권리만 주장하는 자는 하나님의 축복을 더 받고 왕 되신 주님의 일을 하러 왔으면 좋겠습니다.

그러나 우리는 하나님의 말씀과 비전 그리고 믿음의 지도자들을 통해서 셀 그룹의 지체들의 진로를 열어 줄 수 있습니다. 이 해산하는 수고는 아이를 낳을 때의 고통과 족히 비교가 될 수 있을 것입니다.

그러므로 함부로 제자훈련을 한다고 하지 말고 선교학교를 한다고 선교훈련을 한다고 하지도 말아야 합니다.

4) 믿음을 굳게 하여 사탄을 대적해야 합니다.

우리가 궁극적으로 선교세계관을 가지고 전문인 선교사로서의 교제를 하는 것은 복음을 증거해야 합니다. 우리가 공동체로서 삼위일체 하나님이 위에서 우리를 엄호 사격하시고 하나님이 우리보다 여호와 이레로 앞서 가시고 우리의 등 뒤에서 도우시는 성령의 힘을 의지하고 큰 소리 외쳐 나아가는 비전을 구체적으로 가지고 있어야 영적 전쟁의 현장에서 승리할 수가 있는 것입니다. 그리고 우리 모두는 감사하고 격려의 말을 자주 해야 합니다.

스코틀랜드 국교회 내에서 셀 교회 운동을 주도한 톰 알렌(Tom Allen)은 다음과 같은 말을 남겼습니다.

"메마른 교회 안에서 오아시스처럼 물을 뿜어내는 그리스도인 공동체의 살아있는 셀들이 밀접한 공동체 그룹들만이 모든 문제와 슬픔 가운데 있는 사람들에 대하여 진지한 처방으로 삶의 처방을 나누게 될 것이다. 그리하여 교회가 참되고 역동적인 공동체의 생활, 즉 신약적 코이노니아를 드러내 보일 때에만 비로소 온전히 그 교회된 기능을 발휘하고 교회로 하여금 세속적인 세상에 성공적으로 침투하게 할 것이다."

먼저 우정관계를 수립해야 이슬람 선교를 할 수 있다는 어느 선교사님의 말씀이 잠자리처럼 마음에 와 닿는 계절입니다.

☞ 연구과제

전문인선교사의 교제와 사역의 상관성을 설명하라.

3 초대교회처럼 성장하는 우리

(행3:1-10)

C일보 기자 출신인 저는 요즘도 거의 매일같이 관찰 일기(Observation Training)를 쓰고 있습니다.

2008년 8월 16일 북경올림픽 한일전 야구경기이다. 6회말 투수교체를 미리 한 한국이 일본 선수 아라이에게 2점 홈런을 당했다. 이제 끝났구나! 그런데 7회 초 경기에서 4번 이대호가 2점 홈런으로 2:2가 되었다. 기적이 연출된 것이다. 광복절을 맞이한 다음 날 열린 한일전이기에 독도 영유권 주장을 하는 일본을 응징하는 마음을 가지게 했다. 그 이후에 9회 초에 김현수 선수의 안타와 이종욱 선수의 번트로 4:2가 되고 일본의 견제구 실수로 5:2가 되었다.

어제가 광복절이었고 독도 문제로 불편한 데 시원한 선물을 한 것이다. 한기주 후에 1점을 주었으나 정대현 투수의 마무리가 빛났다.

2008년 8월 북경 올림픽에서 보니 대한민국이 초반에 양궁에서 금메달을 따며 종합 7위를 달성했습니다. 지난 월드컵 경기를 보니 태극기로 치마를 해 입고 태극기로 두건을 쓴 모습이 너무나 좋아 보였습니다. 빨간색은 의복 색이 아닌데 이번에 너무 강렬한 한국의 인상을 심어 주었습니다.

저도 몇 벌을 사서 해외에 있는 친지들에게 전달을 했습니다. 다만 Red Devil이 우리의 옛 조상일 수 있다고 상상하며 차우 왕이라고 하는 것이 너무 잘못된 것을 느꼈습니다. 한국창조사학회의 장국원 박사에 의하면 우리 선조는 셈의 후손으로서 터어키에서 동방으로 이주해 온 하나님의 선민들입니다.

인류 최초의 Fashion쇼가 무엇인지 아세요?
Adam이 독처하는 것이 안타까워 하나님께서 Adam에게 수면탄을 쏘십니다. 그리고 아담의 갈빗대로 이브를 지으십니다. 그리고 이브가 처음 Adam 에게 등장하는 장면이 바로 Fashion쇼의 효시가 아니겠습니까? 그 날 이후로 Adam은 자신의 아내인 이브가 하나인 것이 천만다행으로 여기게 되었고, 이브는 아담이 잠든 사이에 Adam의 갈빗대를 세어보는 역기능적인 습관이 생겼습니다. 그래서 아담은 이브와 부부싸움을 하고 나면 유프라데스 강가에 앉아서 이런 노래를 부릅니다(Adam이 신앙 고백으로 부른 찬양이 찬송가 440장입니다).

"갈-비, 갈-비, 내 갈-비 떠나가지 마시고 길이 함께 하소서"

이 시간에 세속주의와 인본주의, 과학주의, 물질주의, 쾌락주의에 노출되어 유혹이 닥쳐올 때에도 눈감고 살아가는 하나님의 백성인 우리는 하나님의 사랑을 선포하고 실천하는 마음으로 살아야 합니다.

우리가 사는 세상은 이미 종교다원주의로 인해 기독교가 역 삼투압을 느끼는 단계로 접어들었습니다. 다시 말해서 기독교는 사회를 변혁시킬 수 있는 주체가 될 수 없다는 선고를 받은 것입니다. 이전보다 3배 이상 더 열심히 신앙생활을 해야 영적 전쟁에서 살아남을 수가 있습니다. 그런데 그러한 선교 공동체는 많지 않은 것이 우리의 라오디게아 교회의 현실입니다. 사역자로 살려면 3배 이상은 더 열심히 자기 자신을 쳐서 복종하고 하나님 중심의 세계관을 가지고 사는 희생하는 리더십을 준비해야 합니다. 선교사가 되려면 온전하신 성령의 능력 즉, 일곱 영의 능력을 받아야 합니다.

불교에서도 예수님의 탄생을 축하하고 아기 예수와 아기 석가가 손을 잡고 있는 그림들은 영적으로 우리에게 많은 생각을 해보게 합니다. 대형 갈비집 한구석에서 떳떳하게 갈비탕을 먹고 있는 스님들을 보면서 fusion 시대임을 실감합니다. 채식 중심으로 먹는 목회자와 뚜렷이 대조가 되는 것 같습니다. 우리도 오래 동안 고기를 먹었으니 이제는 저들도 고기를 먹는다고 하는 데 말리면 안 됩니다. 기독교인이 채식을 좋아하고 있지 않습니까? 육체로 구원을 받는 것이 아니기 때문입니다. 석가탄신일을 보내고 길가에 버려진 연등을 보면서, 이 세상이 여전히 등불이 필요하다는 생각을 합니다.

세상은 여전히 무명에 사로잡혀 있고 오욕(五慾)과 칠정(七情)에 사로잡혀 있습니다. 한국의 정치도 경제도 사회도 문화도 패러다임의 전환을 위해서 안간힘을 쏟고 있으나 역부족으로 보입니다. 6070세대는 나라를 재건했다고 말하고 4050세대는 샌드위치로 역할을 못하고 2030세대는 세상은 바뀌었는데 구습대로 살면 망한다고 말합니다. 정도(正道)를 걷지 않고 사도(邪道)를 걷는 자들로 인해 어두운 터널을 지나가고 있는 듯 합니다. 경제도 중요하나 먼저 정직과 신의를 지키는 속사람이 변화되어야 합니다.

그 가운데 여러분과 제가 지나가고 있습니다. 그러나 그 길은 하나님이 늘 동행하는 길입니다.

그러므로 우리는 사망의 음침한 골짜기를 지날지라도 주님과 더불어 신앙생활을 하며 신앙의 자세를 가다듬기를 원합니다. 세속적인 교회는 상업주의화하며 동시에 진정한 구원(救援)의 도에 대해서 이야기하지만 내부자적으로는 서로 반목하고 질시하는 등 분리의 영에 사로잡혀 있습니다.

자문화우월주의(ethnocentrism)의 벽은 여전히 높습니다. 그러나 오늘 한국전쟁 58주년을 맞이하며 다시 감사하는 마음을 가져봅니다. 만일 미군이 도와주지 않았다면 우리는 중앙아시아의 여러 나라들처럼 가난과 질곡을 경험하며 살고 있을 것입니다. 주한미군이 철수하면 바로 북한이 남침을 시도할 것입니다. 다시 한번 지정학적인 한국의 위치를 보시기 바라닙니다. 자문화열등주의에서 벗어나서 자문화관통주의(ethnobreakthroughism)로 나가지 않으면 우리는 100년 전 구한말 갑신정변의 때와 같은 위기를 체험하게 될 것입니다. 이제는 한국 전쟁에서 유엔군이 와서 한국을 사자의 입에 반쯤 삼켜진 양을 건져내는 것과 마찬가지로 남한을 지켜주었듯이 한민족이 이제는 사랑의 빛을 갚는 세계를 품은 민족이 되기를 원합니다. 그렇습니다. 선교를 통해서만 우리는 세계 속의 한국을 실현할 소망이 있습니다. 현재 세계 2위의 선교사 파송국가라고 하는 것은 하늘에 계신 하나님과 전 세계의 크리스챤들을 감동시키기에 충분한 것입니다. 주한미군 철수 요구 등 남한의 신세대의 요구 앞에서도 여전히 미국의 복음주의적인 크리스챤들이 한국을 지지하는 것은 미국 다음으로 큰 선교의 열정 때문입니다. 열정이 모든 것입니다.

인도네시아의 김익배 선교사는 빚에 대해서 다음과 같은 말씀을 하셨습니다.

나는 사랑에 빚진 자다 너무 많은 빚을 지고 있다. 헤아릴 수도 없으니 어찌 갚을 수 있겠는가? 하늘에 진 빚, 땅에 진 빚, 가볍게 진 빚, 무겁게 진 빚, 한번 진 빚, 매일 지는 빚, 마음 바닥에 가라앉은 빚, 잊어버린 모든 빚, 모르는 빚, 아는 빚, 동에서 서까지 태어나면서 이제까지 온통 빚투성이다. 그 빚을 지금 갚으라면 나는 당장 내 인생에 부도가 날 것임이 분명하다. 빚진 자의 마음으로 살아가고 사역을 해야 하겠다. 하나님께 진 빚, 부모님께 진 빚, 후원하는 교회와 성도님께 진 빚, 동역자와 현지인들에게 진 빚, 내가 만나는 모든 분들, 내가 머무는 모든 곳에 나는 빚을 지고 있다. 보이지 않은 빚은 또 얼마나 많은가? 사랑의 빚, 기도의 빚, 관심의 빚, 도움의 빚, 어찌 그 많은 빚을 내 작은 가슴에 다 담을 수 있겠는가? 그럼에도 불구하고 하늘에서부터 땅 끝까지 빚을 갚으라고 독촉하지 않는다.

우리는 불신자들의 영혼에 대해서는 무관심한 데에서 문제의식을 가져야 합니다.

오히려 한국에서 개최되었던 월드컵 경기에서 터어키와의 혈전이 끝난 후, 무릎 꿇고 기도하는 송종국 선수의 '그라운드의 기도'가 더 큰 선교의 문을 열고 있습니다. 일시적이지 않은 지속적인 스포츠선교로 이어지는 방법은 없을까요?

이제는 문화 선교를 해야 합니다. 스포츠 선교를 해야 합니다. 의료 선교를 해야 합니다.이러한 모든 것을 정보 통신과 함께 하는 문화정보통신(ICT) 사역이 탈레반 사건 이후의 가장 중요한 선교사역의 방법이 되고 있습니다.

제가 북인도의 힌두교의 성지인 다름살라에 가서 앉은뱅이 된 어린이를 위해서 전기 침을 놓고 치료를 한 적이 있습니다. 결과는 실패였지만 목회자들도 한 가지 이상의 선교 현장에서 성육신적으로 스스로 높은 자리에서 내려와서 일할 수 있는 기술을 배워야 한다는 것을 강력히 깨달았습니다. 내가 어머님의 말씀대로 의사가 되었다면 하는 생각을 잠시 해보았습니다. 그러나 현실은 저에게 전기침을 놓도록 하고 있었습니다.

무릎에 전기침이 들어오니 깜짝 놀라 원숭이처럼 달아나는 아이의 모습이 지금도 선합니다.

여전히 예수님의 당시에도 그러한 사람들이 있었습니다. 베드로와 요한 당시에도 그러한 불쌍한 영혼들이 있었습니다.

사도행전 3장에 성전 미문에 앉아 있는 거지(얼마나 전문적인 직업인가?)

아침부터 저녁까지 그는 하루 종일 구걸했습니다. 그는 절름발이였기에 주위에 사람이 옮겨주지 않으면 갈 수가 없었습니다.

그가 늘 하는 말은 단순하게 "돈 좀 주세요. 배가 고파요!" 이었습니다. 자신의 상태를 전달하는 것입니다. 입으로 시인하는 것입니다. 입을 다문 세대는 무관심, 무자비, 무정, 무능력한 세대입니다. 이사야 선지자가 말하는 벙어리 개와 같은 세대입니다.
　(선한 사마리아인의 비유에 나오는 직업인 랍비는 직업적으로 성전에 들어가는 것이다. 그리고 저들은 한 가지 기술을 배워서 생업 가운데 자립을 하고 랍비의 일을 하고 있었다는 것을 기억하시기 바랍니다)

　베드로는 성전에 들어가면서 사람을 낚는 어부가 된 자로서의 차원이 다른 직업을 가진 자 입니다. 여기에 세 가지 부류의 직업인을 볼 수가 있는 것입니다.
　세 번째 유형의 직업인은 영혼을 구원하는 직업을 가지고 있는 것입니다.
　베드로는 기도하는 마음으로 성전에 들어갑니다.

　이 세 가지 유형의 사람들은 성전 부근에 있었으나 다 다른 유형의 사람이면 베드로와 요한이 성전에 들어가게 될 때 이들을 통해서 전문적인 직업성을 보게 된다.

　행 3:4 "그가 더불어 주목하여 보았다"
　베드로와 요한은 하나님을 만나러 성전 안에 들어가기 전에(시간 낭비라고 생각하지 아니하고) 대부분의 사람들은 돈만 넣어주고 지나가는데, 이 두 사람은 관심을 가지고 있었고 전혀 랍비와는 질적으로 다른 사람이었습니다.
　"그는 돈을 구했지만, 은과 금은 내게 없지만…"이라고 했다. 그는 실망했지만 '그들 안에 무엇인가, 나누어 줄 수 있는 무엇이 있다'는 것을 알게 되었다.

그 분이 곧 나사렛 예수요, 부활의 주님이요, 배고픈 자를 위로하고 죽은 자를 살리고, 병든 자를 치료해 주는 주님의 제자임을 안 것입니다. 또한, 베드로와 요한은 어떻게 전문적으로 영혼을 구하는 줄 알고 있는 자였습니다.

사람들의 눈동자와 예수님의 연민의 눈동자는 분명 달랐습니다.
예수님은 연민의 눈동자, 사랑의 눈동자, 긍휼의 눈동자로 바라보았습니다.
제자들이 주님으로부터 배운 것은 하나님의 마음으로 사람을 보는 것이었습니다.
우리는 너무나 많은 시간에 육신의 정욕으로 사물을 보고 있는 시대를 살고 있습니다.
직업적인 생동하는 기독교인들이 생각해야 할 것은 죽어져 가는 영혼들을 바라보고 전도하는 것입니다. 베드로는 세 번이나 예수를 부인한 매우 연약한 자입니다.
그러나 마가의 다락방의 사건을 통해서 성령이 임하게 되자 하나님을 세상에 나타내는 사람이 되었습니다. 이 거지가 본 사람은 자연인 베드로이지만 그는 질적으로 달라진 하나님의 백성으로서의 베드로였습니다. 우리도 마가의 다락방에 올라가듯이 오순절의 감격을 회복하는 신앙을 회복해야 합니다.

행 4:13 "그 본래 학문없는 범인으로 알았다가…"
그러나 예수님과 함께 있던 사명감을 깨닫는 것이다. 베드로와 예수님과 함께 있었다면 하나님의 베드로와 함께 한 것이다. 이것을 등식으로 표시하면 아래와 같습니다.

비천한 베드로 + 전능하신 하나님 = 100점
무능한 나 + 전능한 하나님 = 100점

베드로와 요한은 이 비밀을 이해하고 있었기에 "나를 보라 … 나의 눈동자를 보라 …"고 이야기 할 수 있었습니다.
나를 보라 하나님의 긍휼을 얻게 되리라. 할렐루야!
그때 무엇인가? 하나님의 기적이 일어나게 됩니다.

다시 한번 등식으로 표시합니다.
거지 + 하나님 = 100점
무능한 거지 + 전능한 하나님 = 100점

지금도 지하철에서는 구걸하는 분들을 매일 만날 수 있고 거지에게 돈을 준 자는 많이 있지만, 그를 성전 안으로 이끌어 하나님을 만나게 체험하게 한 사람은 베드로가 처음이었습니다. 그 이후에 그는 더 이상 구걸하기보다는 찬양하게 되고, 앉아있기 보다는 일어서게 되고, 거리에 나가기보다는 성전 안으로 들어가기 원합니다. 패러다임의 전환(Paradigm Shift)을 하게 된 것입니다.
하나님을 예배하고 하나님을 찬양하게 되었습니다.
해질 무렵 성전의 해가 질 때, 전능자의 그늘에 거하는 것이 얼마나 큰 기쁨이 되는지 지들은 깨달을 수 있었습니다.

"지존자의 은밀한 곳에 거하는 자는 전능하신 자의 그늘 아래 거하리로다 내가 여호와를 가리켜 말하기를 저는 나의 피난처요 나의 요새요 나의 의뢰하시는 하나님이라 하리니 … 하나님이 가라사대 저가 나를 사랑한즉 내가 저를 건지리라 저가 내 이름을 안즉 내가 저를 높이리라. 저가 내게 간구하리니 내가 응답하리라 저희 환난 때에 내가 저와 함께 하여 저를 건지고 영화롭게 하리라"(시편 91:1-2;14-15)

한국에서는 요즘 지구촌 교회의 이동원 목사님과 장신대 유해룡 교수 등이 중심이 되어 실시하는 관상 기도라고 하는 것이 있는 데 하루 종일 아무 것도 하지 않고 다만 자신을 비우고 주님만을 생각하는 것입니다. 선교지에서, 외딴 섬에서, 히말라야 산이 보이는 한적한 곳에서, 홀로 하나이신 하나님 앞에 홀로 서는 체험을 하는 것은 너무나 소중한 하나님을 경험하는 삶이요 하나님의 음성에 응답하는 삶을 사는 비결입니다.

거지도 하나님의 치료의 광선을 만나면 하나님의 자녀가 되는 것입니다.

황혼녘에 미국의 테네시주의 멤피스에서 sunset symphony를 구경한 적이 있습니다.
너무나 장관이었습니다. 흑인 노예의 뱃노래를 들으며 미시시피 강을 내려가는 뗏목을 보며 멤피스 오케스트라의 기악 연주가 울려 퍼지는 모습은 너무나 강한 인상을 주었습니다. 그러나 영적으로 보면 자신의 거적을 지고 집으로 돌아가는 앉은뱅이의 모습이 Sunset Symphony보다 더 아름답다고 생각이 됩니다.

O What a wonderful bagger he is!

계속해서 사도행전 3장 12절의 말씀을 보겠습니다.

"베드로가 이것을 보고 백성에게 말하되 이스라엘 사람들아 이 일을 왜 기이히 여기느냐 우리 개인의 권능과 경건으로 이 사람을 걷게 한 것처럼 왜 우리를 주목하느냐"

기독교인이 해야 될 것은 생활 가운데 영광을 돌리는 단순한 방법으로 예수의 복음을 전하는 것입니다. 여기서의 핵심은 주님을 생각나게 해야 한다는 것입니다.

요한 4장의 우물가의 여인은 자신의 물동이를 버려두고 다시 동네로 들어가서 예수님을 만나보라고 전하는 것입니다.

단순한 복음입니다.
단순한 순종입니다.
담대한 선교입니다.

오늘날의 현대인들은 도덕적 쾌락주의에 사로잡힌 삭개오와 같은 물질만능주의자들입니다.

삭개오는 직업적으로 돈을 모으는 자였습니다.

여리고에서 예수님을 만난 후에 삭개오가 나무 위에 있어서 예수님을 바라볼 수 없을 때, 예수님이 아래에서 먼저 삭개오를 보시므로 그의 삶이 변하게 되었습니다. 눈높이를 낮추어서 세상을 보고 사물을 보면 하나님 중심의 세계관을 가질 수 있습니다.

유대인에게 억울하게 뇌물로 받던 삭개오가 변했습니다. 그는 자신의 변화된 모습을 행동으로 보여주었습니다. 그 후에 자신의 재산을 나누어주고 불의한 재산을 4배나 갚았습니다.

자신의 집에서 예수를 만난 후로는 자신의 직업이 바뀐 것입니다. 새사람이 된 것입니다.

변화(Change)→혁신(Innovation)→변혁(Transformation)→혁명(Revolution)

몇 해 전에, 카작스탄에 선교여행을 훈련생들과 함께 다녀왔습니다. 그들 중에 상당수가 선교사로 블라디보스톡과 연변과기대에 있습니다. 카작스탄의 우스까메나골스키에 선교여행을 갔었습니다, 현지인 러시아 교인들이 목숨을 내놓고 신앙생활을 하는 것을 볼 수 있었습니다. 쌀따나라고 하는 여인은 그 지역의 이슬람 지도자 가운데 서열 2위인 아버지 몰래 현지의 김홍배 선교사가 인도하는 라드닉 교회에 출석을 했습니다. 아버지에게 발각되어 집안의 호적에서 파낸다고 해도 예수님을 위해 죽겠다고 하여 아버지가 골머리를 썩이고 있었습니다. 그녀는 하나님의 가족으로서의 영생의 의미를 깨달았기 때문에 이 세상에서의 가족을 초월하여 전문적인 기독교인이 된 것입니다. 복음은 총체적인 변화를 가져오게 합니다.

사랑하는 성도 여러분!

우리 교회가 초대 교회처럼 성장하기 위해서는 예수님을 생각해야 합니다.

그리고 우리 모두가 초대교회의 성도와 마찬가지로 디아스포라로 흩어져서 복음을 증거해야 합니다. 하나님이 기회를 한민족에게 한류 열풍을 월드컵을 통해서 주신 것으로 확신합니다.

저도 영화 '타이타닉호'를 나중에 보았습니다.

배가 파손되고 배에서 뛰어내린 자들이 구명보트를 타고 흩어져 있는 모습이 떠오릅니다. 그런데 그 마지막의 순간에도 복음을 증거한 사람이 있습니다. 유명한 설교가인 존 하퍼가 바로 그 사람입니다. 그가 시카고에 있는 무디 교회에서 설교하기 위해 바로 이 배를 탔습니다. 이 배는 1만 6천 톤이나 되는 호화여객선이었는데, 22노트의 속력으로 바다를 건너 항진하다가 조금 늦게 빙산을 발견하여 그만 산더미 같은 빙산과 배의 꼬리가 충돌하고 말았습니다. 존 하퍼는 구명대 없이 바다에 떠 있다가 수장될 비참한 상태에 몰리게 되었습니다. 이리저리 떠내려가다가 서로 널빤지를 잡으려는 아비규환의 현장에서 한 젊은이를 발견했습니다. 이 때, 하퍼 목사님은 물에 잠기기를 세 번이나 하면서 이러한 메시지를 남겼습니다.

H : 젊은이, 하나님께 구원을 받았는가?
젊은이 : 아닙니다.
H : 하나님과 화해했나?
젊은이 : 아직 안했습니다.
(이 때 다시 큰 파도가 와서 하퍼 목사님을 다시 삼켜 버렸습니다. 그리고 그는 더 이상 나타나지 않았습니다)
그 후에 구조된 이 젊은이의 귓전에 파도에서 멀어져 가며 들려오는 하퍼 목사님의 음성이 심비에 새겨졌습니다. 그로부터 2주일이 지난 어느 날 뉴욕의 어느 기독교인의 집회에서 이 청년이 간증을 했습니다.

"여러분! 저는 존 하퍼에 의해 마지막으로 전도받은 사람입니다."
사랑하는 성도 여러분!

한번 왔다 한번 가는 순례자의 길에서 우리가 할 수 있는 일은 창조주 하나님을 전하는 것입니다. 우리의 아버지가 누구인지를 밝히는 것입니다. 이 일을 위해서 헌신하는 귀한 성도가 되시기를 주님의 이름으로 축원합니다.

☞ **연구과제**

성문 근처의 3가지의 유형의 전문적인 직업성은 무엇인가?

4 일터 교회

(행 4:23-37)

오늘 본문의 내용은 선교사님이 교회를 개척하고 팀으로 사역을 한다고 하는 선교보고서를 받는 것과 같이 우리에게 선교현장에서 기적의 역사가 창출되는 것을 보여주고 있는 장면입니다.

몇 해 전에 북인도의 켈커타의 거리에서 현지인에게 구제를 베푼 일이 있었습니다. 그 당시에는 한류 열풍이 불기 시작한 때라서 저는 돕고 싶었는데 분위기가 조롱하는 분위기로 바뀐 듯합니다. 진심으로 베풀고자 해도 주변의 분위기가 어수선해지고 마치 구제하고자 하는 자가 자기의 의를 위한 구제로 비춰지게 될 때 사태를 잘 수습하고 성육신적인 선교를 하는 일은 매우 중요합니다. 그 이후에 일이 잘못되어 마귀가 필자를 죽이려고 한 체험을 했을 때 아, 이것이 영적 전쟁임을 알게 되었습니다. 예수의 이름으로 마귀를 꾸짖었을 때 마귀가 떠나가는 역사가 이루어졌습니다. 초대교회가 바로 그린 교회였습니다. 교회는 단순한 조직이 아니라 유기체이기 때문에 정말 사슴이 휙-휙 지나가듯이 생동감이 넘치는 사슴 선교사의 간증과 같은 내용들입니다. 한마디로 초대교회는 생동감이 넘치는 교회인 것입니다. 조직의 생명력이 있어서 때로는 넘어지고 실수를 하지만 궁극적으로는 푯대를 향해서 나아가고 있는 모습을 발견하게 됩니다.

1. 초대교회는 예배하는 교회였습니다.

본문 24절에 보니, "그들이 듣고 한마음으로 하나님께 소리를 높여 이르되 대주재여 천지와 바다와 그 가운데 만물을 지으신 이요"라고 말합니다. 시편 2장을 인용하고 있는 것인데, 초대교회 성도들은 구약성경에 대해서 암기하고 인용할 수 있는 생동감을 가지고 있었습니다. 우리가 한계를 뛰어넘으려고 하면 시험을 이겨야 하는 데, 이 때 시험을 이기는 그리고 시련을 극복하는 힘은 기도와 말씀입니다. 위에 나오는 4장 11절의 말씀도 시편 118편 22절의 말씀인 것입니다. 저들이 구약을 인용하고 구약에 예표된 예언의 말씀이 신약에 완성이 되는 점진적 계시(progressive revelation)가 이루어진 것은 비로소 예수님의 십자가의 죽음과 부활 사건 이후입니다. 그 이전에는 구약의 말씀을 인용했으나 그 뜻이 무엇인지를 몰랐던 것입니다. 죽임 당하신 어린 양되신 고난 받는 종으로 오신 메시아가 그리스도임을 이제는 이스라엘의 국회에서도 인정을 한다고 하는 기사를 읽은 적이 있습니다. 그러므로 예배를 드리는 자나 예배에 참여하는 자나 예배를 드리는 목적을 분명하게 이해하고 하나님 중심의 세계관을 가지고 하나님의 뜻을 발견하고 실천하는 헌신의 자리가 되어야 합니다. 예배 시간마다 참회의 시간을 주는 것은 좋은 일입니다. 그러나 너무 참회의 시간이 있다는 것을 핑계로 죄를 짓는 것을 일반화하는 것도 문제이지만 이러한 시간을 주고 있다는 것도 세속적인 예배와 영과 진리로 드리는 예배의 경계선에 서 있다고 하는 것입니다. 참회 그 너머의 영성으로 기도하는 가운데로 나갈 때 그 가운데서 하나님의 말씀이 생각이 나고 나눌 수 있는 공동체는 하나님의 백성들의 모임입니다.

제가 민족화합기도회의 고문이신 정근모 장로님을 따라서 하와이 코냐에 있는 예수 전도단에 간 일이 있습니다. 전 세계 예수전도단의 대표들이 모인 자리에 손님으로 가서 성령의 음성을 듣는 자들의 행정을 배우게 된 것입니다. 로렌 커닝햄 총재께서 코냐 하와이에서 예수 전도단이 비즈니스 미션의 일환으로 하던 콘도 사업이 잘 되지 않자 대표자들과 이 일을 계속할 지를 결정짓기 위해서 마지막 날에 함께 합심기도를 하자고 하셨습니다. 각자 기도가 마친 후에, 돌아가면서 하나님이 각자에게 하시는 성경말씀을 말하게 하셨습니다. 저는 그 분위기에서 크게 감동을 받았습니다. 인간의 판단이 아니라 하나님께서 성령을 통하여 하시는 말씀을 다 수렴하고자 하시기 때문입니다. 그곳에 참여한 20여명의 리더들이 모두가 저를 포함해서 성경말씀을 나누며 합심기도를 했던 것이 예배가 무엇인지를 배우게 하는 시간이었습니다. 엠마오로 가는 제자들이 도상에서 예수를 만나서 그 마음이 뜨거워진 것과 마찬가지로 저는 정근모 장로님을 만나서 로렌 커닝햄이라는 선교지도자를 역할 모델로 만나서 성령의 강한 양궁의 화살이 꽂히게 될 때 초대교회의 예배의 한 모습을 보는 것 같았습니다.

2. 초대교회는 일하는 교회였습니다.

우리가 팀으로 일하려고 하면 여러 가지로 남을 배려하는 마음을 가지고 일할 때 팀 다이나믹스(team dynamics)를 이룰 수가 있습니다. 오늘날 교회는 이조시대의 향약이나 계로 전락을 하고 말았다고 하는 비난을 세상으로부터 받고 있습니다.

그 이유가 무엇인지를 저는 궁금히 생각해 보고 있습니다. 그것은 농업사회, 산업사회, 정보사회로 이루어지는 매 50년 마다 오는 200년의 변화를 지난 50년에 한꺼번에 압축 성장하였기 때문이라고 생각합니다. 하나님의 지혜로 판단할 시간과 여유도 없이 장님이 발을 절-룸절-룸 거리면서 증기기관, 전화기, TV, 컴퓨터, 멀티미디어 받은 정보만 가지고 뒤따라가듯이 세상의 문화를 소화시키지 못하고 따라가다 보니 이러다가는 다 죽겠다는 생각이 들고 우선 기독교인들이라도 뭉쳐야 살겠다고 판단한 때문인 듯합니다. 한마디로 말하면 성취동기로 일하는 것이 아니라 헌신동기로 축복의 통로가 되어야 하는 사실까지 이르지 못하고 있기 때문입니다. 기독교 장로요 <기도하는 리더십>의 저자인 이명박 현 대통령이 절망 가운데 소망을 찾고자 하는 것도 성취동기 그 다음의 사역 동기로서의 자리가 정치 선교사인 대통령의 자리이기 때문입니다. 우리는 어떻게 초대교회와 같이 가정에서 교회에서 직장에서 사회에서 국가에서 범세계적으로 일을 할 수가 있을까요?

1) 믿는 무리가 한마음과 한 뜻이 되었다(32절)

여기서 믿는 무리가 한 마음과 한 뜻이 된 가장 좋은 예는 임진왜란 때의 행주산성에서 아낙네들이 행주치마에 돌을 담아서 성벽을 수비하고자 하는 죽으면 죽으리라고 하는 정신에서 볼 수 있다고 말할 수 있습니다. 이것을 우리는 연합(unity)이라고 합니다. 연합이라고 하는 것은 다양한 가운데 조화(unity in diversity)를 이루는 것입니다. 무질서와는 다른 것이며 동시에 유니폼을 입히는 일치와는 차원이 다른 것입니다. 자신의 달란트를 따라서 기능적으로 잘하는 일을 솔선해서 하게 될 때 연합이 이루어지게 됩니다. 기능적으로 잘하는 자들이 이미 있으면 보조를 서는 것도 섬기는 리더십의 모습입니다. 이는 머리가 되신 그리스도를 중심으로 할 때 이루어지게 되는 것입니다. 아버지가 중심인 가정과 그렇지 못한 가정의 차이를 생각해 보게 되면 함께 공동체로 거한다고 하는 것이 얼마나 소중한 지를 알게 됩니다.

2) 그들은 모든 물건을 통용했다(32절)

그들은 헌신동기로 전환된 삶을 살았기 때문에 비록 예수님 당시의 광야에서 오병이어의 기적을 맛본 세대가 아니라도 물질의 창조적인 이동이 하늘로부터 언제든지 임할 수가 있다는 것을 조용기 목사의 4차원의 영성(4th Dimension Spirituality) 을 가지고 볼 수 있는 1단계인 비전(vision)이 있는 자들이었습니다. 그래서 그들은 물질에 최우선의 가치를 두고 가진 자와 가지지 못한 자를 나누는 어리석음 범하지 않아도 되었습니다. 오늘날 세상적인 모든 조직은 나눔(division)의 문제입니다. 한국동란 당시에, 미국에서 구제품이 올 때의 이야기입니다. 제가 아는 어떤 집사님은 구제품이 오게 되자 분배를 해야 하는 데, 목사와 정로가 먼저 좋은 것을 나누고 일반 교인들은 그 나머지를 나눈다고 하여 서로 다투다가 앞니가 부서져서 금니를 하고 있다고 합니다.

그러나 진정한 의미의 세례받은 나눔(sharing)이 막힌 담을 소통할 수가 있습니다. 북한이 가뭄으로 굶주리고 있습니다. 고난의 투쟁을 하고 있습니다. 정권이 바뀔 때마다, 대북 식량문제로 변동이 심합니다. 진정한 의미의 나눔의 정신을 가지고 판문점 앞에다 가져다 놓으면 필요하면 가지고 갈 것입니다. 형제의 필요를 외면하지 않은 것입니다(35절). 값없이 거저 받았으니 거저 주라고 하신 말씀대로 나누어야 할 것입니다.

3) 그들은 주예수의 부활을 증언했다(33절)

물질관이 나누라고 하시는 성령의 음성을 듣고 마지막 피 한 방울도 나누기 위해서 십자가상에서 순교하신 최초의 타문화권 선교사이신 예수님의 성육신적인 선교의 정신을 깨닫게 되자 바로 그 분을 증거하게 된 것입니다. 축복을 받은 것을 증거하는 것에 머무는 것이 아니라 축복을 베푸시는 본질과 어떻게 하면 축복을 받고 축복의 통로가 되어서 살 수 있는 지 그 컨텐츠를 전하는 것입니다. 여기에 구브로의 바나바는 대표적인 인물입니다. 한국도자기의 김동수 회장님을 만나본 적이 있습니다. 한국이 낳은 무디인 이성봉 목사님의 사위인 장로님은 구브로의 바나바와 같이 하나님의 나라를 위해서 섬기는 소유권, 사용권, 감사권, 회수권이 하늘에 있음을 아는 선한 청지기입니다.

33절 하반 절에 사도들이 예수를 증거할 때 무리들이 큰 은혜를 받았다고 했습니다. 이것은 인간적으로 생 쇼(show management)를 한다고 해서 되는 것이 아니고 전적으로 성령의 역사가 이루어지고 있는 것을 보여줍니다. 기독교가 다른 종교와의 차이점이 부활의 종교라고 하는 것인데 기독교가 종교다원주의 입장으로 묽게 되어지고 십자가의 복음을 통한 부활의 능력을 선포하기를 주저한다면 점점 더 힘을 잃게 될 것입니다. 하나님이 나를 부르신 목적대로 예지하시고 예정하시고 의롭다 하시고 소명주시고 거룩하게 하시고 영화롭게 하실 그 분의 목적에 맞게 우리는 부활을 증거하는 증인으로서 선한 청지기로서의 삶을 살아야 합니다.

결론

오늘날의 교회는 초대교회를 본받아 민중과 같이 있어야 하며 예배하고 일하는 공동체 교회가 되어야 합니다. 저는 이것을 민중이라는 개념이 창조적 융합(Creative Fusion)을 통하여 전문인(professional)이라는 개념으로 나가야 한다고 봅니다. 전문인은 자발적인 의지에 의해서 스스로가 미래의 삶을 개척하는 크리스챤 전문가(Christian specialist)입니다. 우리는 이제 문화변혁자로서의 사명을 가자고 전문인주의를 통한 세계 선교에 동참하는 일터교회로 까지 나가야 합니다. 직장사역연구소의 방선기 목사의 말처럼 큰 평수 아파트나 음식점마다 대안교회로 쓰여 져야 합니다.

필자가 주장하는 전문인주의란 자발적인 의지에 의해서 스스로가 미래의 삶을 개척하는 모든 근로자인 전문인(professional)이 세계 선교의 주체라고 하는 것입니다. 이들은 복음주의의 전통을 계승하고 있으며 복음주의를 글로칼(Glocal)화한 입장에서 수행하고자 하는 것입니다. 다시 말해서 복음주의의 한계를 보고 여기서 현실을 직시하고 미래를 예견하는 입장에서 복음주의를 자 신학(self-theologizing)하자는 것입니다. 여기에서 오늘날의 교회가 초대교회로 돌아가려면 핵심적으로 다루어야 할 양대 개념은 신자의 사도성(선교사)과 신자의 비세속성의 원리일 것입니다.

첫째, 신자의 사도성이 중요합니다.

교회의 사도성이 가리어진 세대 가운데 건물이라는 교회 중심의 정적인 개념이 아니라 사도성은 창조적인 선교성이라는 개념을 확인해야 합니다. 움직이는 교회로서의 그리스도의 몸된 성도가 생활 가운데 어떻게 효율성(efficiency)을 가지고 복음을 증거할 수 있느냐는 것입니다. 이 일을 위해서 자신의 직업의 전문성에 사역의 전문성을 배양 받아서 양손 복음을 지닌 전문인 선교사로 사는 것을 저는 전문인 주의자(professionalist)라고 말합니다. 이 일을 수행하기 위해서는 신자는 이 세상에서 목회자가 되든지 아니면 전문인 선교사가 되든지, 두 가지 중에 한 가지를 택일해야 한다는 결론에 도달하는 것입니다. 국제적인 시각을 가진 하나님 중심의 세계관을 지닌 목회자는 당연히 선교사라고 본다면 모든 신자는 각자가 다 선교사라고 하는 것입니다.

둘째, 신자의 비세속성의 원리가 중요합니다.

19세기 이후에 미국에서 신유와 재림에 대한 관심이 일어나게 되고 그 결과로 이러한 운동을 강조하는 교단과 선교단체가 지속적으로 성장하고 있습니다. 그런데 이러한 교단 가운데 특별히 한국의 성결교단(기성, 예성)을 예를 든다면 교회 성장을 위한 모든 요소들을 다 갖추고 있다고 볼 수 있다. 그런데 한 가지 지적하고 싶은 것은 신유를 통한 성결 그 다음에 종말과를 연결시켜 주는 축복의 통로로서의 선교에 대한 결여성이다. 선교는 한다고 하지만 구체적으로 어떻게 하느냐에 대해서 세상의 어둠의 아들들이 보게 되면 웃음거리 밖에 되지 않는다는 것입니다. 만일 이러한 교단에서 성결 그 다음에 선교를 넣고 성령의 인도하심 가운데 세계를 품은 그리스도인으로서 지상 대 명령의 과업을 준수한다고 하면 성육신적인 선교(Incarnational

Mission)를 할 수 있으리라고 봅니다. 그러나 하나님은 창조적인 일꾼들을 통하여 이 일을 계속하시고 있습니다. 일터교회를 통하여 전통적 교회가 하지 못하는 변두리 문화의 선교를 하시고 있는 것입니다. 신자의 비세속성의 원리(All Believer's Non-Secularism)는 모든 신자는 이 세상 가운데 살고 있지만 이 세상에 속한 사람이 아닌 문화 변혁자(Transformer of Culture)로 살아야 한다는 적극적인 개념입니다. 그렇게 살면 하나님 중심의 세계관으로 이 세상을 바라보게 될 것이고 그 다음에는 자신의 삶 가운데 선교하는 생활 선교사(life-style missionary)가 되고 싶을 것입니다.

적용

아래의 여섯 가지 원리에 의해서 복음주의의 software적인 기능을 다할 수 있는 네트워킹을 만들게 되면 21세기의 포스트모던시대의 교회는 성숙한 교회로 제자리를 잡게 될 것입니다.

1. 일터 교회 내에 목회자를 포함한 전문인들이 은사재배치에 입각하여 팀 다이나믹스(Team Dynamics)가 체험되게 될 것입니다.
2. 일터 교회가 코리안 디아스포라를 중심으로 우주적 교회를 배우는 썩은 사해에서 푸른 갈릴리로 흐르는 자문화방사주의(ethnoradientism)가 경험될 것입니다.
3. 종교 다원주의 하에서도 여전히 일터 교회는 유일한 절대 진리의 종교로서 위기관리의 능력이 있는 생활 가운데 축복의 통로가 되는 삶을 제시하는 하나님의 종교가 될 것입니다.
4. 일터 교회는 지역 교회에 머무는 것이 아니라 성도 모두가 자신의

사역의 현장을 지닌 살아있는 유기체로서의 다 캠퍼스 인공위성 교회(multi-campus satellite mission church)가 될 것입니다.
5. 일터 교회는 하나님 중심의 세계관을 가지고 창조-타락-새창조-완성의 already-not yet의 긴장 가운데 사는 종말의 세상에 자신의 5중 전문성을 가지고 타문화권에 나아가서 화해의 메신저가 될 것입니다.
6. 일터 교회의 출현과 성장 그리고 성숙을 통해서 전문인 자원 운동(professional volunteer movement)이 전 세계적으로 일어나게 될 것입니다.

☞ **연구과제**

초대 교회의 특징과 일터 교회의 상관성을 설명하라.

5 전문인 선교사와 영성기도

(행 5:24-31)

　1998년에 가방공장을 중국의 칭다오에 설립한 것이 인연이 되어서 각종 봉사 활동에 헌신을 하고 칭다오에 땅까지 팔아서 학교를 건립한 분이 계십니다. 박종보 장로님이 바로 그 분이십니다. 초대형 교회에서 운영권을 넘기면 더 큰 학교로 발전시키겠다고 하지만 기도덕분에 이 일을 할 수가 있다고 강조합니다. 중국현지를 오가면서 아내는 불만을 토로하다가 현지를 보고 회개하고 자신이 섬기는 작은 교회의 이 미용팀을 데리고 선교사역을 하면서는 기도에 열심을 내고 있습니다. 모교회에 이른 새벽에 나아가서 강대상을 닦고 기도하는 새벽기도의 시간을 가지며 100여년 전에 선교사님들이 우리에게 주었던 선교의 불꽃을 다시 지펴달라고 기도하고 있습니다. 이 분이야말로 평신도 자비량 선교의 모델이라고 생각합니다.

　필자는 신앙의 햇수가 많아지고 신비한 체험을 하고 때로는 능력을 가지고 있다고 평가받으면서도 여전히 기도에 대해서는 부족함을 많이 느끼게 됩니다. 마치 손이 말라 가는 마른손 환자와 마찬가지로 그다지 불편하지 않으나 결정적인 순간에는 손가락이 제 기능을 하지 못하기 때문에 문제가 되는 것입니다. 이 일을 방지하기 위해서 매해 1권씩 사던 성경책을 6개월마다 새로 사서 1독을 하려고 몸부림을 치고 있습니다. 이번 여름도 실천했습니다. 말씀을 먼저 보고 기도를 하는 것입니다.

우리가 기도에 전념하지 않는 것은 기도하지 않아도 그다지 불편함을 느끼지 못하기 때문입니다. 암(癌)에 걸린다고 해서 바로 죽는 것이 아닌 것과 마찬가지의 이치입니다. 이것은 마치 100점 만점의 시험에서 89점을 맞아도 B학점을 맞는 것이기 때문에 누구에게 말해도 통과가 될 수 있는 점수라고 생각하는 것과 마찬가지입니다. 그러나, 90점이 커트라인이라고 하면 참으로 애석한 일이 아니겠습니까?

우리가 사는 세상에서 만일 기도해 주는 자가 없다면 아슬아슬하게 마귀와의 싸움에서 지고 마는 영적 전쟁을 싸우게 되고 마는 것입니다. 생각만 해도 억울한 일입니다.

우리는 조금 부족해서 주님의 음성을 듣지 못하고 있으며 조금 부족해서 하나님의 뜻을 분별하지 못하고 있으며 조금 부족해서 평범한 그리스도인으로서 믿음을 그냥 영위하고 있을 뿐입니다.

우리 연약함을 아시는 성령님께서 기도에 힘이 되어 주실 수 있으므로 조금만 더 힘을 내면 새로운 선교세계관이 열리고 하나님의 사람으로서 승리할 수 있을 것입니다.

한마디로, 이 세상은 크리스챤 솔져(Christian Soldier)가 없는 세상입니다.

　크리스챤 크루세이더(Christian Crusader)만 가득 찬 세상입니다.
　구세군 남비만 돌리는 세상은 아닌지요!

　교회도 세상을 닮아가서 무조건 이기고 보자는 것이고 사랑보다는 강압적일지라도 일단 이긴 자만이 발언을 할 수 있는 것이 약육강식의 세상의 모습과 같습니다.
　선교계에도 마찬가지이고 다양한 가운데 조화를 이루기보다는 자신의 교단이나 단체를 중심으로 통일시키려는 구심적인 힘이 팽배한 유교 한국 선교계의 현실입니다.
　이러한 것은 모두 영성기도의 부재에서 비롯된 것입니다. 자기복음을 쓰는 것이지 사도행전을 쓰는 것이 아닙니다.
　사도행전의 기도는 우리에게 많은 교훈을 줍니다.
　그런데, 이 모든 기도의 내용들이 거의 개인을 위해서 기도한 적이 없다고 하는 것입니다.
　여기서 우리는 기도의 위대함을 배우는 것입니다. 나를 위해서 스스로 기도하지 않더라도 하나님께서 누군가 우리를 위해서 기도하는 중보 기도자를 가동시키고 있습니다. 저들의 기도를 통해서 우리는 하나님의 뜻이 이루어지도록 역사하시는 것을 늘 체험하게 됩니다. 그래서 이제는 구차한 살림을 면하게 해달라고 기도하기보다는 하나님의 뜻을 이루어 달라고 기도하게 되는 것이 진정한 의미의 성동의 자세입니다. 제가 보기에도 자립할 시간이 된 선교사가 끝까지 성전 미문에 앉은 앉은뱅이처럼 일어나지 못하는 모습을 많이 보게 됩니다.
　패러다임을 전환해야 합니다. 저의 멘토이신 로렌 커닝햄의 권면처럼 벼랑 끝에서는 용기를 가지고 일해야 합니다.

마가의 다락방에서 성도들이 열심히 기도할 때, 성령의 강림을 체험하였습니다.

사도행전 1장 24-26절에 나타난 사역자 선택의 기도를 살펴보기로 하겠습니다.

가롯 유다 대신에 한사람의 사도를 보강해야 한다는 절박한 요구가 있었습니다.

우리는 절박하기 때문에 급한 대로 사역자를 인터뷰하고 바로 일 중심으로 섬기다 보면 서로의 기대치가 달라서 실망을 하고 헤어지는 경우를 자주 경험하곤 합니다. 실패하더라도 원칙 중심의 리더십을 가지고 사역자를 양성해 나가며 일해야 합니다. 시행착오를 줄이기 위해서는 준비되어진 일꾼들 가운데서 함께 일을 할 수 있도록 인프라를 구축하는 것이 중요합니다.

이를 위한 초대교회의 방법을 한번 살펴보도록 하겠습니다.

1. 진실한 마음으로 하나님을 불러야 합니다.

이 세상에 살고 있는 60억 이상의 인구들이 지금 이 시간에도 '다고 다고' 구호를 외치면서 기도를 하고 있습니다. 저들이 믿는 미지의 신에게 기도하고 있습니다. 또 애매한 신에게 혼합된 신에게 또, 진정으로 살아 계신 참 하나님에게 기도를 하고 있습니다. 부족한 제가 감히 하나님의 마음을 다 이해할 수 없지만 하나님은 누구의 기도를 응답하실 것인지 참으로 어려운 것 같습니다. 이번에 누가 대통령이 될지 하나님도 모른다고 하는 조크가 있습니다.

그러나 하나님은 영과 진리로 예배드리는 자를 받으신다고 하셨기에 영과 진리로 기도를 드리면 되겠다고 하면서도 구체적인 사역자 선택의 기도의 지침이 있어야 한다고 봅니다.

그것은 진실한 마음으로 하나님을 부르는 사람을 찾는 것입니다.

당신은 최근에 언제 하나님의 음성을 들은 적이 있습니까!
고비 사막과 같이 고비 고비마다 먼지가 솟고 메말라진 우리의 심령이 아닙니까? 돈황으로 가는 길입니까?
사막의 먼지가 다 날린 후에 생수가 터져 나오기를 원치 않습니까?
주님의 음성을 듣는 기도를 누리고 싶지 않습니까?
나는 그러한 기도를 누리고 싶습니다.
솔직히 말해서 사역을 하면 할수록 더욱 갈급한 것은 기도하는 시간입니다.
2008년 현재 일본의 독도 영유권 주장을 보면서 하늘로부터 내린 성령의 능력세례의 힘을 통해서 회개에 대해서 심각하게 생각을 하고 자중자애하며 살고 있습니다. 회개하는 일을 통해서 인내와 순결을 배울 수 있기 때문입니다. 조용히 살아 계신 하나님 앞에 침잠하며 참아 기다리는 시간이 사역이 많아지면 질수록 더욱 필요하다고 느끼는 것입니다.

뭇사람의 마음을 아시는 주여!(행1:24)
주님은 얼마나 확실한 기도의 대상이십니까!

우리가 참으로 하나님을 창조의 하나님, 구속의 참 하나님, 선교의 하나님으로 안다고 하면 어찌 그 분 앞에 쉽게 생각하고 인간적으로 필요한 것을 마구 구할 수 있겠는가! 하는 생각을 해봅니다.

　그분은 전지하신 하나님이시오, 전능하신 하나님이시오, 모든 것을 아시는 참 하나님이시라면 그분은 구하기 전에 우리의 필요한 모든 쓸 것을 채우시려는 의지가 있는 참 하나님이심을 믿어야 합니다. 다만 진실한 마음을 회복하십시오. 그리하면 그분이 하나님의 자녀된 하나님의 백성들을 돌보시게 될 것입니다.

2. 지금의 형편을 아뢰야 합니다.

　주님!
　주님의 일을 하고자 하는 자는 많지만 물질이 적은 곳에는 주님의 일꾼이 적습니다. 그래도 주님의 일을 효율적으로 할 수 있는 위기관리의 능력을 주시옵소서!
　우리에게는 가롯 유다의 공백이 너무 큽니다.
　그리고 주님의 교회가 이제 처음 세워지는 데 조직이 정비가 되지 않았습니다.
　하늘보좌에서 잠시 일어나셔서 에어로빅 하시는 길에 우리의 형편을 서서 보시옵소서!

　찬바람이 들어오는 구멍을 제때에 막지 못하면 호미로 막을 수 있는 것을 삽을 가지고도 막을 수 없게 될 것입니다. 우리가 꼭 해야 될 말을 제때에 잘 할 수 있다면 우리의 기도가 9회말 투아웃 이후에 친 결승타와 마찬가지로 상달될 수 있습니다.

　유다가 직무를 버리고 제 곳으로 갔나이다(행1:25).

블라디보스톡에 의료 선교사로 나가는 윤영곤 선교사는 피부병 전문의로서 30년을 안성에서 개업했는데 지난번 의학분업을 통해서 하나님께서 무엇이 사역자의 길인지 밝히 보여주셔서 선교훈련을 받고 선교사로 나갔습니다. 이제는 아내의 지지를 받으면서 아름다운 선교사 부부로 선교에 헌신하는 모습을 봅니다. 아내의 반대와 군대에 간 아들, 출가하지 않은 두 딸 때문에 선교를 하지 못하는 그분의 형편을 하나님이 바로 보신 것입니다. 의미 없는 기도를 드리지 말고 번개처럼 스쳐 가는 영롱한 기도를 드려라! 이런 약속의 말씀을 주님이 주시는 것을 느낍니다. 2008년 선교 한국대회에서 만났는데 파킨슨병으로 고통하고 있습니다. 의사를 위해서도 기도가 필요합니다. 의사도 인간이기 때문입니다.

3. 하나님께 필요함을 아뢰야 합니다.

하나님께서 보여주시는 하나님의 사람을 선택할 수 있는 지혜를 구해야 합니다.

정보가 홍수처럼 쏟아지는 세상에서 우리는 교차로에 서 있습니다.
하나님께서는 인간의 필요대로 정보가 지식으로 바뀌고 지식이 하나님의 지혜로 바뀌기까지 성숙하게 되었을 때, 비로소 하나님의 방법대로 사람을 선택하시는 것입니다.

구약에서 우림과 둠밈의 두 돌을 통해서 최종판결을 하였다면 사도들은 제비뽑기를 통해서 하나님의 사람들을 선택했습니다.

필자는 여기에 중요한 교훈이 있다고 봅니다.

준비되지 않은 조직에서는 이러한 방법을 통해서 준비되지 않은 자를 사역자로 선택을 하게 되면 상호간의 어려움을 겪게 되는 것이

불을 보듯 뻔한 일입니다.

그러므로 우리의 공동체에 주님이 보여주셔야만 우리가 주님을 따라 갈 수가 있는 것입니다.

주님께서 이스라엘 백성에게는 광야를 지나갈 때, 성막을 통해서 보여주셨는데, 왜 이제는 역사하지 않으십니까? 주님께 항의하는 기도를 드리고 있는 것입니다.

하나님께 아뢰지 못하고 늘상 '다고 다고'만 외치는 공동체의 기도는 하나님의 필요를 채우지 못하는 기도 공동체입니다. 우리의 기도도 수요자의 필요를 채우는 기도를 드려야 합니다.

주의 택하신바 된 사람을 보이시옵소서.
봉사와 사도의 직무를 대신하게 하옵소서(행1:25).
예수님을 이 땅에 주신 하나님께서 우리에게 새로운 사역자를 보여 주실 수 있음을 우리는 믿고 간구하는 것입니다.

4. 하나님의 응답하심에 만족해야 합니다.

주님께서는 맛디아를 뽑았습니다. 선택이라는 것은 한 사람을 택하게 되면 소외당하는 사람이 있게 마련입니다. 이스라엘을 선민(選民)으로 택하신 하나님의 뜻도 마찬가지입니다.

필자도 하나님이 예비하신 일이 무엇인지를 발견하기 전까지는 쉬운 길을 따라가며 명예와 부를 누리면서 주님의 일을 하고 싶었다. 그러나 어쩌랴! 하나님이 오늘은 이 일을 맡기셨으니 미디안 광야의 모세처럼 열심히 이 일을 하며 기다리는 것이 대수입니다.

주님이 당신의 사역을 위해서 미래에 따로 준비해 놓으신 일이 있다면 그 자리에 서서 주님의 음성을 듣고 순종하는 수밖에 없지 않겠는가!

이 세상에서 최고의 지위에 오르지 않는 것이 현명한 길이고 더 많은 불신자를 만날 수 있는 주님께서 인도하시는 생명의 길입니다. 이것을 알기까지에는 시간이 걸렸지만 알고 나니 모든 것을 하나님의 뜻이라 여기게 됩니다. 앞서가는 사역자들을 오히려 축복을 할 수 있게 되었습니다.

그리고 내가 고백할 수 있는 것은 이 한마디는 여전히 진리입니다.

"여호와는 나의 목자시니 내게 부족함이 없으리로다"(시23:1)

우리가 주님의 뜻을 위해서 기도했다면 그 주신 응답에 만족해야 합니다.

결혼도 마찬가지이고 선교지에 대한 결정도 마찬가지이고 감사해요, 찬양해요 라며 오직 그분께만 영광을 돌려야 합니다. 희생이 없이는 교회는 축복을 받지 못합니다. 나눔이 기독교의 본질입니다.

내가 대학생 시절에 우리 교회의 철야예배가 뜨거웠던 것으로 기억이 됩니다.

하루는 금요기도회를 진행하고 있는 데, 빨간 양말을 신은 동국대학교 학생이 우리의 기도회에 뛰어 들어왔습니다. 우리는 기도회의 중산에 저들의 이야기를 들을 수 있었습니다. 저들은 동국대학교의 기독학생반 학생들인데 학교에서 불법서클로 분류해서 조직적으로 탄압을 해서 도망쳐 나왔다는 것이었습니다. 한동안 저들은 우리교회에서 기독학생모임을 가졌고 그로 인해서 우리의 기도회는 더욱 뜨거웠습니다. 회장이 간증을 했는데 그의 이름은 추교진입니다. 울

릉도 사람으로서 자기는 하나님 앞에서 추하고 교만한 자라고 소개하였습니다. 간증을 하고 그가 특송을 하였는데, 저는 그 때 '하나님 아버지 주신 책은'이란 찬송가 241장을 처음 배웠습니다.

　주 예수 날 사랑하시오니 마귀가 놀라서 물러가네
　주 예수 이렇게 사랑하니 우리는 어떻게 보답할꼬
　주 나를 사랑하시오니 즐겁고도 즐겁도다.
　주 나를 사랑하시오니 나는 참 기쁘다.(4절)

　가뜩이나 불교 대학인 동국대학교에서 핍박을 받고 학교 옆에 있는 문선명의 통일교회를 지나서 우리 교회에 와서 간증을 하고 이 찬양을 부르는 데 우리는 모두다 눈물로 목이 메었습니다.

　터툴리안은 로마제국의 통치자에게 이렇게 부르짖었다:
　"우리를 죽이시오. 고문하시오. 우리를 정죄하시오. 우리를 갈아서 가루를 만들어 버리시오.… 당신들이 우리들을 소탕하면 할수록 우리는 더 자랄 것이오. 그 씨는 그리스도인들의 피요."

　그 당시 거리에는 유신반대의 데모가 한창이었고 최루탄을 맞아가며 데모대의 현장을 지나서 기독대학인으로서의 우리의 젊은 날의 그리스도인 초상화는 한 폭의 사실화와 같았습니다. 예수 그리스도를 위해서 사실대로 살려고 하는 데, 핍박이 기다리고 있다는 것이다.
　윌리엄 캐리가 쓴 일기 중에 이런 글이 있습니다.
　"1794년 1월 15일, 매우 절망적이다. 낯선 곳에서 아무 것도 할 수 없다. 선교비도 떨어졌다. 그런데 저녁에 소식이 왔다. 우리에게 보낸 사례금이 온 것이다."

선교는 무릎으로 하는 것이라는 사실을 윌리엄 캐리는 우리에게 잘 보여주고 있습니다. 이제 우리가 기도함으로 더 넓게 선교의 창을 열어야 하지 않을까요?

☞ **연구과제**

| 초대교회의 응답받는 기도생활의 권능은? |

6 첫 번째 순교자 스테반

(행 6:1-7:60)

100주년 기념교회가 있는 양화진 묘역은 원래 의사이신 헤론 선교사가 죽게 되자 묻을 묘역이 없어서 외국인 묘역으로 양도된 것이라고 합니다. 최초의 순교자라고 하는 정신에서 본다고 하면 헤론 선교사는 스테반 집사와 같이 우리에게 중요한 의미를 주고 있습니다. 그는 알렌 선교사보다 나이도 많고 박사학위도 가지고 있는 테네시 대학교의 의과대학 조교수였습니다. 그러나 알렌보다 늦게 들어와서 결국은 뜻을 펼쳐 보지도 못하고 전염병으로 먼저 소천을 하게 된 것입니다. 예수를 증거하다가 병으로 죽게 된 것입니다. 스테반 집사는 예수를 증거하다가 돌에 맞아 죽게 된 것입니다.

스테반은 그 이름이 헬라어로 다이아뎀 즉, 면류관이라는 의미를 가지고 있는 데 참으로 면류관을 받기에 합당한 삶을 살았습니다. 저는 이것을 동일시 죽음(identification death)라고 감히 선포합니다. 우리도 어떻게 스테반 집사를 본받아서 산 순교자가 될 수가 있을까요?

우리에게도 스테반 집사와 같은 깨어진 마음을 가진 리더가 있었습니다.

도산 안창호 선생이 그분이십니다. 도산은 자신(自新)을 가장 중요시 여겼는데, 이는 스스로를 새롭게 한다는 의미로서 이미 한민족으로서의 정체성(identity)과 자존감(self-esteem)이 무엇인지를 안 큰 스승이셨습니다. 도산의 실천목표는 여전히 자신(自新)에서 출발하여 독립운동임을 분명히 한 것입니다. 2008년 현재 모두가 경제를 살려야 한다고 아우성이 지만 그 이전에 우리의 영적인 독립 운동은 인격적인 독립운동이요 통전적인 세계관 변혁운동이 되어야 합니다. 그러면 우리는 경제적으로 뿐 아니라 정치적, 경제, 사회, 문화, 예술, 스포츠, 서비스 ,철학, 과학 등 모든 분야에서 제2의 건국 60주년에 걸 맞는 기쁨을 누리게 될 것입니다. 이 일을 위해서 스테반 집사와 같은 자신의 일터에서 순교자의 정신으로 희생하는 리더가 필요합니다.

무엇보다도 도산의 인격이 크게 느껴지는 것은 이토 히로부미와의 대담으로 도산을 중심으로 하는 청년내각을 요청받았을 때 단호히 거절한 것은 일진회의 전철을 받지 않기 위함이었습니다.

이 때 두 분의 대화는 이렇습니다.

도산 : 조선을 가장 잘 도울 수 있는 방법을 그대는 아는가?
이토 : 그 방법이 무엇인가?
도산 : 일본을 잘 만든 것이 일본인인 그대였던 것처럼 조선은 조선인으로 하여금 혁신하게 하라. 만일 메이지 유신을 미국이 와서 시켰다면 그대는 가만있었겠는가?

도산은 이토가 던진 미끼를 물지 않고 신민회 운동과 연해주에 기반을 구축하였습니다. 도산이 신민회의 조직을 위해서 프리메이슨의 조직을 연구 참조했다고 하는 것을 포함하여 도산은 조직을 만들고 섬기는 귀재였음에 틀림이 없습니다. 신민회는 개화 자강 노선에 기초하되 독립전쟁을 위한 실력양성과 자신(自新)을 강조하는 것입니다. 또한 신민회 결성과 더불어 만주와 시베리아에 독립군 근거지를 건설하기 위한 작업이 구체적으로 모색이 되었다고 하는 것은 이미 그가 세계를 품은 그리스도인이라는 것을 전제로 하여 가장 민족주의자라고 하는 것을 입증하는 것입니다. 도산은 청년학우회의 면접에서도 무실역행(務實力行)의 의지가 있는 지를 질문하였습니다. 신민회 사건으로 큰 화를 치르고 결국 도산은 망명을 하게 되었습니다. 그 때에 도산은 옌타이(연태)로 가는 배 속에서 한말 청년의 가슴을 울렸던 <거국가>를 불렀습니다. 4절의 내용에는 이런 구절이 있습니다.

지금 이별할 때에는 빈주먹을 들고 가나
후일 상봉할 때에는 기를 들고 올 터니

1. 그는 역사인식을 바로 했습니다.

역사인식을 바로 하고 산다고 하는 것은 너무나 소중합니다. 우리도 동북공정과 독도공정으로 마음이 아플 때 스테반 집사의 정신을 배워야 합니다.

이스라엘의 역사는 한마디로 말해서 은총의 역사였으며 패역의 역사였다는 것입니다.

　저들의 조상 아브라함을 일찍이 우상의 도시인 메소포타미아에서 불러내어 가나안으로 옮기시고 선민 이스라엘의 역사를 얼게 하심은 하나님의 은총이었다는 것입니다. 여호수아 때에 이르러 가나안을 다시 정복하는 것을 보면 하나님은 구속사의 흐름(the stream of Redemption) 차원에서 인류구원의 역사의 큰 체스판을 놓고 있음이 분명합니다(1-8절). 더구나 축복의 통로자인 요셉을 여호와 이레로 애굽에 보내어 바로왕의 총애를 받게 함으로써 70명의 가족으로 하여금 7년 흉년의 화를 면하게 하심은 하나님의 은총이었습니다. 한국에도 2015년에 기근이 온다고 하는 데 위기관리의 능력이 있는 요셉의 리더십이 늘 필요합니다(9-16절). 모세를 통한 출애굽의 기적은 하나님의 은총의 역사입니다(17-35절). 애굽을 떠나 올 때 근심만 가지고 나온 것 같았으나 40년 동안 먹이시고 가나안에 들어가기 까지 가나안 7족을 멸하게 하심은 하나님의 은총의 역사였습니다(36절). 시내산에서 십계명을 주셨으니 은총의 역사입니다(37-38절). 세대교체를 이루어가면서도 허물을 덮어주시고 가나안에 입성케 하심은 기적의 역사입니다(39-50). 그 후, 선지자를 보내주시고 깨닫게 하시다가 메시아를 보내주심은 하나님의 은총의 결정판입니다(51-53절). 그 살아 계신 주를 믿는 스테반 집사의 메시지는 전문인 예언자(professional prophet)의 메시지요 하나님의 음성을 대변한 것입니다.

　모래위의 발자국의 시와 같이 광야위의 발자국도 한걸음 한걸음이 하나님이 동행하지 않음이 없는 것입니다. 어느 사건하나 하나님 아버지의 축복이 임하지 않은 것이 없습니다. 그 하나님이 스테반의 하나님이시고 면류관과 같이 빛나는 사명을 감당하려는 우리를 축복하기 원하시는 선교의 하나님이십니다.

이스라엘의 역사는 순종과 보답의 새 역사를 창조해야 합니다.

목이 곧고 마음에 할례를 받지 않고 패역한 중동의 이스라엘과 동방의 이스라엘인 우리 대한민국은 지은 죄가 많고 하나님의 용서도 많고 더 이상 패역하면 하나님의 심판대 앞에 서야 하기 때문에 이제는 돌이켜 패역의 역사에서 돌아와야 하는 것입니다. 이것이 곧 회개의 역사이고 순종의 역사입니다.

미국의 교회가 포스트모던이즘의 영향을 강하게 받던 1980년대에 미국은 구원을 받는 데 먼저 회개하지 않고 영접한 후에 회개해도 된다고 하는 교리를 앞세워 많은 크리스챤들이 일단 교회로 들어왔으나 교회의 윤리수준은 하향조정이 되었던 일이 있다. 그 당시에 J. I. Packer라고 하는 조직 신학자가 매스터 신학교의 총장으로 있는 존 맥아더 목사의 보수적인 구원관을 뒤집으며 이러한 운동의 태풍의 찻잔과 같은 역할을 한 것입니다. 이러한 미 제국주의의 신학이 한국의 초대형 교회에 일정 부분 영향을 미쳤습니다. 미국제 복음주의를 경계해야 합니다. 창업보다 수성이 힘들다고 한국의 대부분의 초대형 교회들은 복층식 아파트 구조(multi-complexed apartment structure)와 같은 눈에 보이는 가치관만을 추구하는 세속적 인본주의(secular humanism)의 유혹 앞에서 길을 잃고 암혈 속을 전진을 하는 양상이 아닐까? 자성해 보아야 합니다.

필자는 마지막 시대에 대한 예언자의 기능이 중요함을 성령님이 깨닫게 하시면서 GE 그룹의 식스 시그마 품질관리와 마찬가지로 우리 신앙도 품격관리가 중요하다고 하시면서 하나님께서 "6R 운동 본부"를 세우라고 하는 음성을 들었습니다. 이해를 돕기 위해서 설명을 하고자 합니다. 경영학의 세계적인 스승이었던 고 피터 드러커(Peter Drucker) 박사는 진정한 지도자는 세계관(Worldview)까지 변혁(transformation)이 된 자라고 말씀하셨으며 한 눈은 2달 후를 다른 한 눈은 2년 뒤를 바라보아야 한다고 말했습니다. 한국교회의 목회자인 사랑의 교회 오정현 목사가 말하는 통찰과 예견에 해당하는 말이라고 봅니다.

특별히 말라기서 4장에 이르러서는 주의 날에 대한 약속을 하고 있다. 여기에서 6가지로 종말의 때에 성도가 해야 할 것을 보여주고 있습니다.

1절 : 회개(Repentance)-극렬한 풀무불 같은 날 … 남기지 아니할 것이로되

회개가 수반되지 않은 부흥은 외형적인 교회성장을 가져올 것이고 회개하고 은혜로 얻은 부흥은 내적인 교회성숙을 통한 세계선교로 이어지게 될 것이다.

2절 : 부흥(Revival)-의로운 해가 떠올라 치료하는 광선을

하루에 중국에서 예수를 영접하는 자의 수가 2만 명이고 하루에 AIDS로 죽어가는 아프리카인의 숫자가 2만 명이라고 한다. 진정 지금이야말로 영적인 부흥을 이야기할 때이다.

3절 : 재선교(Remission)-너희가 악인을 밟을 것이나

선교사가 들어갈 수 없는 219개 국가에 평신도 전문인들이 자신의 직업의 전문성을 가지고 나아갈 수가 있다는 것을 2007년 새부흥을 허락하시면 새로운 선교의 유형으로 채택할 때가 왔다.

4절 : 기억(Remember)/구조조정(Reconstruction)-기억하라

하나님이 공의의 하나님인 동시에 사랑의 하나님이신 것을 기억해

야 한다. 11월 9일의 베를린 장벽의 사건 후에 2001년 9월 11일의 뉴욕 테러를 통해서 하나님의 예비하심을 기억해야 한다. 더구나 뉴올리안즈의 대 참사는 무엇을 우리에게 말하는가? 중국의 쓰촨성 대지진은 우리에게 무엇을 교훈하고 있는가? 광우병 파동으로 서울광장에 모인 저들은 도대체 누구의 자녀들인가? 게으른 공무원의 자녀들일 것입니다. 이처럼 이 시대는 우리에게 문화교류 소통을 통한 증인된 삶을 요구하고 있는 것이다.

5절 : 개혁(Reformation)-내가 선지 엘리야를 너희에게 보내리니

이제는 우리가 선교지에서 교회를 세우는 것이 최종의 목표가 아니고 저들이 마음의 할례를 받아서 변화되어지고 문화 변혁자(transformer of culture)가 되어지는 것을 목격해야 합니다.

6절 : 화해(Reconciliation)-돌이키게 하리라

북핵으로 인해서 미국과 중국의 눈치를 보는 남한이 북한을 끌어 않고 진정한 의미에서의 화해에 의한 통일을 이루기까지 우리는 고난 받는 종의 자세를 가지고 화해의 메신저가 되어야 합니다. 저는 이것을 평화의 촉진자(peace facilitator)라고 명명한 바가 있습니다.

왼눈은 회개를 오른 눈은 선교를 생각해 볼 때 두 눈 사이에는 우뚝 선 코가 있는 것과 마찬가지로 오늘도 성결(Sanctification)이라고 하는 것이 가장 중요한 이 시대의 첫 번째 원인자(a first cause)가 되어야 합니다. 신자의 비세속성의 원리를 실천하는 것입니다. 성결의 극치가 사랑(lovification)입니다.

그런데 1907년에는 일본의 점령 앞에 애국운동이 아니라 비정치화 운동으로 부흥운동을 이루었다고 김영재 박사는 말합니다. 솔직

히 말씀드리면, 회개운동입니다. 진정한 의미에서의 화해를 이루지 못한다고 하면 1907년의 대 부흥 후에 나라가 망한 것과 마찬가지로 사분오열된 나라는 앞으로 더 많은 기도와 불편함을 감내하는 것을 우리에게 요구하게 될 것입니다.

2. 순교자 스테반은 오늘 우리에게 필요한 분입니다

스테반은 겉으로 보기에는 실패한 자 같이 보였으나 하늘나라를 얻은 위대한 지도자였습니다. 영적전쟁의 입장에서 우리 민족으로 보면 이순신 장군과 같은 분이십니다. 그는 예수님이 명하신대로 증인의 삶을 살다간 사람입니다. 그리고 죽을 때 하늘이 열리고 하나님 옆에 인자이신 예수님이 일어서셨다고 하니 성공한 아니 승리한 삶을 사신 것입니다. 스테반의 천국입성 장면은 대통령의 국립묘지 참배 시에 예포가 울리는 정도가 아닙니다. 하늘의 모든 종을 울려서 귀 있는 자는 성령이 하시는 말씀을 들을 것이라는 것과 같이 스테반의 천국입성을 예수님의 예루살렘 입성과 같이 다 나와서 맞이한 것입니다. 그는 평범한 자 같으나 비범한 자요, 실패한 자 같으나 성공한 자인 것입니다. 내 생애가 예수님 중심의 생애인가? 돌아볼 때입니다. 사도행전 1장 8절의 말씀을 준행하지 않으니 사도행전 8장 1절에 이르러서 순교의 사건을 통해서 하나님은 우리에게 오늘도 교훈하고 있는 것입니다. 언제까지 죄없는 의인된 하나님의 백성을 바리새인과 같이 회칠한 무덤 같은 신앙을 가진 자들이 죽이는 것을 방치하려고 하십니까? 우리는 거룩한 분노를 스테반 집사에게서 배워야 합니다.

3. 그 얼굴이 천사의 얼굴과 같았더라(행6:15)

　죄를 지으면 얼굴을 들지 못하고 '왕의 기도'를 드릴 수가 없다고 건국대학의 교수선교사 손기철 교수는 말합니다. 선포하면 되는 데 선포를 하지 못하는 이유가 내면의 해결되지 못하는 죄때문이라는 것입니다. 그러나 죄악의 10/40창문 지대에 사는 영혼이 아니라 마음의 창을 활짝 열고 노아방주의 창문과 같이 천성을 향해서만 투명한 문이 나있기 때문에 얼굴이 천사와 같이 빛날 수가 있었습니다. 화장품 가운데 미백의 효과를 내는 화장품이 있는 데 참존 화장품의 김광석 장로님도 스테반의 천사와 같은 얼굴에서 힌트를 얻어서 화장품을 개발을 하면 좋겠다고 생각합니다.

　스테반은 천사의 수호천사의 얼굴을 보았기에 자신도 천사와 같이 얼굴이 변했을 것입니다. 무슨 소리인지 이해가 안되는 분은 아마도 여러분을 보호하는 수호천사가 주무시고 계실 것입니다. 너무 잘해서 아니면 너무 기가 막혀서 말입니다. 그가 성령으로 충만하였다고 말합니다. 저는 이 대목을 대할 때마다 눈물이 나옵니다. 어떻게 죽음 앞에서 겁을 내지 않고 성령으로 충만할 수가 있다는 말입니까? 평소에 담대한 믿음을 가지고 있어야 마지막 순간에 변절을 하지 않고 하나님을 늘 높이며 천성을 향해서 나갈 수가 있음을 증거하는 것입니다.

　한걸음 더 나가서 그가 성령이 충만한 가운데 인자 예수를 보았다고 말합니다(행7:55). 진실로, 예수를 보았다고 하는 분은 지상 대 명령의 말씀을 준행하다가 순교자의 자리에 서 있는 분들의 간증을 통해서 우리는 입증할 수 있습니다.

　화란의 여자 부흥사인 코리 텐 붐 여사가 독일의 나치 수용소에서 죽음 직전에 구출된 사람입니다. 하루는 교인들이 창고에 숨어서 예배를 드리고 있는 데 소련군이 기관단총을 들고 문을 박차고 들어왔습니다. 박차고 들어온 것을 보니 우군은 아닌 것 같습니다. 즉결처분을 한다며 먼저 예수 그리스도를 반대할 자들은 밖으로 나오라고 했습니다. 두 번에 걸쳐서 그렇게 하는 동안 많은 사람들은 예수 때문에 죽을 것인가 아니면 일단 살고 볼 것인가를 놓고 갈등을 계속 해야 했습니다. 그들은 갑자기 창고문을 닫고 자신도 예수 믿는 자임을 고백했습니다. 그리고 외칩니다. 여러분, 가짜가 도망을 갔으니 이제 우리는 마음껏 주님을 찬양하며 그 분의 이름을 높일 수가 있습니다. 이처럼 우리는 늘 근신하는 마음으로 하나님 아버지만을 섬기며 천성을 향해 날아올라야 하겠습니다.

결론

우리의 얼굴을 통하여 천사의 얼굴이 나타나야 합니다.
진흙 위의 예수상의 모습과 마찬가지로 우리는 말없이 말을 하는 위대한 지체인 얼굴을 통하여 하나님의 영광을 드러내야 할 것입니다. 주님이 그 얼굴에 햇살을 비추시기만 한다면 누구처럼 보톡스를 맞고 다닐 필요가 없습니다. 생얼이 되어서 세월의 경륜을 나타내는 얼굴을 가지고 브니엘이라는 말과 마찬가지로 늘 하나님을 대면하는 여러분 되시기를 주님의 이름으로 축원합니다. 그 때에는 우리가 얼굴과 얼굴을 대하고 볼 것입니다. 진리를 깨닫고 천국에 이르기까지의 모든 여정에서 우리는 주님의 마음을 본받기만 한다면 얼굴도 닮아가게 될 것입니다.
첫 번째 순교자 스테반 집사는 그러함에도 불구하고 축복의 통로

(channel of contrariwise blessings)가 된 자입니다. 역경 가운데 축복의 통로가 되는 것은 어렵습니다. 그러함에도 불구하고 그는 십자가의 길, 순교자의 삶을 산 것입니다. 하늘에서의 상이 클 것입니다.

천사의 얼굴을 한 스테반 집사와 같은 찰 예수꾼이 되시기를 주님의 이름으로 다시 한번 축원합니다.

☞ **연구과제**

도산 안창호와 스테반 집사의 품격의 공통점을 비교하라.

7 전문인 선교사의 선교 폭발

(행 8:26-40)

나는 산보다 바다를 좋아합니다. 보수적인 성향보다는 개혁적인 성향이 있기 때문이라고 생각합니다. 제 아내도 성향이 바다를 좋아합니다.

미국에서 어느 이른 아침에 버지니아 비치(Virginia Beach)를 산책한 적이 있습니다. 아내와 함께 때론 혼자서 바닷가 소리를 들으며 걷는 나의 마음속에서 난 이 광활하게 펼쳐진 창조물의 아름다움을 찬미하기 시작했습니다. 난 바닷가 개펄에 반쯤 감추어진 조개껍질을 발견하고 또, 소라를 발견하게 될 때까지 그저 외부의 환경에만 관심이 있었습니다. 그러나 하나님은 나의 내면세계의 질서를 들여다보라고 소라 하나를 보내셨습니다. 소라는 그 독특한 껍질은 임식과 바다 밑 해초를 섞어 놓았는데, 어린 시절, 리어카에서 사먹던 소라 생각이 납니다.

Pin으로 겨울밤을 지새우며 누나들과 파먹던 소라… 어린 시절로 돌아가고 싶습니다.

누가 옳고 그른 것을 따지는 것이 아니라 어머님의 모성애처럼 그저 가족애로 뭉친 사회가 그립습니다.

소라가 바깥세상을 보려고 나오면 숟가락으로 누르면 어느새 소르르 껍질 속으로 들어가고 또, 먹이를 찾기 위해 분주히 나오는 모습을 봅니다. 그 때, 나는 소라의 모습 속에 보이는 하나님의 나를 향하신 뜻을 관찰하기 시작했습니다.

소라의 첫 번째 세계는 그가 스스로 만든 세계입니다.

껍질입니다. 껍질 인생입니다. 자신의 안전을 위해서 만든 세계입니다.

소라의 두 번째 세계는 먹을 것을 위해서 그가 세상으로 나오는 것인데 그렇게 살도록 예정 지워진 것입니다. 이 '술래잡기 게임'을 하면서 만약 소라가 나올 때마다 그 속에 묶어둔다면 그에게는 죽음의 세계에 머무르고 있는 것뿐입니다. 그러나 껍질 속에 사는 것 그 이상이 되어서 이 버지니아 비치 전체가 너의 세계가 되어야 한다고 자꾸 간지러 주었습니다.

소라는 어쩌면 잃어버린 나 자신에 대한 발견이요 치유입니다.

나의 껍질을 나의 자랑을 내 생명을 하나님 앞에 산산이 부수어 버리고 "나는 죽고 그리스도만" 이라고 나아갈 때 하나님은 우리를 껍질을 뚫고 나온 소라처럼 사용하기를 원하십니다.

저는 오늘 전문인선교사 가운데 한분을 소개해 보고 싶습니다.

그 분의 이름은 빌립입니다. 미국 사람의 이름 가운데 가장 많은 이름 가운데 하나가 빌립입니다.

빌립 집사 그는 평신도입니다. 그의 삶에 있어서도 소라의 껍질을 벗고 나오는 것과 같은 커다란 변화가 있었습니다. 요즈음 자주 사용되는 패러다임의 전환이라는 것이 외부자적인 환경에서 오게 되었습니다. 사도행전 1장 8절의 지상 대 명령을 지키지 않을 때 초대교회 성도들의 신앙 환경은 완전히 바뀌게 되었습니다.

행1:8 --->>> 행8:1로 패러다임의 전환(paradigm shift)입니다.

사도행전 8장 1절 이하에 보면, 예루살렘 교회에 큰 핍박이 나서 사도 외에는 다 흩어져 복음을 전하게 되었습니다. 이 때, 빌립 집사는 사마리아 성에 가서 복음을 증거하며 그리스도를 전파하게 되었습니다. 표적이 일어납니다. 더러운 귀신이 악-악- 대며 물러갑니다. 중풍병자나 앉은뱅이가 일어나는 기적이 일어나게 되었습니다. 하나님의 때에 하나님이 빌립 집사를 부르신 것입니다.

주님 나를 부르셨으니 주님 나를 부르셨으니
소리 높여서 소리 높여서 주만 따라 가렵니다.
주님, 주님, 나의 기도 들으사 언제까지 영원토록
주만 따라 가렵니다.

우리나라만큼 목회자와 평신도를 구분하는 나라도 드물 것입니다. 유교적 그리스도 국가인 우리는 계급간의 구분도 철저하고 군대식으로 관리하는 장점이 있습니다. 그러나 경직된 고정관념에 의해서 같이 신학대학원 동창임에도 불구하고 전도사를 무시하고 목사가 되지 못한 자를 무언가 석연치 못하게 생각하는 것을 느끼게 됩니다. 하물며 신학대학원을 나오고 집사로서 생업을 가지고 산다는 것은 더욱 큰 문제가 있다고 피영민, 장경동 목사같은 동기동창들은 생각합니다. 어쩌면 잘사는 집사에 대한 열등의식의 발로일 수도 있습니다. 카스트제도에 의해서 신분을 철저하게 나누는 인도이지만 목회자의 세계에는 평신도가 활발히 전도자로 사역하는 것을 허용하는 것을 보면 유연성이 있다고 생각합니다. 저들의 출신이 너무 낮은 신분이기 때문에 그렇다고 볼 수 있지만 우선순위는 영혼에 대한 구령 열정입니다. 무허가 신학교에 대한 이야기가 나올 때마다 우리 목회자들이 변화되어야 하겠다고 늘 생각을 해보게 됩니다. 인격적으로 존경하고 서로 섬기는 분위기로 사랑 가운데 교제한다면 보다 나은 교제가 하나님의 백성 가운데 형성이 될 것입니다.

빌립 집사는 사마리아 성을 거닐 때 많은 생각을 하면서 전도를 했다고 생각을 합니다. 그 옛날, 사마리아 성이 아람 군대의 침입으로 무너질 때 이야기가 떠오릅니다. 성밖에 있는 문둥병자들이 와서 하나님의 개입으로 아람 군이 물러간 것을 확인하는 장면이 도출이 되는 것입니다. 이왕 죽을 바에는 먹고 나 죽자는 심정으로 성안으로 들어가서 기쁨의 복된 소식을 전했던 것입니다. 하나님은 신약시대에 이르러서 이제, 사마리아 성에 빌립 집사를 통해서 그 도성에 기쁨이 충만하게 성령을 통해서 역사하고 계신 것입니다. 했습니다. 다같이 8절 말씀 읽으세요.

"그 성에 큰 기쁨이 있더라."

Great Joy!

금강산 관광객 피살 사건을 통해서 북한이 다시 막히고 있습니다. 북한선교를 하고 있는 단동 SAM 의료복지선교회의 박세록 장로님이 생각납니다. 그가 북한 의료 선교사역을 하다가 수많은 유리방황하는 걸식자를 보고 지금 우리가 할 수 있는 것은 불쌍한 백성이 살 수 있도록 인도적인 차원에서 병원을 세워주고 고아원을 세워주고 양로원을 세워 주는 것이라는 것을 깨닫게 되었습니다. 또한 북한당국이 거부했을 때, 중국의 연변과 단동, 집안 지역 등에 진료소를 세우고 우선 아픈 자들을 치유하는 사역으로 패러다임을 전환했습니다. 200 만 명 이상이 되는 우리의 혈족들이 지금은 반달로 떠도 이들이 계속해서 제자양육을 통해서 훈련되어지면 마지막 시대 마지막 주자로 험한 오지에 나아가서 복음을 증거할 수 있는 역동적인 선교사들이 될 수 있을 것이라는 말씀이 떠오릅니다. 이번 새문안교회(이수영 목사)에서 열린 세상과 소통하는 교회라는 주제로 열린 제45회 언더우드 학술강좌에 가 보니 발제자로 오신 북경대학의 종교연구소의 객좌교수인 정안덕 박사도 교수직을 버리고 쟁애우 사역을 시작했습니다. 미국의 헨리 나우엔이 생각이 납니다.

빌립이 만일, 여기서 안주하고 계속 사마리아에만 머물러 있었다고 하면 어찌 암흑의 땅 아프리카에 복음이 전파될 수가 있었겠습니까? 복음은 전염성이 강한 것이기 때문에 우리는 복음을 위해서 축복의 통로로 쓰임만 받도록 늘 하나님이 역사하는 성령의 사람이 되어야 합니다.

저는 빌립 집사야말로 평신도 선교의 표상이라고 봅니다. 그와 에디오피아 내시와의 만남은 21세기 10-40창문을 여는 중대한 의미가 있는 것이라고 생각합니다.

여기 전문인 선교사라고 부를 수 있는 빌립 집사의 몇 가지 전도의 특징이 있습니다.

전문인 선교사 빌립은 어떠한 유연성을 갖추었습니까?

첫째, 성령의 음성에 민감하게 반응을 보였습니다.(26절)

"주의 사자가 빌립더러 일러 가로되 일어나서 남으로 향하여 예루살렘에서 가사로 내려가는 길까지 가라 하니 그 길은 광야라"

빌립은 천사 (the angel of the Lord) 의 명령을 듣고 사마리아에서 가사로 내려가고 있었습니다.

전도하는 데, 천사가 돕는 것을 우리에게 보여주고 있습니다. 우리 모두에게도 이 시간 우리가 인식하지 못하기 때문이지 천사가 수종을 들고 있는 것입니다. 그래서 찬송가에도 이렇게 기록을 하고 있습니다.

우리가 지금은 나그네 되어도 화려한 천국에 머잖아 가리니
이 세상 있을 때 주 예수 위하여 우리가 힘써 일하세
주내게 부탁하신 일 천사도 흠모하겠네
화목케 하라신 구주의 말씀을 온 세상 널리 전하세(찬270장 1절)

주님의 음성을 듣고 즉각적으로 민감하게 (Sensitive) 순종할 수 있는 자에게 하나님은 귀중한 복음 전도의 사명을 맡기시는 것입니다.

주님의 음성을 들었는데, 그 이후에 순종하지 않는 사람이 우리 주위에 얼마나 많이 있습니까?

선교 각성 대회마다 이 교회 저 교회로 다니고 이 세미나 저 세미나에 다니는데, 그 이후에 결단만 하고 헌신하지도 사역하지도 않는다면 복음에 민감한 크리스챤이 아닙니다. 다만, 소라와 마찬가지로 자신의 껍데기 안에 안주하기를 원할 뿐입니다.

그 껍데기를 깨고 나와야 주의 음성을 들을 수 있습니다. 그것은

자발적으로 빌립 집사와 같이 성령님을 의지하여 자기 자신의 삶을 개척하여 나가는 것입니다.

사랑하는 성도 여러분!
여러분이 자랑이요, 면류관인 그 껍데기를 깨고 나오시기 바랍니다. 그리고 그 껍데기까지 하나님께 드리므로 영광을 돌리시기 바랍니다.

27절 말씀 다같이 읽어보겠습니다.
"일어나 가서 보니 에디오피아 사람 곧 에디오피아 여왕 간다게의 모든 국고를 맡은 큰 권세가 있는 내시가 예배하러 예루살렘에 왔다가"
막막한 선교의 길에서 기도하며 나아가고 있는 빌립의 모습입니다. 십자가의 길, 순교자의 길을 걷고 있는 모습입니다. 여기서 '일어나 가서 보니'라는 말에 주의해 보고 싶습니다. 아마도 빌립은 그 당시 교통 형편이 좋지 않은 길을 11호 자가용을 타고 열심히 나아갔을 것입니다. 그러다가 그 광야 길에 먼지를 뽀얗게- 일으키며 나아가는 한 대의 리무진을 보게 됩니다.

1990년대에 군대에도 군승은 좋은 소나타를 타고 다니고 목사는 오토바이를 타고 다니고 전도사는 자전거를 타고 다닌다던 데 불신자인 군인들이 볼 때는 절로 갈 수밖에 없는 상황이라는 이야기를 들은 적이 있습니다. 빌립은 하나님이 주신 발로 복음을 전하는 길을 택할 수밖에 없었습니다.

에디오피아 내시는 리무진을 타고 지나가는데 상황은 전혀 전도폭발을 일으킬 수 없는 상황이었습니다.

그러나 30절을 보십시오!

"빌립이 달려가서 선지자 이사야의 글 읽는 것을 듣고 말하되 읽는 것을 깨달았느뇨"

둘째, 전문인 선교사 빌립은 담대히 내시에게 나아갔습니다.

비록 자신은 걸어가고 내시는 캐딜락과 같이 좋은 차를 타고 가지만, 하늘에서 보시면 소라껍질 같은 것임을 빌립은 알고 있었습니다. 그래서 빌립은 성령의 음성을 듣고 가까이 가서 전도 폭발의 서론인 개인의 관심사로 화두를 열게 되는 것입니다. 전도대상자가 환경의 변화없이 자신의 문화 양식 가운데서 복음을 듣고 싶어하는 것입니다. 새로운 쪽 복음을 제시할 필요가 없었습니다. 우리도 이렇게 실천을 할 수가 있습니다.

지하철 전동차에서 우리가 책을 열심히 읽고 있는 사람에게 그 책 재미있지요?

장편소설이군요!「아버지」가 어떻게 되었어요? 이렇게 친근하게 접근 할 수 있는 것입니다. 만일 우리의 아바 아버지 되시는 하나님을 증거할 수 있는 데까지 나아간다면 얼마나 좋겠습니까?

<내면세계의 질서>라는 책을 써서 베스트셀러를 만든 고든 맥도날드는 이 세상에는 다섯 가지 부류의 사람이 있다고 말합니다.

그 가운데, 가장 중요한 사람은 우리와 함께 열정을 나누는 자입니다. 영어로 VIP(Very Important People) 입니다. 바나바는 바울에게 있어서 VIP였습니다. 브리스길라는 아볼로에게 있어서 VIP입니다. 히긴크 감독은 10여년이 지났으나 여전히 우리 한국에 VIP입니다. 우리가 신뢰할 수 있는 사람을 가진다는 것은 얼마나 큰 흥분인지

모릅니다.

이사야 43장 3절의 말씀에 기초하여 '내가 너를 보배롭고 존귀하게 여기노라'는 말씀의 영어성경 NIV에 나타난 the very important person의 머리글자를 따서 VIP 라는 글자를 만들 수 있습니다. 진정한 의미의 VIP는 생활 가운데 전도자입니다. 신앙의 핍박을 피해서 살아남은 자들의 간증은 얼마나 귀한 것입니까? 사랑으로 자신의 삶을 나누는 귀한 모임이 소중합니다.

그런데 오늘 본문에서 에디오피아 내시는 단 한번에 VIP로 빌립 집사에게 다가온 것이니까 얼마나 큰 행운입니까?

우리가 엥겔 지수라고 하는 전도 대상자의 마음 밭을 조사해보는 통계치에 의하면 에디오피아 내시는 (+4)의 지수에 해당되는 옥토에 뿌려진 사람과 같은 자였습니다. 비록 사막과 같은 광야를 지나가고 있지만 그의 가슴은 주님을 닮기 원하는 간곡한 마음의 소원을 가지고 있었습니다.

무엇보다도 그는 32절에 고난 받는 종으로 오신 메시야 (Suffering Servant)에 대한 질문을 함으로서 복음에 대한 핵심을 듣고자 했습니다.

"읽는 성경구절은 이것이니 일렀으되 저가 사지로 가는 양과 같이 끌리었고 털 깎는 자 앞에 있는 어린양의 잠잠함과 같이 그 입을 열지 아니 하였도다"

이것은 고난받는 종(suffering servant)으로 오신 메시아에 대한 예언의 말씀입니다. 어찌 애굽의 내시가 이 구절을 해석해 줄 수 있는 유대인을 만날 수 있겠습니까? 일본 사람들이 예수 믿는 자를 만나기 어려운 것과 똑같은 이치입니다.

여러분 한번 믿음의 눈을 열어서 상상해 보십시오!

칠 흙 같이 캄캄한 아프리카 대륙에 병거 수레 하나가 들어가고 있습니다.

아프리카 대륙전체를 복음의 빛으로 바꾸는 놀라운 역사를 위해서 하나님은 특별히 빌립 집사에게 일대일 전도를 하게 하신 것입니다. 그 빛이 아프리카를 복음화 시킬 줄이야 알았겠습니까?

3세기에 시리아, 에디오피아 등지에 기독교가 꽃을 피웠고 어거스틴도 북부 아프리카 출신입니다.

그런데 현지의 토착인 지도자로 세우지 않고 라틴어로 예배드리다가 그 지역에 이슬람교가 들어오고 십자군 전쟁의 폐해로 십자군을 여성과 어린아이를 유린한 폭도로 묘사하는 영화를 볼 때 복음의 문이 닫히고 이제 공산주의가 Africa 대륙을 지배하다가 떠난 후에 이제 이슬람교도들이 장악을 하게 되었습니다. 저들은 자발적으로 이슬람교도가 되기를 즐겨한 것입니다. 우리 기독교가 가진 자의 종교로 바뀐 후에는 제3세계의 사람들에게는 미국과 같은 가진 자의 횡포로 비춰지는 것이 복음을 전하는 커다란 장벽이 되고 있습니다. 한국의 기독교도 동남아시아의 여러 나라들에서 이러한 평가를 받고 있습니다.

현재, 에디오피아는 세계에서 제일 가난한 나라로 전락하게 되었습니다. 주변이 이슬람화하는 데 혼자서 기독교를 고집하다가 고난을 당하게 된 것입니다. 기독교가 이기주의의 종교가 아니라면 좀더 같은 기독교 국가끼리의 교류와 원조가 활성화되어야 합니다. 이러한 일은 NGO를 통한 활동에 기대를 할 수밖에 없는 현실입니다. 이러한 이야기를 들을 때마다 제 가슴속에서는 제2, 제3의 빌립과 같은 복음 전도자 자비량 선교사가 나와서 다시 Africa 땅에 전문인 선교를 해야 한다고 성령님이 뜨겁게 말씀하십니다. 저희 주변에 있는 선교사들 가운데 아프리카를 품고 선교하는 귀한 분이 나오기 시작한다고 하는 것은 너무나 놀라운 축복입니다.

이제 21세기 중반이 되면 Africa, 중국, 인도가 세계의 중심이 된다고 합니다.

저의 주변에 에디오피아 선교사 한 분이 있습니다. 한국방송공사 KBS에서 파송한 조 원설 선교사입니다. 빌립 집사님과 같이 참으로 헌신된 분이십니다. 자신은 에디오피아의 선교사의 수종들러 간다며 다만 기도해 주십시오 라고 말했습니다. 어려움을 많이 겪으며 하나님께서 계속 준비시키더니 이제는 타문화권에서 어려움을 겪으며 하나님의 나라를 위해서 요셉처럼 쓰임을 받고 있습니다.

마지막으로 전문인 선교사 빌립은 정확하게 복음을 증거했습니다.
구약의 고난받는 종으로서 오신 메시야가 바로 예수 그리스도라고 증거 했습니다.

복음이란 무엇입니까?

예수 그리스도께서 나와 같은 지옥에 떨어질 수밖에 없는 죄인을 구원하시기 위해서 십자가에 못 박혀 죽으시고 장사되시고 죽은 자 가운데서 사흘 만에 부활하셨다는 기쁜 소식입니다.

집사 빌립이 전도할 때 주의 사자 (the angel of the Lord)가 일러 준 것처럼 예수님이 부활하신 현장에 천사가 나타나서 '그가 부활하셨고 너희들은 갈릴리에서 그 분을 보리라'고 말합니다. 복음(Evangelism)은 헬라어로 유앙겔리온이라고 말합니다. 이 헬라어의 앙겔리온이 천사 (Angel) 입니다. 다시 말해서 복음은 천사의 사역과 깊은 연관이 있습니다. 천사가 부활하신 주님을 뵌 것처럼 고난의 신비와 부활의 권능을 증거하는 것이 복음입니다. 다 천사가 관련이 되어 있어요! 예수 믿으면 복 받습니다! 하면서 공연히 값싼 은혜(Cheap Grace)를 전하지 마시고 예수 믿으면 고난 가운데서도 승리합니다! 라고 담대하게 메시지를 증거하는 여러분 되시기를 주의 마음으로 축원합니다.

고난을 당하지만 우리 마음을 주님이 평안케 하시기 때문에 예수님 없이 불안하며 새 사냥꾼의 올무에 걸린 새처럼 푸드득거리며 살아가고 있는 세속 사회의 군상에서 벗어나야 합니다.

이것이 순수한 복음입니다.

사랑하는 성도 여러분! 얼마나 멋있습니까? 빌립 집사는 하나님의 뜻을 알고 순종하는 사람입니다. 그런 자가 선교사입니다. 복음을 증거한 후에 성령에 이끌려서 광야를 지나가는 빌립 집사의 모습 그러나 다시는 에디오피아 내시가 빌립을 발견하지 못했다고 39절에 말하고 있습니다.

"둘이 물에서 올라갈 새 주의 영이 빌립을 이끌어 간지라 내시는 혼연히 길을 가므로 그를 다시 보지 못하니라"

인간적으로 보면 같이 교제하고 싶고 더 배우고 싶었을 텐데 하나님은 계속해서 복음의 확산을 위해서 빌립은 그렇게 여러 성으로 보내십니다. 그 후에 빌립은 여러 성을 지나다니며 복음을 증거하고 있다고 8장 마지막 절에서 말하고 있습니다.

"빌립은 아소도에 나타나 여러 성을 지나다니며 복음을 전하고 가이사에 이르니라"(행8:40)

비거주 선교(Non-residential Mission)의 방법을 통해서 치고 빠지는 식으로 계속해서 가면서 모든 족속으로 제자를 삼으라고 하는 지상 대 명령의 말씀을 준행하는 빌립 집사의 모습이 보이고 있습니다. 이 모습이 생활 가운데 전도자로 사는 우리 자신의 자화상이 되어야 합니다. 빌립이라는 이름은 너무나 존귀한 이름입니다.

빌립 집사가 전도자가 된 세 가지 비밀이 있습니다.
1. 고난 속에서 포기하지 않았다는 것입니다.
2. 고난을 받아들이는 것을 배웠다는 것입니다.
3. 고난 속에서 할 일을 찾았습니다.

여러분이 빌립 집사를 통해서 받을 수 있는 교훈은 사명자의 길을 가라는 것입니다. 여러분께 묻습니다.

이제 한국 교회에는 더 이상 교인이 오지 않고 교인들의 이동만이 있다며 걱정을 하고 있습니다. 더 이상 교인이 늘지 않는 불신자가 오지 않는다면 이제야말로 우리가 가는 방법을 통해서 우리가 생활 전도자가 되어 저들에게 나아가야 되지 않을까요? 저는 이것을 선교 폭발이라는 용어로 사용할 수 있다고 봅니다. 전도폭발의 단점을 이야기하는 사람이 있는 것처럼 선교 폭발의 단점에 대해서 이야기하는 사람이 많던데요? 어디가나 소라 껍데기와 같이 단점과 자기 세계에 몰입하여 사는 자들은 많습니다.

그러나 선교폭발의 장점은 얼마나 더 큽니까?

성령의 음성에 민감하고, 주님께서 기회 주실 때 담대하게 나아가 정확하게 부활의 메시지를 증거하는 삶을 삽시다.

기도

에디오피아 내시의 모습 속에 보이는 하나님 형상 아름다워라.

존귀한 주의 자녀 됐으니 사랑하며 섬기리
소라와 같이 자기 껍질을 고집하는
우리 속에 보이는 하나님 형상 아름다워라.
존귀한 주의 자녀 됐으니 사랑하며 섬기리
빌립이 전도 속에 보이는 하나님 형상 아름다워라.
주님의 사자가 인도하시니 어디든지 가리라.

☞ 연구과제

사도행전 1장 8절과 8장 1절의 패러다임 전환을 설명하라.

8 전문인 선교사와 멘토링

(행 9:10-30)

오늘날 한국교회의 성장은 선교 역사에서 가장 기적적인 성정이라고 평가를 받고 있습니다. 이러한 성장이 지속적으로 유지되기 위해서는 지상 대 명령의 말씀을 되새겨보며 마지막 4단계의 사역에까지 이르러야 하는 데 그것이 멘토링(mentoring) 사역이라고 생각합니다. 우리의 선배들은 양육이라는 용어로 가르쳐/지키게 하는 사역을 중요시해 왔습니다. 그러나 적어도 멘토링이라는 용어를 사용하게 된다면 그것은 타문화권을 전제로 이 용어를 사용해야 한다고 봅니다. 자신의 조직만을 위한 아날로그형의 제자훈련이 아니라 경영 마인드를 가진 위기관리의 능력을 지닌 지도자를 양성하는 것을 멘토링이라는 말로 사용하고자 합니다.

멘토링이란 한마디로 그리스도 예수 안에서 복음으로 낳은 아들을 신령한 젖인 말씀을 사모케 하여 구원에 이르도록 자라게 하는 과정을 거쳐서 자기 자신도 남을 양육할 수 있는 배가할 수 있는 선교사가 되게 하는 것입니다.

"갓난아이들같이 순전하고 신령한 젖을 사모하라. 이는 이로 말미암아 너희로 구원에 이르도록 자라게 하려 함이니라"(벧전2:2)

마땅히 때가 되면 가르치는 일을 감당하게 되는 데, 여전히 초보의 단계에 머물러 있고 가르치는 일을 두려워한다든지 영적인 내용이 부실하다고 한다면 순례자적인 모델을 가지고 사역하는 리더십에 제동이 걸리는 것이 된다.

운전을 할 때도 초보자가 되었을 때는 모든 것이 불안해 지기 시작합니다. 제가 처음 미국에 이민을 가서 운전연습을 하다가 소방서의 물기둥을 받아서 차도 고장 나고 마음도 상한 기억이 있습니다. 그 결과로 부부사이에 싸움이 생기게 되었습니다. 지금 생각해 보면 자연스럽게 해결할 수 있었는데, 왜 그 당시에는 부자연스러운 행동으로 말미암아 사고를 내었는지 알 수가 없습니다.

타문화권에 나아가서 살아야 하는 선교사님들에게는 불안이라고 하는 것은 기본적으로 따라오는 것입니다. 그런데 이것이 과격하거나 세상의 경험이 많다고 해서 불안을 극복할 수 있는 것은 아닙니다. 우리는 훈련을 통해서 하나님 중심의 세계관을 가지고 불안을 극복하는 현재의 믿음을 가진 자로 항상 하나님 앞에서는 훈련이 우리 선교사님들에게는 필요한 것입니다. 제가 미국에 이민을 가서 10년을 살다 왔는데, 중국어를 전공한 저는 다시 중국으로도 이민을 가서 산다고 하면 더 잘 살 수 있으리라고 봅니다. 왜냐하면 내 것을 고집하지 말고 남의 것에 맞추어 사는 법을 배웠기 때문에 가능한 것입니다.

우리가 완전한 데 이르는 수준이 되어야 완전치 못한 현지인들에게 가르칠 수 있습니다. 여기서의 초보적인 믿음이라는 것은 이론적인 믿음을 의미한다고 말할 수 있습니다. 대부분의 교회의 교육이 이론적인 데 머물고 있습니다. 구체적이고 체계적인 교육을 교회가 중장기적인 계획을 세워서 가르친다고 하면 더 좋은 선교사를 배출할 수 있으며 선교현지에서도 현지의 실정에 맞게 더 좋은 사역을 감당할 수 있으리라 봅니다.

그리하여 예수님처럼 바울처럼 그리스도의 장성한 분량에 이른 선교사로서 사역을 하는 것이 우리의 멘토링의 목표입니다.

오늘 본문은 멘토링에 대한 좋은 예를 제시해 주고 있습니다.

사도행전 9장 10-25절에 보면 아나니아와 사울의 경우가 멘토와 프로테제로서 만나는 장면이 나오고 있습니다. 아나니아는 멘토로서의 자격을 갖추고 있는데 이는 아나니아가 주님과 직접대화를 할 수 있는 정도의 수준을 갖추고 있다는 것입니다.

1. 멘토는 하나님의 음성을 듣는 자여야 합니다(행9:10-11).

"그 때에 다메섹에 아나니아라 하는 제자가 있더니 주께서 환상 중에 불러 가라사대 아나니아야 하시거늘 대답하되 주여, 내가 여기 있나이다 하니 주께서 가라사대 일어나 직가라 하는 거리로 가서 유다 집에서 다소사람 사울이라 하는 자를 찾으라 저가 기도하는 중이다"(행9:10-11)

우리 가운데 선생은 많이 있지만 스승은 없다고 하는 이야기를 자주 듣게 되는데, 하나님의 음성을 듣지 못하는 자가 지도자가 된다면 문제가 있는 것입니다. 밥벌이로 하는 것이지 하나님을 위해서 하

것은 아니라는 것입니다. 조금의 차이가 마지막에는 큰 차이를 가져
오는 것을 저는 경험을 하게 되었습니다. 그리고 회개 기도하는 삶을
통해서 다시 한번 하나님의 음성을 듣기를 원합니다. 그러므로 회개
기도라고 하는 것을 그리스도 도의 초보라고 생각하지 말고 늘 영적
인 의미에서의 건강검진과 마찬가지로 하나님 앞에서 새로워지지 않
으면 현재의 믿음이 너를 능히 구원하겠느냐는 주님의 음성에 대해
서 우리는 54점을 맞게 됩니다. 하나님이 대신 46점을 주셔야만 우
리는 주님의 일을 완전하게 경험할 수 있습니다. 체험이 있고 하나님
중심의 세계관을 가지고 사람을 볼 수 있고 사명을 깨달은 사람을
하나님이 멘토로 쓰시는 것입니다. 오늘도 저의 주변에는 신학을 공
부하기 위해서 추천서를 써가지고 가는 사역자들이 늘어나고 있습니
다. 저들의 목표가 하나님의 나라를 위한 것이 되기를 원합니다.

2. 멘토와 프로테제(멘티)의 관계가 설정되기 위해서는 두 사람 사이에 의사소통을 통한 정보의 교류가 선행되어야 합니다(행9:13-14).

의사소통 → 정보전달 → 지식흡수 → 지혜로운 사역

"아나니아가 대답하되 주여 이 사람에 대하여 내가 여러 사람에게 듣사온즉
그가 예루살렘에서 주의 성도에게 적지 않은 해를 끼쳤다 하더니 여기서도
주의 이름을 부르는 모든 자를 결박할 권세를 대제사장들에게 받았나이다
하거늘"(행9:13-14)

멘토가 프로테제(멘티)를 선택하게 될 때 기본적인 정보를 가지고
있어야 합니다. 우리는 선교현장에서 사역을 감당할 사람들이기 때
문에 수많은 사람을 만나게 되는데, 윈-윈 전략으로 도움이 되는 사

람이 되어야지 상처를 주는 메스와 같은 사람이 되어서는 안 됩니다. 유대교를 믿는 자로서 기도교인을 핍박하는 괴수(Chief)인데 그가 기도 중에 있다고 하나님이 말씀하시는 것입니다. 여기서의 기도는 우선은 회개 기도라고 생각을 합니다. 사역을 준비하는 기도를 하고 있다고 볼 수 있지만 이것은 너무 성급한 해석이라고 봅니다. 사역보다 더 중요한 것은 자신의 믿음을 항상 유지하면서 하나님께 영광을 돌릴 수 있는 믿음의 용사로 쓰임을 받는 것입니다.

우리가 멘토로서 프로테제를 양육하기 위해서는 프로테제에 대한 모든 정보를 가지고 있어야 합니다. 그이 장점 뿐 아니라 그의 단점과 연약한 실수에 대해서도 알고 기도해 주어야 합니다. 이처럼 한 사람을 선택한다고 하는 것은 너무나 소중한 것입니다. 만일, 다시 저를 선택하라고 하면 상당수의 사람들이 저를 선택하지 않으리라고 봅니다. 그것을 이제 깨달았으니 아직은 하나님 중심의 세계관을 가지고 살려고 노력하고 있는 증거라고 생각이 됩니다.

3. 구체적인 멘토의 역할을 수행해야 합니다(행9:17-19).

"아나니아가 떠나 그 집에 들어가서 그에게 안수하여 가로되 형제 사울아 주 곧 네가 오는 길에서 나타나시던 예수께서 나를 보내어 너로 다시 보게 하시고 성령으로 충만하게 하신다하니 즉시 사울의 눈에서 비늘 같은 것이 벗어져 다시 보게 된지라 일어나 세례를 받고"(행9:17-18)

멘토의 역할을 성경적으로 보면 아무나 멘토가 되겠다고 하는 말을 함부로 할 수가 없다고 생각합니다. 멘토가 없어서 사역자 가운데 영적 침체를 겪으면서 더 날카롭고 메마른 사람으로 바뀌는 지도자들을 많이 보게 됩니다. 피 흘림이 없으면 사함이 없다는 말씀처럼 내면세계에서는 무수한 피를 흘리면서 우리는 멘토의 기능을 수행하게 되는 것입니다.

첫째, 프로테제를 찾아가야 합니다(17절).

"아나니아가 떠나 그 집에 들어가서"라는 말씀을 보면 아나니아는 사울을 위해서 시간을 내서 심방을 했다고 하는 것입니다. 우리는 꼭 필요한 사람은 심방을 하지 않고 의례적인 심방만 하고 있기에 문제가 발생하는 것은 아닌지 모릅니다. 꼭 필요한 순간에 같이 있어 주는 것이 멘토의 첫 번째의 자세입니다. 사람을 만나는 것을 좋아해야 합니다. 그리고 그를 격려하고 세 힘을 불어넣어 줄 수 있는 사람이 되어야 합니다. 찾아가고자 하는 마음이 적다고 한다면 주님이 나와 같은 죄인을 구원하기 위해서 얼마나 많은 피를 흘리시며 나를 만나 주셨는가 하는 것을 묵상할 필요가 있습니다.

둘째, 축복의 통로로 만나야 합니다(17절).

"예수께서 나를 보내어"라고 말하고 있습니다. 궁극적으로 아나니아는 사울을 만나서 예수님을 소개하기 위해서 만나는 축복의 통로임을 밝히고 있습니다. 사울은 다메섹 도상에서 예수님을 만났기 때문에 예수님이 보냈다고 하면 더 깊이 있는 만남이 되는 것입니다. 인간적으로 아나니아와 사울의 만남이 지속되면 생선과 같은 비린내만 날 뿐이지 그리스도의 향기를 발하지 못할 것은 자명한 것입니다. 오직 예수님을 전달하는 마음을 가지고 축복의 통로로 만나는 것이 중요합니다, 다 아니라고 말하면서도 결국은 개인의 제자를 삼고 서로 적당히 먹이연쇄와 같이 이용하다가 때가 되면 해어지고 이것을 창조적 분리라고 합리화하는 멘토들을 볼 때마다 이것은 멘토가 신령한 영에 속한 사람으로 계속 성장해야 됨을 보여주고 있는 것입니다. 그러므로 세계를 품은 멘토는 자기보다 남을 더 귀하게 여기는 모습으로 계속해서 변화되어 나아가야 합니다.

셋째, 프로테제를 강건케 해야 합니다(18-19절).

"즉시 사울의 눈에서 비늘 같은 것이 벗어져 다시 보게 된지라. 일어나 세례를 받고 음식을 먹으매 강건하여지니라."

프로테제가 주님의 제자가 되어서 자립을 할 수 있을 때까지는 필요한 것을 공급하여 주는 것이 중요합니다. 자신의 시간과 재물을 들여서 프로테제에게 희생하는 자세를 보여주어야 합니다. 하나님이 공급하시는 힘으로 사는 선교사 지도자들은 이러한 일에 인색하지 말고 최선을 다할 필요가 있습니다. 생활의 의욕을 가지고 주님의 제자가 되고자 해도 물질의 어려움과 환경적인 어려움으로 인해서 우리는 도중에 세상으로 돌아가는 제자들을 많이 보게 됩니다. 데마는 세상을 사랑하여 제 길로 갔다고 말합니다. 주님을 사랑하여 세상으로 갔다고 해야 되는 것입니다. 강건케 하는 일의 가장 중요한 점은 프로테제를 위해서 중보기도 사역을 하는 것입니다. 성령님의 도우심을 통해서 프로테제들은 늘 성령으로 충만한 삶을 경험하게 되는 것입니다. 연약한 지도자일지라도 주님이 능력을 주시면 능치 못함이 없으리라 믿고 의지하는 마음으로 나아가야 합니다.

넷째, 확신에 거하는 공인이 되도록 인도해 주어야 합니다(18절하).

"일어나 세례를 받고"

세례를 받음으로서 사울은 세례교인이 된 것입니다. 제가 아는 분은 명성교회 교인인데 아내가 얼마나 신앙생활을 하는지 모릅니다. 남편이 회사에 다녀오니까 집이 이사를 갔는데, 명성교회 앞으로 이사를 한 것입니다. 화가 나서 싸우기도 하고 했지만 아내는 신실하게 주님께 나아갔습니다. 세례문답을 받고 세례를 받는 날도 방바닥에 대자로 뻗어서 아무리 끌어내도 안나가려고 하니까 아내는 울고 교회로 가고 교인들도 문을 쾅-하고 닫고 나갔답니다. 그런데 옆에 잇던 6살 된 아들이 "아빠, 교회 가봐!"라고 자꾸 졸라대며 울기에 하나님의 음성을 아들이 대언한 것으로 믿고 교회에 세례문답시험을 마치는 시간에 들어가서 막차로 시험을 보고 세례를 받았다는 이야기를 들은 적이 있습니다. 공적으로 예수님에 대해서 책임을 질 수 있는 성도가 되게 하는 것이 중요합니다. 이러한 단계를 모두 마친 지도자가 드디어 타문화권에 가서도 복음을 증거할 수 있는 선교사로서의 소명을 수행할 수 있게 되는 것입니다.

마지막으로, 서로의 삶을 나누는 시간을 가져야 합니다(19절).

"사울이 다메섹에 있는 제자들과 함께 며칠 있을새"

다메섹의 형제들은 얼마나 놀라운 체험을 나누게 되었을 것입니까? 마치 일본의 야쿠자가 회심하여 목사가 된 것 못지 않게 그 당시 다메섹에서는 비밀리에 나누는 사울의 간증은 수많은 성도에게 하나님 은혜가 무엇이며 하나님의 음성을 듣는 삶이 무엇인지를 생각하게 했을 것입니다. 이처럼 삶을 나누고 공동체로 하나 되어지는 삶을 사는 것을 통해서 자체적으로 필요한 지도자로서의 역량을 배양받게 되어지는 것입니다. 또 사울은 얼마나 크리스챤의 진실된 교제에 감사를 했을 것이며 하나님 앞에서의 새로운 삶에 대한 헌신을 약속하는 시간이었는지 모릅니다. 우리는 서로의 삶을 나누는 시간을 자주 가지므로 동병상린(同病常鱗)으로 치유를 경험하게 되는 것입니다.

이러한 멘토링의 결과로 사울은 그 효과를 보게 되는 것입니다(행 9:20-22).

"즉시로 각 회당에서 예수의 하나님의 아들이심을 전파하니 듣는 사람이 다 놀라 말하되 이 사람이 예루살렘에서 이 이름 부르는 사람을 잔해하던 자가 아니냐. 여기 온 것도 저희를 결박하여 대제사장들에게 끌어가고자 함이 아니냐 하더라. 사울은 힘을 더 얻어 예수를 그리스도라 증명하여 다메섹에 사는 유대인들을 굴복시키니라."

여기서 우리는 멘토링을 받고 전도하는 사람과 혼자서 믿음 선교로 사역하는 사람과의 차이점을 발견합니다. 회당에서 한번 전파한 것이 아니라 힘을 더 얻어 계속해서 복음을 증거하고 있는 장면이 압권입니다. 따라서 한번의 멘토로 끝이 나는 것이 아니라 지속적으로 사울의 집회에 뒤에 앉아서 기도하고 있을 아나니아의 모습에 주님의 형상이 무지개처럼 영롱하게 맺히는 모습을 상상해 볼 수 있습니다.

아무리 열심히 일을 할지라도 쓴 뿌리와 같이 대적자들이 일어나서 복음을 증거하는 사울에게 방해자가 될 수 있으나, 넉넉한 사랑으로 양육받은 사울은 어려운 환란을 다 헤쳐 나갈 수 있는 최종적인 지도자로 우뚝 서게 되는 것입니다(행9:23-25).

그러므로 우리는 많은 사람을 멘토링을 해야 합니다. 결론으로 우리는 바나바의 멘토로서의 자세를 27절에서 볼 수가 있습니다.

"바나바가 데리고 사도들에게 가서 그가 길에서 어떻게 주를 본 것과 주께서 그에게 말씀하신 일과 다메섹에서 그가 어떻게 예수의 이름으로 담대히 말하던 것을 말하니라"

1. 가능성을 보는 자세입니다. 이방인의 사도로서의 바울을 발견한 것입니다.
2. 잘못된 결정에 항거하는 자세입니다. 사울은 더 이상 사울이 아닙니다. 그는 다메섹 도상에서 주님을 만난 후 바울이 되었습니다.
3. 꼭 해야 할 일을 하는 자세입니다. 바울을 예루살렘의 12사도에게 천거를 했습니다.

바울에게만 멘토가 있는 것이 아니라 주님은 우리의 영원한 멘토이십니다. 주님은 언제나 살아계셔서 나를 도우시는 분이라는 사실을 깨닫습니다.

☞ **연구과제**

사울을 향한 아나니아의 멘토링을 설명하라.

9 고넬료의 집의 환상

(행10:1-10)

로마의 백부장 고넬료는 경건한 군인이었습니다. 오늘 모임에 계신 분들은 다 고넬료와 같이 영적인 전투를 하는 자세로 이 세상을 살아나가야 합니다. 군인이 기도하게 되면 하나님의 비전을 발견하게 됩니다. 오늘 2절의 말씀에 보니 항상(always) 기도했다고 말합니다.

 얕은 기도에서 깊은 기도의 강 속으로 들어가게 되면 해군
 깊은 기도의 숲 속으로 들어가면 육군
 넓고도 높은 하늘 속으로 올라가면 공군

우리의 기도는 위기를 위대한 기회로 바꿀 수 있는 가장 강력한 미사일입니다.

한국이 지정학적으로 주변의 4강에 호두까기 신세가 되어도 오늘날까지 존재할 수 있는 것은 성도들의 오뚝이와 같은 기도의 힘 덕분입니다. 아무 다른 것으로 설명할 수가 없습니다.

우리는 자발적인 기도를 통해서 영적인 전쟁에서 승리하여 하나님

의 나라를 완성하는 데 쓰임을 받아야 합니다.

하나님으로부터 오는 비전을 발견하기 위해서 우리는 무지개와 같이 7가지의 속성을 이해해야 합니다.

1. 열심히 기도해야 합니다

5절입니다.

"내가 욥바 성에서 열심히 기도할 때에"

기도하는 이 시간 주께 무릎 꿇고 우리 구세주 앞에 다 나옵니다. 믿음으로 나가면 주가 보살피사 크신 은사를 주네 거기 기쁨있네 기도시간에 복을 주시네 곤한 내 마음 속에 기쁨 충만하네
(찬480장)

열심히 기도하는 사람은 기도의 영이 살아있는 사람입니다. 마음에 열심의 영이 사라진 사람은 기도시간에 주님이 주시는 비전을 발견할 수가 없습니다. 아무리 비전 성경을 가지고 다니고 비전 2020이라고 외쳐도 안됩니다. 열심이라고 하는 자발적인 마음의 동의에 의해서 이루어지는 것이고 성령님이 그렇게 역사하실 때 이루어지는 것입니다. 그러므로 주님이 지금도 일하시는 것처럼 우리는 열심을 다해 기도를 해야 합니다. 지구상의 인구가 63억 1천만 명 이상인데 모두가 다고 다고라고 기도를 하고 있는 데 하나님이 누구의 기도를 들어주시겠습니까? 염불하는 기도가 아니고 진심으로 외치는 사명의 기도를 드려야 응답을 받습니다.

2. 환상은 구체적인 것입니다.

5절하반절입니다.

"큰 보자기같은 그릇을 네 귀를 메어 하늘로부터 내리워 내 앞에 까지 드리우거늘"

비록 베드로의 환상은 비몽사몽간에 이루어진 것이지만 그것은 구체적이라고 하는 것입니다. 저는 우리의 예언은 현실을 직시하고 미래를 예견하는 구체적이고 실천 가능한 예언이 되어야 한다고 봅니다.
카작스탄의 알마타에서 고장난 엘리베이터 속에서 우리는 하나님의 음성을 들은 자매의 예언대로 도울 자가 30분 만에 와서 살아난 적이 있습니다.

그러므로 우리는 현실을 즉시하고 미래를 예견하는 전문인 예언자(professional prophet)가 되어야 합니다.

3. 환상은 구체적인 해석입니다.

6절입니다.

"이것을 주목하여 보니 땅에 네 발 가진 것과 들짐승과 기는 것과 공중에 나는 것이 보이더라"

이 본문의 의미는 4가지 형태의 생물을 의미하는 것입니다.
계시록에 보면 이러한 네 생물에 대한 예언의 말씀이 나와 있습니다.
계 4:6-9절입니다.

"보좌 앞에 수정과 같은 유리 바다가 있고 보좌 가운데와 보좌 주위에 네 생물이 있는 데 앞뒤에 눈이 가득하더라. 그 첫째 생물은 사자 같고 그 둘째 생물은 송아지 같고 그 셋째 생물은 얼굴이 사람 같고 그 넷째 생물은 날아가는 독수리 같은데 네 생물이 각각 여섯 날개가 있고 그 안과 주위에 눈이 가득하더라. 그들이 밤낮 쉬지 않고 이르기를 거룩하다, 거룩하다, 거룩하다 주 하나님 곧 전능하신이여 전에도 계셨고 이제도 계시고 장차 오실 자라 하고 그 생물들이 영광과 존귀와 감사를 보좌에 앉으사 세세토록 사시는 이에게 돌릴 때에…"

특징

1. 관찰하는 눈이 가득하다
2. 말씀이 반복되어진다.
3. 통시간적으로 역사하신다.

우리가 하늘의 환상을 드려다 보니
사자복음 — 마태복음
송아지복음 — 마가복음
인자복음 — 누가복음
독수리복음 — 요한복음이라고 해석합니다.

총체적인 해석을 하면 이들은 모든 역사 가운데 하나님의 백성이 될 전 세계의 모든 백성들을 의미합니다.
각 나라와 백성과 허다한 방언 가운데 있는 자들이 모두 죽임 당하신 어린 양을 찬양하게 될 것이라고 말하고 있습니다. 분명히 우리는 그 날에 주님 앞에서 모두를 얼굴과 얼굴을 맞대고 볼 것입니다.

그를 찌른 자도 볼 것입니다.

4. 환상은 구체적인 도전입니다.

7절입니다.

"또 들으니 소리 있어 내게 이르되 베드로야 일어나 잡아먹으라 하거늘"

우리는 기도를 통해서 하나님의 음성을 듣기를 원합니다. 그리고 비전을 보기를 원합니다. 믿음은 바라는 것들의 산 증거요, 보지 못하는 것들의 산 증거라고 했으니 반드시 우리는 믿음만 가지고 있으면 듣기도 하고 보기도 할 것입니다.

이 모든 것을 이룬 후에 우리는 구체적으로 하나님의 음성에 응답하는 삶을 반드시 살아야 합니다. 하나님은 우리를 선교사로 부르셨습니다. 우리가 표적과 기사를 보고도 그 음성을 들었으나, 헌신을 하지 않으면 하나님은 강제로 그 일을 이루시거나 그 일을 다른 사람에게 맡기게 됩니다.

5. 환상은 구체적인 반응입니다.

8절입니다.

"내가 가로되 주여, 그럴 수 없나이다. 속되거나 깨끗지 아니한 물건은 언제든지 내 입에 들어간 일이 없나이다 하니"

우리의 인생은 아놀드 토인비가 말한 것처럼 "도전과 응전"입니다. 기도는 하나님의 응답에 우리가 반응을 보이는 것입니다. 기도는 우리의 안타까운 현실을 아뢰는 것이 아닙니다. 그러함에도 불구하고 하나님께 헌신하는 응답입니다.

그럴 때, 하나님은 우리의 모든 기도에 응답해 주십니다. 하나님은 구체적으로 반응을 보일 때 구체적으로 응답을 하십니다.

6. 환상은 거룩한 것입니다.

9절입니다.

"또 하늘로부터 두 번째 소리있어 내게 대답하되 하나님이 깨끗하게 하신 것을 네가 속되다 말라 하더라"

값없이 거저 죄 사함을 입고 하나님의 자녀가 된 우리가 감히 하나님이 하신 일들을 평가하려는 자세는 분명히 잘못된 것입니다.

속되다고 말하는 베드로는 율법적으로 볼 때 불결한 음식을 생각한 것 같습니다. 우리는 발상의 전환을 통해서 현상학적으로만 판단하는 것이 아니라 하나님 중심의 세계관을 가지고 판단하는 법을 배워야 합니다. 이것은 우리가 성화되면서 배울 수 있는 것입니다.

우리는 먼저 상대방의 입장에서 이해하려고 노력해야 합니다. 우리는 더 나아가서 예수님의 입장에서 이해하려고 노력해야 합니다.

그리스도인이라고 하는 것은 작은 예수라는 의미를 가지고 있지 않습니까?

그리고 하나님의 뜻을 발견하고 준행을 해야 합니다.

따라서 하나님으로부터 오는 것은 거룩한 것입니다. 하나님은 거룩하신 하나님이십니다.

'카도쉬 엘로힘'(Holy GOD)입니다.

하나님으로부터 오는 것을 의심하지 말고 우리는 오늘도 거룩한 길을 다니려고 노력해야 합니다.

순례자와 같이 지나가는 마음으로 축복의 통로가 되어야 합니다.

마지막으로, 환상은 하늘에서 온 것입니다.

10절입니다.

"이런 일이 세 번 있은 후에 모든 것이 다시 하늘로 끌려올라가더라"

하나님은 세 번씩이나 구체적으로 환상을 보여주십니다. 예습, 학습, 복습 이렇게 가르쳐주시는 데도 의심한다면 우리는 하나님으로부터 오는 작전명령을 받을 수가 없습니다. 우리 민족은 하나님으로부터 작전명령을 받아야 영적인 전투에서 승리할 수 있는 사명자 민족입니다. 여기서 중요한 것은 하늘로 끌려올라갔다고 하는 것입니다. 4가지 종류의 생물이 스스로 올라간 것이 아니라 하나님이 끌어올리신 것입니다. 천국은 우리가 가는 것이 아니라 하나님의 예정 가운데 택정함을 입은 자들을 불러올리시는 것입니다.

미켈란젤로가 성 베드로 성당의 천장에 그림을 그린 것을 이탈리아를 방문하면 볼 수가 있습니다. 그가 그림을 다 그리고 나올 때에는 관절염 환자가 되어 무릎에 물이 차고 목이 비틀어져 있었다고 합니다. 불후의 명작을 그리기 위해서는 자기 자신의 목숨을 초개와 같이 희생을 할 때 가능한 것입니다. 그런데, 그 그림을 다 그리고 나올 때 까지 왕도 그 그림을 보지 않기로 했으나 궁금한 왕이 비서실장을 시켜서 몰래 보고 오도록 했습니다. 이 사실을 안 미켈란젤로는 그 비서를 지옥으로 갈 가룟 유다의 얼굴로 그려놓았습니다. 또 이 사실을 안 비서실장이 왕에게 제발 그 그림에서 자신의 얼굴을 지워달라고 하자 왕이 하는 말이 "이것은 하나님이 결정할 일이기 때문에 나도 자네를 도울 수 없네"라고 했다는 것입니다.

그렇습니다. 마지막은 하나님이 최후의 심판을 하는 것입니다.

우리는 언젠가 주님 앞에 서게 될 것입니다.

우리의 생애 가운데 주님이 오신다면 우리는 휴거가 되어서 들려 올리심을 받게 될 것입니다. 그렇지 않다면 우리는 죽음을 통해서 모두 주님을 만나게 될 것입니다. 전쟁을 통해서 보다도 자신의 죄로 인해서 지옥에 가는 사람의 숫자가 더 많다고 하는 사실 앞에 우리는 이제는 육신의 정욕대로 싸우는 삶을 사는 성도가 아니라 하나님의 나라를 위해서 그리스도의 군사로 영적인 싸움을 싸우는 십자가의 용사가 되시기를 주님의 이름으로 축원합니다.

기도

주님은 우리를 관찰하고 계십니다.
주님은 이시간도 우리에게 말씀하십니다.
그리고 주님은 우리에게 통시간적으로 역사하십니다.
지금이야말로 우리가 주님의 음성을 듣고 실천할 때입니다.

☞ **연구과제**

고넬료의 집에 나타난 환상의 7가지 무지개를 설명하라.

코드분석-2

2008년 일터변혁 컨퍼런스

일터변혁을 통하여

전문인 선교에서 비즈니스 전문인 선교로 변혁하게 될 것이다.
서구적 선교에서 글로칼 선교로 바뀌게 될 것이다.
문화이식 선교에서 문화교류/상호문화 선교로 바뀌게 될 것이다.
교파확장 선교에서 코리안 디아스포라 선교로 바뀌게 될 것이다.
일반적 선교에서 백 투 예루살렘을 향한 다중적 선교로 바뀌게 될 것이다.
한 선교지에 연속적 선교에서 비거주 비즈니스 선교로 바뀌게 될 것이다.
조직, 제도 중심의 선교에서 일터 교회 중심의 선교로 바뀌게 될 것이다.
모든 직종의 전문인 선교에서 비즈니스 전문인 선교 위주로 바뀌게 될 것이다.
연구조사 중심의 선교에서 영성에 기초한 성령의 선교로까지 나가게 될 것이다.
개발 중심지 선교에서 종말론적인 왕의 선교로 부각되게 될 것이다.

이 예언을 받은 우리는 직장에서 가두리 양식장처럼 갇혀 있다가
하늘을 나는 연어로 천국을 향한 순례자 선교사가 된다.

10 전문인 선교사와 문화적응

(행 11:2-3)

　이번 북경 올림픽에 입장한 중국의 56개 종족에 대해서 많은 관심을 가지고 전 세계가 보았습니다. 전 세계 268개국 이상의 25,000 여 종족의 문화와 습관은 너무나 다양하고 놀랍습니다. 하나님이 지으신 우주만물이 너무나 다양한 가운데 조화를 이루는 모습을 볼 때 우리 인간은 연약한 피조물임을 고백할 수밖에 없습니다. 그 가운데 이스라엘 백성을 한 모델로 삼으시고 선택하여 하나님의 백성이 되게 하신 것은 하나님의 심오한 뜻이 있습니다. 그런데, 이스라엘 백성은 저들만이 선민이라는 착각에 빠져서 이방인들을 복음에서 소외시키고 유대교만이 참다운 하나님의 종교라고 생각을 했다고 하니 우물안 개구리의 발상일 뿐입니다. 옛날 한국에서 아버지와 겸상하는 장남의 역할을 알아야 합니다.

　예를 들면, 핸드폰이 처음 나오게 되었을 때 기능은 간단한 데서 출발했지만 차세대의 핸드폰으로는 결제까지 할 수 있는 기능을 감당하고 있습니다. 한 회사의 제품이 독점을 하는 것이 아니고 전 세계의 정보통신 강국들은 모두 핸드폰 시장에 출시하고 13억의 중국에까지 진출하기 위해서 경쟁을 벌이고 있습니다. 그런데 이스라엘 제가 독점을 하고 있는 것은 아닌 것입니다.

그런데 할례의 문제만큼은 이스라엘 제라고 우긴다고 하면 이방인들이 자국의 문화와 관습에 없는 것을 강요하게 되니까 복음을 받아드리지 않게 되는 것입니다.

오늘 본문을 보면서 우리는 균형 잡힌 감각을 가지고 사역을 하는 것이 쉽지 않은 것을 발견하게 됩니다. 이것은 할례에서 시작을 했지만 평신도의 세례에까지 얽힌 문제로 발전을 할 수 있는 문제이기 때문입니다.

먼저 할례가 무엇인지를 살펴보기로 하겠습니다.

1. 구약과 할례

히브리인들 사이의 할례는 하나님의 백성이라는 언약의 상징으로 난 지 8일 만에 행하는 종교의식입니다.

> "너희 중 남자는 다 할례를 받으라. 이것이 나와 너희와 너희 후손 사이에 지킬 내 언약이니라 ··· 할례를 받지 아니한 남자 곧 그 양피를 베지 아니한 자는 백성 중에서 끊어지리니 그가 내 언약을 배반하였음이니라"(창 17:10,14)

이러한 할례의식은 마치 대한민국의 건장한 남자가 다 군대에 가야하는 것처럼 건전한 공동체를 유지하기 위해서는 필요 불가결한 조건으로 제시되어온 것이 사실입니다.

이스라엘 백성의 입장에서 보면 이제까지의 질서를 파괴하는 것이

할례를 받은 저들 모두를 멸시하는 것으로 여겨진 것입니다. 다시 말해서 유니폼을 입은 자만이 들어갈 수 있다고 생각을 했는데, 그렇지 못한 자에게 예외적으로 호의를 베푸는 것을 문제시하는 것입니다.

그러나 문제시하는 이스라엘 사람의 자세는 사실은 호의를 베푸시는 하나님을 무시하는 자세입니다. 그래서 예레미야와 같은 선지자는 마음의 할례가 중요하다고 지적을 하지 않았습니까?

"나 여호와가 말하노라 보라 날이 이르리니 내가 이스라엘 집과 유다 집에 새 언약을 세우리라… 나 여호와가 말하노라 그러나 그 날 후에 내가 이스라엘 집에 세울 언약은 이러하니 곧 내가 나의 법을 그들의 속에 두며 그 마음에 기록하여 나는 그들의 하나님이 되고 그들은 내 백성이 될 것이라" (렘33:31, 33)

그 당시 외세의 침입으로 피난살이를 하고 종노릇하던 이스라엘 백성은 아무리 저들에게 복을 받으려면 마음을 넓혀야 한다고 지적을 해도 귀에 할례를 받지 못한 자들이기 때문에 그들은 귀를 기울여 듣지 않았습니다. 그러므로 항상 죄악이 눈앞에 있고 하나님의 축복을 누리는 삶을 살지 못하고 있는 것입니다.

2. 신약과 할례

사도 바울은 아브라함이 아직 무할례자였을 때 하나님의 의로 여긴 사실을 지적하며 이제 그리스도 안에 있는 오늘날의 시대에는 할례가 중요한 것이 아니라 실질적인 현재의 믿음이 중요하다고 하는 것을 지적하고 있는 것입니다.

"보라 나 바울은 너희에게 말하노니 너희가 만일 할례를 받으면 그리스도께서 너희에게 아무 유익이 없으리라… 그리스도 예수 안에서는 할례나 무할례가 효력이 없되 사랑으로서 역사하는 믿음 뿐이니라"(갈5:2,6)

우리가 주장하는 선교도 이와 같이 너무나 당연한 이야기이지만 마음의 할례를 받지 못한 사람에게는 소귀에 경 읽기와 같은 것이 될 수도 있습니다.

은혜(Grace)란 '받을 자격이 없는 자에게 베푸시는 하나님의 호의' 라고 한다면, 베푸시는 하나님이 이방인에게도 무조건적으로 베푸신다고 하는 데, 할례를 받아야만 된다며 베풀지 못하게 한다고 하는 것은 하나님의 일에 인간이 개입한다고 하는 실수를 범하고 있는 것입니다. 이것은 다 '행태론적 근본주의'(morphological fundamentalism)와 같은 사고의 틀에서 기인한 것입니다. 이것도 이스라엘 백성이 날마다 회개하는 삶을 살고 현재의 믿음을 통해서 사랑을 실천하는 삶을 게을리 했기 때문에 이웃에 대한 관심보다는 자기의 의에 빠져있는 모습입니다. 육체의 일만을 중시할 뿐 성령의 열매맺는 삶을 살지 못하고 있는 명목적인 크리스챤의 삶을 보여주고 있는 것입니다.

오늘 우리가 다루는 본문은 베드로가 무할례자의 집에 들어가서 먹었다고 해서 당하는 망신으로 시작을 하고 있습니다.

"유대에 있는 사도들과 형제들이 이방인들도 하나님 말씀을 받았다함을 들었더니 베드로가 예루살렘에 올라갔을 때에 할례자들이 힐난하여 가로되 네가 무할례자의 집에 들어가 함께 먹었다하니 베드로가 이 일을 차례로 설명하여"(행11:1-3)

여기서 할례자들이란 할례받은 신자들을 의미합니다.

"베드로와 함께 온 할례받은 신자들이 이방인들에게도 성령부어주심을 인하여 놀라니"(행10:45)

여기서 어제든지 선교지에서의 문제발생은 의사소통에서 오는 것이며 전혀 생각지도 못한 데에서 문제가 발생할 수도 있다고 하는 사실을 지적하고 있습니다.

이러한 사실은 베드로의 경우에도 그가 할례를 베풀었다든지 할례를 받았다든지 하는 어떠한 구절도 복음서에 언급되지 않았으나 문제가 제기가 된 것입니다. 여기서 우리는 성경에 기록되어 있지 않지만 수많은 종교지도자들이 복음의 진보에 대해서 저마다 해석을 하고 방해하는 것을 볼 수 있습니다.

3. 바울과 할례

그런데 바울의 경우에 이르러서 할례가 문제가 된 것은 흥미로운 일입니다.

"어떤 사람이 유대로부터 내려와서 형제들을 가르치되 너희가 모세의 법대로 할례를 받지 아니하면 능히 구원을 얻지 못하리라 하니"(행15:1)

왜, 바울에게 이르러서 이러한 문제가 제기가 되었을까요?

이제 이방인 선교를 위한 하나님 중심의 세계관이 갖추어지기 시작하는 모습을 보여주고 있는 것입니다. 또한 바울에 대한 검증이 계속해서 진행되고 있는 모습을 보여주고 있는 것입니다. 12사도에 정식으로 들지 않는 바울이 기독교인이 된 다음에 문제가 계속 일어나고 있고 평안하던 교계를 들쑤셔 놓는다고 그 당시의 지도자들은 분개했을 것입니다. 복음을 증거하는 본질적인 것으로 인하여 공의회가 모이는 것이 아니라 회의를 하고 이단시하는 일을 하기 위해서 모이는 좋지 않은 선례를 남기는 것입니다.

저는 여기에서 하나님이 위대하신 하나님이시고 그 생각은 우리 인간의 생각과는 차원이 다른 것임을 깨닫게 됩니다. 유대인들이 의식 구조가 변화되는 시간적인 경과가 필요하기 때문에 하나님은 이러한 회의를 통해서 새로운 전통을 쌓아가도록 하시는 것입니다.

예루살렘 공의회(Jerusalem Council)를 통하여 시작된 이방인들에 대한 선교의 상황화가 강같이 흘러서 각 민족의 문화적인 차원에까지 충만하게 이루어지는 것을 보여주고 있습니다.

여기서 야고보 사도의 결정적인 제안은 우리에게 새로운 차원에서의 적용을 가르치고 있습니다.

"그러므로, 내 의견에는 이방인들 중에서 하나님께로 돌아오는 자들을 괴롭게 말고 다만 우상의 더러운 것과 음행과 목매어 죽인 것과 피를 멀리 하라고 편지하는 것이 가하니"(행15:19-20)

우리는 여기서 디모데와 디도의 케이스를 비교해서 생각해 볼 수 있습니다.

먼저 디모데의 경우입니다.

할례는 필요하지 않으며 유대인들에게는 할례를 받는 것이 좋으나 이방인들에게는 굳이 하례를 강요하지 말라고 하는 것입니다. 그래서 디모데의 경우에는 어머니가 유대인이기 때문에 그 아들인 디모데는 당연히 유대인이기에 이고니온과 유스드라에서의 사역을 유대인의 동질성의 원리에 의해서 수행할 수 있도록 할례를 베풀었습니다.

둘째로 디도의 경우입니다.

"그러나 나와 함께 있는 헬라인 디도라도 억지로 할례를 받지 않게 하였으니"(갈2:3)

우리는 디도와 같이 예외적인 은총을 누리며 사역을 하는 사람보다는 더 많은 사역을 위해서 이중, 삼중으로 회원이 되어서 사역을 감당하고 있는 데 이는 상당수가 다 인간의 욕심에서 기인한 것입니다. 은혜로 얻은 구원에 대한 복음을 증거하는 것이 선교사의 본분이라고 생각한다면 남의 권리를 제한하는 일을 할 필요가 없습니다. 이런 예는 많이 있습니다. 목사의 정년제라든지 목사 아들의 세습제라든지 얼마나 많은 제한들이 우리 가운데 있는지 알 수 없습니다.

우리는 여기서 베드로와 바울의 사역의 대칭구조를 분석해 보도록 하겠습니다.

차이점

1. 베드로는 유대인을 위한 사도였으나 바울은 이방인의 사도였다.
2. 베드로는 예루살렘이 사역의 중심지였으나 바울은 이방세계였다.
3. 베드로는 예루살렘 감옥에서 하나님의 역사로 자유의 몸이 되고 바울은 빌립보감옥에서 자유의 몸이 되었다.

공통점

1. 두 사도 모두 예수님의 부활과 회개를 설교하고 성령님의 사역을 중시했다.

2. 두 사도가 안수하자 성령이 임했다.
3. 두 사도 모두 앉은뱅이를 일으켰다.
4. 두 사도 모두 죽은 자를 살렸다.

이처럼 누가는 바울의 사역과 경험의 모든 면을 베드로의 사역과 대칭시켜 바울의 사역과 권위를 세우고 있다고 평택대학교의 김동수 박사는 말하고 있습니다(그 말씀, 베드로-바울사이클-이방인 복음전파의 필연성, pp. 88-89, 2002. 5.).

우리는 오늘의 본문을 어떻게 적용을 할 수 있습니까?

평신도들도 선교사로 나갈 수 있다고 하는 말을 듣고 목회자들이 내심으로 무시하는 목사문화우월주의와 같은 것이라고 생각을 할 수 있습니다. 한국에 있는 175개의 각 교단 가운데서도(참조로, 장로교단만 180개 이상) 서로 자신이 정통이라고 자랑하는 것과도 비교해서 생각해 볼 수 있는 것입니다. 이렇게 까지 계산을 하고 목회자가 되고 교단에 속하는 것이 목회자의 사회라면 순진한 마음을 가지고 처음 교회를 찾은 사람들에게는 목회자가 멘토로서의 역할을 어떻게 해줄 수 있을지 궁금합니다.

제가 교회에 다닐 때, 한신대학교 학장을 하시던 모 교수가 출석한 일이 있었습니다. 저희 교회 조효훈 목사님과 개인적인 친분이 있어서 교파가 다르지만 성경적인 교단이 좋다고 하시며 나오게 된 것으로 알고 있습니다. 그런데, 이 분은 성령세례를 받았기 때문에 인간이 베푸는 물세례는 받지 않는다고 요설을 발설한 것으로 기억이 납니다. 그 당시에 중학생이던 제가 무엇을 알았겠습니까? 단지 자유주의물을 먹으면 안된다는 것뿐이었습니다. 타문화권에서 세례를 받고 싶어도 공안의 추적을 피해서 도망가야 하기 때문에 세례를 받지 못하는 경우도 있을 것입니다.

유연성을 가지고 행동하는 경우에 균형잡힌 감각을 가지고 한다는 것이 얼마나 어려운 일인지를 실감하게 합니다. 그러함에도 불구하고 기도하면서 할 수만 있으면 선교현지에 있는 저들의 필요성(felt needs)을 채워주는 차원에서의 선교사역을 감당해야 합니다. 그리고 예수님과 같이 자신의 권리를 제한하여 스스로가 인간이 되셨고 죽기까지 충성을 하신 모습을 보면서 율법이 하나님의 백성을 위한 것임을 다시 한번 배우게 됩니다.

저는 마음의 할례의 차원에서 율법은 오늘날도 지켜져야 한다고 믿습니다.

마음의 할례=회개기도

왜냐하면, 할례에는 이러한 장점이 있기 때문입니다.

1. 할례는 어린이에게는 괴로운 것이지만 세상에서 따라온 더러운 것을 제거한다는 의미에서는 반드시 생각해 보아야할 것입니다.

회개 기도도 반드시 해야 할 것인 것은 현재의 믿음을 지키기 위해서는 먼저 하나님과의 평화를 유지할 수 있는 준비를 갖추어야 하기 때문입니다.

2. 할례를 마친 후에 이제 하나님 앞에 나아갈 수 있는 자격을 갖게 되기 때문입니다.

죄를 지은 후에 마음의 평화가 없는 상태에서 어떻게 감히 살아계신 하나님께 기도를 드릴 수 있겠습니까! 생각만 해도 겁이 나는 일을 우리가 선교의 이름으로 자행했다고 하는 것을 할례의 소중함에서 배우게 됩니다.

3. 할례는 육신의 할례를 지나서 마음의 할례를 의미합니다.

마음의 할례를 받는 것이나 하나님의 음성을 듣는 것이나 같은 차원에서의 동전의 양면성과 같은 것입니다. 회개 기도야말로 우리가 피할 수 없이 벼랑 끝에 서서 하나님을 대면하는 모리아산상과 같은 영적 전쟁을 통한 하나님의 은혜에 깊숙이 들어가는 축복의 통로입니다.

이제는 새로운 창조를 위한 하나님의 사역이 이루어지는 역사에 들어가게 되는 것입니다.

저는 이렇게 결론을 내리고 싶습니다.

전문인 선교시대가 되었기 때문에 전통적인 선교가 필요 없는 것이 아니라 전통적 선교의 구각을 깨뜨리고 더 큰 그림으로서의 제2의 전통적 선교로 나아가는 것이 율법불폐기론자의 심장을 가지고 선교사역을 하는 것이라고 생각을 합니다.

"그러나 사람이 율법을 법있게 쓰면 율법은 선한 것인줄 우리는 아노라"(딤전1:8)

법있게 라는 말을 저는 매력있게 라는 말로 바꾸어 해석을 하고 싶습니다. 강요해서 하는 것이 아니라 스스로가 자발적인 의지에 의해서 기쁨으로 감당할 수 있는 것이 율법이라는 개념으로 이해가 된다면 힘이 되는 만큼 최선을 다해서 율법을 지키게 될 것입니다. 이러한 자세를 율법불폐기론자의 입장이라고 봅니다.

따라서 전문인 선교도 오히려 바울선교, 또는 디모데 선교로 발전시켜서 선교의 계승자 입장에서 이해하게 된다면 목회자들도 함께 팀이 되어서 전문인 선교를 이해하고 알고 저들의 문화작인 토양에서 비판적 상황화의 입장에서 사역을 경주할 수 있으리라고 봅니다.

그런 의미에서 제2, 제3의 디모데와 같은 우리는 율법을 멋있게 우리의 삶에 실천할 수 있을 것입니다.

월드컵 당시에 한국의 태극기를 활용하여 수많은 의상이 생겨나게 되었습니다. 그전에는 태극기를 멀리하고 관심이 없어하던 세대가 이제는 태극기의 모양을 가지고 옷을 해 입고 다니니 말입니다. 우리나라를 사랑하는 정신을 가지게 된 것이고 한국인이라는 자긍심을 가지게 된 것입니다.

우리가 하늘나라 백성이라는 자존감을 가지고 있기만 한다면 우리는 기쁜 마음으로 율법을 지키지 말라고 해도 지키는 자가 될 것입니다.

우리의 대한민국 백성은 전부 검은머리를 하고 있습니다. 그러나 최근에는 형형색색의 머리를 하고 다니는 월드컵 세대를 보면서 나부터도 마음을 넓혀서 우리 민족을 품고 치유하고 세계를 품은 그리스도인이 되어서 전 세계를 치유하는 사역자가 되어야 한다고 다짐을 하게 되었습니다.

Dean Wiebracht는 이렇게 말했습니다.

"우리 교회가 바로 지상명령에 순종하는 교회가 되어야 한다. 하나님의 말씀이 우리에게 이것을 명령하고 있고 세상의 필요가 또한 이것을 요구하고 있다."

☞ **연구과제**

베드로와 바울의 문화관에 대해서 할례문제에 대한 관통의 입장에서 설명하라.

11 성육신적인 선교의 기초

(행 11:19-26)

수년 전에 연세대에서 한총련의 데모가 있은 후에, 연세대에서는 예정된 대로 한 세미나가 진행이 되었습니다.

어느 누구의 관심을 끌지 못한 것은 너무나 한총련의 데모와 그 진압이 매스컴을 장악했기 때문일 것입니다. 강사로 오신 분은 하비 콕스(Harvie Cox)로서 하버드대의 종교 철학 교수였습니다.

그는 1965년에 「세속 도시」라는 책을 써서 한국 사회에 소개되어졌는데, '88 Olympic 때 노태우대통령의 초청을 거부하고 한국에 오지 않은 분이었습니다.

이 분이 「세속도시」라는 책에서 비판한 것을 살펴보면, 이 도시는 권력화, 도시화, 상업화 가운데 물질주의가 팽배하여 영적 가치를 상업화 체계에 투영해서 인스턴트식품처럼 변해 버린 것이라고 진단했습니다.

미국제 배금주의, 고도의 상업주의 정보통신에 영향을 입은 신앙이다.

우리 평신도가 먼저 각성해서 전문인이 되어야 영적인 종교개혁이 이루어져 우리 주위의 가난하고 고통 받는 사람에게 희망의 메시지를 제시해야 합니다.

이 일이 이루어져야 한국 교회가 살길이 있습니다. 이를 위해서는 전혀 질적으로 새로운 차원에서의 변화가 있어야 한다. 그것은 믿음의 실질인 십자가의 죽음과 부활의 메시지가 회복되어지고 평신도를 통해서도 선포되어져야 한다.

그 결과로 그리스도 안에서 발견되어져야 한다.

우리가 선교에 참여하기 위해서는 전문인 선교의 성서적 기초를 발견해야 하는데 이는 사도행전 11장에 나타난 타문화권선교에서이다.

Harvie Cox는 이 세상에서 선교사적인 삶을 살고자 하는 것이다.

저는 여러분에게 선교사적인 삶을 이 땅에서 살고 타문화권에 까지 살게 하기 위해서 이 본문의 메시지를 나누기 원합니다.

19절은 유대인에게만 도를 전한 것에 대한 이해를 보여주고 있습니다.

이미 유대인과 이방인의 장벽은 무너졌다. 그러나 스데반의 죽음이 예수 그리스도의 죽음을 연상 시킬 만한 효과를 유대인의 뇌리 속에 심어 주기에 충분했기 때문에 유대인들의 중심 지역에 먼저 복음을 증거한 것이다.

우리가 창의적 접근 지역, 미전도 종족 입양에 대한 관심을 가지는 가운데서도 우선 순위가 이미 복음을 들었으나 제자화 되지 못한 자들에 대한 심층적 전도를 기울여야 되는 것이다.

여기에 수반되는 것이 선교사 재배치 문제이다. 먼저 묵은 돌의 이끼를 제거해야지 굴러온 돌은 그 다음 순위입니다.

현재 미국의 Fuller 신학교에서는 제3 세계 신학생 중심의 선교 교육에서 탈피하여 자국민에게 선교 교육의 질을 높이는 것을 구상한다고 선교학교수이신 쇼우(Dr. Shaw)박사님이 말했다. 왜냐하면, 지난 20년 동안의 미국 교회의 영적 침체의 원인이 자국민 중심보다는 타문화권 외국인 중심으로 열려져 미국민들에게 기회를 박탈했기 때문이라고 분석했습니다. 특별히 박사 과정 (Ph. D)의 문호를 미국민에게 둘 것으로 비쳐졌다.

이러한 선교 교육 정책에 대한 유연성 (Flexibility)이 있기에 Fuller 신학교는 세계적인 선교신학교를 가지게 될 것으로 비춰진다. 우리는 세계 선교를 가속화하기 위해서 선교사를 보내는 것도 중요하지만, 한국 교회가 선교형 교회로 바뀌어서 진정한 의미의 타문화권이 무엇인지 바로 알아 균형을 잡아 주어야 할 책임이 있었다.

한국은 인구의 25%가 기독교인이지만 아직도 불교 국가로 분류되어 있습니다.

거의 포화 상태에 이른 성숙한 기독교인들이 귀에 즐거운 고급 메시지를 들으면서 자신도 고급 교인으로 안주하지 말고 미성숙한 선교사로 또는 성숙한 선교사적인 삶을 사는 일로 선교에 대한 코페르니쿠스적 대변환이 필요한 시기이다.

풀러 신학교의 선교학교수인 와그너(Peter Wagner)박사님이 어느 지역의 25%가 기독교화 되면 그 지역은 선교가 100% 달성된 것이라고 주장하고 있습니다.

25%의 의미를 수로 보지 말고 질, 양의 조화를 이루는 교회 성장으로 25%가 유지가 되어야 하지만 또 다른 지역으로의 교회 개척, 성장의 모태가 될 것이다.

교회는 자연적으로 성장되어야 합니다.

이러한 교회성장의 원리에 기초하여 보면, 이미 예루살렘 교회가 선교를 할 수 있는 선교 여명기가 동터오는 것을 보여준다.

스데반의 죽음으로 선교 쇠퇴기였는데 이제 선교의 막이 오른다. 예수의 죽음으로 선교 쇠퇴기였는데 이제 예수의 부활로 선교가 시작되었습니다.

그 피가 한 알의 밀알이 되고 두 알의 밀알이 되고 이제 세알의 밀알이 되는 것이다. 이러한 자들은 흩어진 자들이요 디아스포라요 평신도 전문인 선교사들인 것이다.

20-21절입니다.

20절에 보면, …구레네 몇 사람이…라는 구절이 눈에 뜨입니다.

예수님의 골고다 언덕길에서 예수 대신 십자가를 진 Black Simon, 그는 구레네 시몬이었다. 그가 후에 예수를 영접했는지 알 수 없지만, 구레네 지역에까지 복음이 전파되고 그 결과로 제1, 제2의 구레네 시몬이 복음을 전하는 자가 되었다는 것은 얼마나 귀한 소식인가?

홍해선교회(Red Sea Mission)이라고 하는 선교단체가 바로 이러한 선교의 정신을 이어 받은 단체로 알고 있습니다.

어쨌든 구레네에 복음이 전파된 것이 확실하다. 복음의 재생산이 이루어지고 있다.

하나님이 그 상황에서 구레네 시몬을 골고다 언덕길에 밀어 넣었을 때, 벧세메스로 가는 젖 띤 암소와 같은 심정으로 십자가를 대신 매었을 뿐이다. 그러나 하나님은 그 구레네 땅도 복음이 전파되어야 함을 아신 것이다.

나도 어머니의 믿음을 본받아 누님과 함께 전문인 선교의 길에 접어들었는데, 얼마나 귀한 것인가?

19절의 …유대인에게만…과 20절의 …헬라인에게도…는 대조를 이루는 것이다. 그러나 헬라인이라고 하는 것은 유대인과 별개의 집단을 의미하는 것이 아니라 "하나님을 경외하는 (God-Fears) 헬라인"을 의미하는 것이다.

복음의 연결고리 그리고 관계전도에 대해 주의해야 한다. 따라서 우리는 초기 선교 여명기의 선교가 연결고리에 의한 관계 선교이고 예루살렘과 안디옥의 가교를 잇는 연결고리 집단으로 유대인, 유대계 이방인들이 쓰여지게 된 것을 볼 수 있다.

교회에 오래 다닌 소위 묵은 닭 집사도 선교에 쓰임을 받을 수 있다는 것 그것이 기쁜 소식이 아니겠습니까?

21절에 …주의 손이 그들과 함께 하시매…

신앙적 인격을 갖춘 디아스포라 선교사들 저들은 God is in Christ. - 그리스도 안에 하나님이 계시되고 믿음을 가지게 되었습니다. 그리스도를 통해서 하나님을 뵈었습니다. 그래서 살아계신 하나님을 체험하는 삶을 살게 되는 것입니다.

주의 발이라고 하지 않은 것을 주목하시기 바랍니다.

이들은 그리스도 안에서 하나님이 자신을 불러주신 소명이 분명한 분이십니다. 이들은 하나님의 은혜(the Grace of God)를 간증하는 자들입니다.

유대교의 사망의 음침한 골짜기 불법주의를 넘어서 잔잔한 시냇가 푸른 초장이 넘치는 은혜의 복음입니다.

교회 개척의 초기에 가정에서 성경 공부로 모이고 그 모임이 형성되어 발전하고 교회로 성장하기 까지 이처럼 소명이 몇 사람의 창조적 소수자를 통해서 가능한 것이다.

이제 이들은 사망의 음침한 골짜기를 다닐지라도 주의 지팡이와 막대기가 저들의 인생의 여정에서 함께 하심을 믿고 나가는 제2의 다윗과 같은 자들입니다.

하나님이 함께 하시는 삶 임마누엘의 삶입니다.

아프리카의 가나에서 선교 사역하시는 이용학 선교사님의 간증입니다.

구레네의 몇 사람을 통해서 복음이 안디옥에 전파되어 그 결과로 오늘 우리의 목에까지 십자가 목걸이가 걸려 있습니다. 오늘 그 복음을 받은 한 한국 선교사님이 이제 아프리카의 가나에 선교사로 간 것이다.

선교란 도대체 무엇이란 말입니까?

선교지에서의 최고의 영광은 선교사가 양육되어 복음을 전해 준 지역에 선교사로 파송 되어 복음의 빚을 갚는 것이다.

1992년 4월 이용학 선교사님의 막내딸 선한이가 말라리아에 걸렸습니다. 그리고 병원으로 후송된 지 불과 3시간 만에 경찰 병원에서 하늘나라로 간 것입니다. 그리고 세 번이나 되풀이해서 묻는 말이, "엄마, 나 천국에 갈 수 있어?"라고 마지막 시간까지 천국에서 만날 소망을 사모하는 것이었다.

허드슨 테일러 선교사의 딸이 죽을 때의 모습이 연상이 됩니다.

작은 순교자!
그 아이의 피 값으로 아프리카 영혼과 천국의 가교가 이어진다. 하늘 위에 솟아난 무지개처럼 지상에서 영원으로 핏 길이 그어진 것이다.
원주민과 찬송도 잘 부르고 춤도 잘 추던 어린아이
원주민이 와서 사모님에게 수지침을 맞을 때면
항상 재롱도 부리고 사탕도 입에 넣어 주던 아이
이 아이를 어디에서 다시 만날 수 있을 것인가?

새 예루살렘 복된 집에 네 이름 높도다.
이 수고 언제 그치고 나 거기 가리까 나 거기 가리까
나 사도들과 성도들 주 예수 모셨네
주 예수 믿는 친구들 쉬 함께 모이세 쉬 함께 모이세 (찬 225장)

선교사님은 찬송을 부르며 자신의 딸과의 약속을 지키기 위해서 오늘도 선교 사역을 하고 있다.
22절에 …예루살렘 교회가 … 바나바를 안디옥까지 보내니…
바나바!
그는 위로의 은사가 있는 자로서 안디옥에 있는 Home Cell Group 을 동질성의 집단으로 엮어서 교회가 태동이 되게 하는데 귀한 역할을 하게 되었다.
이동원 목사님의 말씀처럼 앞으로 보나 뒤로 보나 바나바입니다.
다같이 23-24절을 보겠습니다.
그리고 이들을 인도하기 위해서 바나바는 자기 자신보다는 다소에 내려가 있는 사울을 생각해 봅니다. 신앙의 대선배가 후배를 키워주는 것입니다. 팀사역(Team Ministry) 라고 하는 것은 다른 것이 아니고 서로가 양보하고 서로를 세워주게 되면 가능한 것입니다.

한국 사람은 모래알 같다고 합니다.
일본 사람도 모래알들과 같다고 합니다.
그런데 차이점은 한국의 모래알은 모래알 하나이지만 일본의 모래알은 한 묶음 쥐면 유리창이라도 깰 수 있는 힘이 있다는 것이에요.
러시아의 모 지역에 한인 선교사가 100명인데, 그 중에 팀사역을 하는 선교사는 두 명 뿐 이라고 합니다. 우리가 바나바의 마음을 배워야 합니다.
앞으로 보나 뒤로 보나 변하지 않는 착한 사람, 성령과 믿음이 사람이 되어야 협력 사역이 가능합니다.

여러분! 옆에 있는 분 얼굴 한번 보세요!
그리고 당신은 착한 사람입니까? 하고 질문해 보세요. 왜, 안하세요? 그러면, 당신은 성령과 믿음이 충만한 사람입니까?
26절에 …만나매…
예수님이 니고데모를 만나서 복음을 전하듯이 바나바는 사울을 만나서 안디옥 교회 담임 목사로 청빙을 합니다.
그래서 1년간 안디옥 교회에서 함께 공동 목회를 경험해 보게 됩니다.
공동 복회하면 띠오르는 교회가 지구촌 교회입니다. 그런데 공동 목회의 어려움은 Vision이 같아야 한다는 것입니다. 선교를 교회의 최우선 순위로 두느냐, 아니면 피자의 한 Piece처럼 여기느냐에 따라서 공동 목회가 가능한 지 아닌지 여부를 결정할 수 있습니다.
바나바는 사울과 함께 안디옥 교회에서 공동 목회를 하게 되었습니다.

처음 장면을 상상해 보십시오!
오히려 하나님을 경외하는 이방인들이었기에 사울에게 돌을 던지지 않았지 유대인들이었다면 사울이라고 하는 인간이 보였을 것입니다.
주님의 일이란 인간을 보는 것이 아니라 그 인간 안에 역사하는 하나님의 권능을 보는 것입니다. 그래서 저들의 이름이 그리스도인(Christ Followers) 또는 그리스도에 속한 권속들(Those of the Household of Christ)이라고 한 것 아닙니까?
이들은 그리스도 안에서 발견되어지고 하나님의 뜻을 알아서 선교하는 자들로서 유대교라고 하는 담을 넘어서 유대인과 이방인이 만날 수 있는 만남의 장으로서의 새로운, 전혀 질적으로 새로운 주님의 교회를 시작하게 되었습니다.
"In Christ (그리스도안에서)"라고 하는 이 한 가지의 축복으로 인해서 저들은 타문화권 선교에 드려지게 될 때 로마 정부의 보호로부터 공인 종교가 아님에서 오는 위기 상황과 메시야의 도래에 대한 유대인의 희망과 약속과의 연속성(continuity)의 문제에 대한 위기 상황을 맞이하게 되었습니다.

사랑하는 형제, 자매님 !
여러분 모두가 안디옥 교회와 같은 선교하는 그리스도의 몸의 지체가 되어야 합니다. 한국 교회 선교가 성육신선교를 하기 위해서는 여러분 모두가 움직이는 안디옥 교회가 되어야 합니다.
이 땅에 최초의 타문화권 선교사로 오신 예수 그리스도의 마음을 품어야 합니다.

여러분이 아름다운 선교의 여행길에서 예수님이 보이십니까? 바울이 보이십니까? 바나바가 보이십니까?

그렇다면 여러분이 제2, 제3의 바나바요 바울이 되십시오. 구레네 사람이 되세요. 그리고 우리 모두가 함께 손에 손을 잡고 팀 목회에 나서야 되겠습니다. 모래알 같은 우리 하나 하나가 모여서 반석을 이루고 교회의 머리되신 주님을 위해 진정한 의미의 선교를 감당해야 할 것입니다. 저는 디모데가 되겠습니다.

이것이 안디옥 교회의 성육신적인 선교의 기초입니다. 선교 폭발의 기초입니다.

☞ **연구과제**

> 본장에 나타난 성육신적인 선교의 순교적 사례들을 주기철 목사나 손양원 목사와 비교 평가하라.

12 기도와 영적전투

(행 12:5)

핍박이 오게 되면 교회는 오히려 성장하게 됩니다. 그리고 신앙은 더욱 깊어지게 되는 것입니다. 오늘 우리 사회에 교회는 개독교라고 비난을 받고 있습니다. 차라리 핍박을 받았으면 좋겠습니다. 제가 가끔 특강을 가는 압구정동에 있는 교회는 불신 대학생들의 비판의 첫 번에 올라있는 것을 보게 됩니다. 이제는 교회가 교회를 핍박하는 시대입니다. 큰 교회가 작은 교회를 핍박한다고 합니다. 그러나 내면적으로는 세상의 불신자들로부터 같이 핍박을 받는 패-패 동반자(lose-lose partnership)가 되고 만 것입니다. 중국의 삼자교회가 중국의 가정교회를 핍박을 하고 있습니다. 결국은 가진 자가 없는 자를 핍박하고 있다는 것입니다. 소유의 창고에 머문 썩은 사해와 같은 리더들이 푸른 갈릴리로 흐르기 원하는 축복의 통로를 핍박하고 있는 것이 오늘의 현실입니다.

이 세상은 전쟁터와 같아서 힘의 대결을 통해 더 강한 힘을 가진 자가 승리하게 되어있는 것입니다. 이 세상을 이길 힘은 기도의 힘밖에는 없습니다.

5절에 보면 "베드로는 옥에 갇혔고 교회는 그를 위하여 간절히 하나님께 기도하더라" 라고 말합니다. 베드로의 생명을 구해달라는 기도이거나 아니면 위대한 순교자가 되게 해달라는 기도를 드리고 있었을 것입니다. 그런데 이상한 일이 일어나게 되었습니다. 밤중에 경비실을 두드리는 자가 있었습니다. 네 명씩 편을 짜서 네 패가 지키는 16명의 경비병에게 둘러싸인 죄수가 저들이 눈앞에 나타난 것입니다. 나는 이러한 기적을 늘 믿습니다. 4차원의 영성(4th dimension spirituality)을 가진 자가 3차원의 한계상황에 나타난 것이니까 자연스러운 것입니다. 영적 전압이 이미 하늘로부터 공급을 받은 상태입니다. 무슨 능력인들 행하지 못하겠습니까? 기도의 힘은 위대했습니다. 그 힘은 어디서부터 온 것입니까?

성도들은 하나님께 기도했습니다.

우리는 하늘에 계신 우리 아버지라고 기도가 시작이 되면 응답받는 것을 전제로 기도하고 있다는 사실을 구체적으로 확신을 해야 합니다. 우리의 죄가 하나님과 나 사이를 가리우지 않는다면 우리의 기도는 피곤치 아니하면 때가 되면 다 응답을 받을 것이라고 허드슨 테일러 선교사는 말했습니다.

성도들은 더불어 기도했습니다.

믿음이 없는 자도 생에 대한 두려움을 함께 기도함으로 물리칠 수 있습니다. 믿음이 없는 자도 함께 기도하면 죽음의 공포를 이길 수가 있습니다. 믿음이 없는 자도 함께 기도하면 적을 무찌를 수가 있습니다.

우리는 아말렉과의 전투에서 호렙산 정상에서 적이 내려다보이는 감제고지에 오른 모세와 아론과 훌이 삼위일체의 기도를 드리고 여호수아는 기도의 손이 늘어지지 않는 상황에서 늘 승리하는 것을 보았습니다.

성도들은 뜨겁게 기도했습니다.
열정적으로 기도하는 것이 위기상황 가운데서는 강력한 힘을 발휘하게 됩니다. 우리도 러시아의 모스크바와 생뻬제르부르크에 컨설팅 선교여행을 갔다가 경찰에 체포가 된 적이 있었습니다. 너무 기가 막혀 하늘의 구름만 처다 보고 통곡기도를 드렸습니다. 한마디로 울었습니다. 예수님이 우셨다. 이 말씀이 가장 짧은 구절이라고 배웠습니다. 울고 나니까 해방된 민족이 되었습니다. 우리를 초청한 선교사님이 중보 기도팀이 기도를 시작한 그 시간에 정확히 우리는 풀려나게 되었습니다. 어찌 그 감격을 다 말할 수 있겠습니까! 그 때의 팀들은 모두 블라디보스톡과 연변 등지에서 중앙아시아의 미전도 종족 선교를 하고 있습니다. 뜨거운 동지애를 맛보았는데 어떻게 주님을 배반할 수가 있겠습니까?

그리고 성도들은 특별한 기도제목을 가지고 기도했습니다.
베드로를 석방시켜달라는 것입니다. 신앙은 불가능을 가능케 하는 것입니다. 그러므로 언제나 여전히 오늘도 우리에게 담대한 신앙을 요구하고 있는 것입니다. 5월 18일 당시에 기독교인들이 간절히 기도하면서 빛 고을(광주)에 있는 성도들을 지켜주시기를 간절히 기도한 일이 있습니다. 그 결과로 주 날개 밑에 거함같이 그러함에도 불구하고 피할 수가 있었습니다. 김정환의 소설 아버지에 보면 가출한 딸을 추적하여 찾아내는 아버지의 간절한 마음을 엿볼 수 있습니다. 특별한 기도 제목을 가지고 같이 기도하는 것을 동일시기도(identification

prayer)라고 합니다. 중보기도를 말하는 것이지요.

오늘 본문은 마리아의 몸종 로데가 베드로의 음성을 듣고 급히 안으로 들어와서 베드로가 문 앞에 섰다고 말할 때 그들은 베드로가 온 것이 아니고 로데가 미쳤다고 생각을 했습니다. 아니면 베드로의 죽음을 안내할 죽음의 천사일 것이라고 생각을 했습니다. 결국 계속 문을 두드리매 문을 열어주니 베드로가 들어온 것입니다.

결론

저는 여기서 기도의 힘을 체험하기 위해서는 쌍방 커뮤니케이션이 잘 되어야 한다고 말하고 싶습니다. 기도하는 사람도 기도의 응답을 받아야 하는 사람도 기도를 들어주시는 아버지 하나님도 함께 쌍방으로 그리고 삼위일체로 교신이 이루어져야 합니다. rm 때 뜨거운 영적인 전압이 흐르게 되고 응답을 받게 되는 것입니다.

텍사스 중에 사는 트루엣이라는 목사가 어떤 교회에 초청을 받아서 그곳으로 갔습니다. 그 교회는 교회 건물을 짓기 위하여 6천 5백 달러를 모금하고 있었습니다. 3천 5백달러는 약속을 받았는데 더 이상 헌금을 하는 사람이 없었습니다. 바로 그 때 검소한 차림을 한 여인이 일어나서 망설이고 있는 남편을 보고 말했습니다. "여보, 이제 빚을 다 갚은 우리 집이 있잖아요. 우리 집을 바쳤으면 해요. 어제 3천 5백 달러에 사겠다는 사람이 있었잖아요. 그리스도께서 거하실 집을 마련할 수 있도록 우리 집을 내놓읍시다." "여보 나도 그렇게 생각하고 있었소" 두 부부는 눈물을 흘리며 트루엣 목사님을 바라보며 말했습니다. "저희는 3천5백 달러를 내놓겠습니다." 그러자 이루다 말할 수 없는 광경이 속출했습니다. 모든 사람들은 소리 내어 흐느꼈고, 삽시간에 3천 5백 달러가 모금이 되었습니다. 그리고 사람들이 "목사님, 구세주는 어디에 있습니까? 어떻게 그 분을 모실 수 있습니까?"하고 소리치며 앞으로 내려왔습니다.(조용기, 10분설교, 서울서적, 2002, p. 396)

"내가 문밖에서 기다리노니 누구든지 문을 열면 내가 그에게로 들어가 그로 더불어 먹고 마시리라"(계3:20)

주님이 우리의 마음의 문을 두드리시면 우리도 주님의 마음을 두드리는 것이 아니라 입으로 시인하는 것입니다. 주님을 헌영하여 모셔드리는 것입니다. 유비커터스 시대이고 전자동의 시대이지만 우리 맘으로 우리 손으로 마음의 빗장을 직접 여는 것입니다. 로봇에게 시킬 일이 아닙니다. 아프리카에서는 밤에 도적만이 문을 두드린다고 합니다. 이제는 인격적으로 음성을 들려주시고 꿈으로 비전으로 환상으로 하나님을 사랑한다고 고백을 한다면 우리의 기도는 바로 응답을 받는 것입니다.

☞ 연구과제

영적 전투로서의 중보기도와 조용기 목사의 4차원 영성을 비교 평가하라.

13 선교형 교회 안디옥 교회

(행 13:1-3)

우리는 인터넷 선교에 이르기까지의 선교전략을 살펴보기 위해서는 먼저 선교의 하나님이 인간에게 선교의 소명을 주셨음에도 불구하고 2008년이 지난 현재 전 세계 인구 가운데 기독교 인구의 비율이 33.1%라는 사실에 주목을 해 보아야 합니다. 그러나 예수 그리스도를 믿고 변화되어 사역자로 일하는 제자의 수는 5.8억에 불과하다는 통계도 가지고 있습니다.

결국은 하나님이 2008년이라는 시간을 주셨음에도 불구하고 전 세계 인구의 10% 정도만이 실질적인 신자라고 하는 데에서 우리는 문제의 제기를 해야 한다고 봅니다.

선교역사에 나타난 이제까지의 선교전략을 Networking 하여 물이 바다를 덮음같이 전 세계의 각 나라와 백성과 족속과 방언 가운데 하나님을 아는 자들의 수가 충만하게 되기 위한 선교전략의 틀이 무엇이라고 할 수 있겠는가?

필자는 인터넷 선교야말로 21세기 선교의 대안 가운데 하나라는 확신을 가지게 되었다. 전문인들이 인터넷으로 무장하여 비즈니스 선교를 한다면 금상첨화일 것입니다.

동서문명권 충돌론을 주장한 미래학자인 Samuel Huntington은 현재 전 세계는 가속화되는 지구촌화로 인하여 2000년대 중반에 이르기 전에 1억 5천 개의 종족 국가로 바뀌게 될 것이라고 예견하고 있습니다. 중국의 유교중심의 아시아적 사고(Asian Thinking)와 미국의 문명(American Civilization)이 9.11사태 이후의 세계화 시대의 본격적인 등장으로 2000년대 중반에 빅뱅의 원리대로 충돌하여 세상이 재편되면서 중국이 세계무대의 중심 국가로 떠오르게 될 것이라는 분석입니다. 2008년 현재 중국의 북경에는 한인들이 20만 명이 살고 있으나 이번에 끝난 2008년 북경 올림픽 이후에는 40만 명을 넘어설 것으로 보인다. 불신자들이 한국을 포기하고 중국인이 되기를 자처하는 일입니다. 이민, 난민, 유학등 대규모의 인구 이동으로 인하여 현재의 서구 유럽은 100만 명의 회교도들이 살고 있으며 위대한 19세기 선교의 발상지인 영국의 수도인 런던의 교회는 이슬람교의 사원으로 바뀌고 있는 실정입니다.

한마디로, 기독교는 성장을 둔화하고 있고 타종교는 도약을 거듭하여 2025년에는 회교도의 숫자가 78억 인구 가운데 18억에 이를 것으로 내다보고 있습니다. 50만 재한 외국인 근로자들을 바탕으로 한국을 향후 50년 안에 이슬람국가로 만든다는 프로젝트가 비밀리에 진행이 되고 있습니다. 이렇게 되는 경우에는 종교다원주의와 기독교의 입장에서 볼 것 같으면 이슬람교가 세계에서 가장 신도수가 많은 종교가 되리라고 예견할 수 있는 것입니다. 한마디로 이 세상은 급변하는 세상입니다.

언제 어디서나 접속 가능한 정보 고속도로로 인하여 거리와 무관하게 타문화권 선교의 동선거리가 짧아지고 조직적이고 체계적인 차원에서의 선교전략을 분석해야 할 필요성을 깨닫게 되었습니다. 또한, 세계미래협회에 의하면 21세기에는 M-TV와 지구촌 젊은이 문화의 팽배로 인하여 문화교류를 통한 수용성(Receptivity)을 갖춘 선교 전략을 갖추지 않으면 효과적인 선교는 하지 못하게 될 것으로 보입니다. 그럼에도 불구하고 지구상에는 한번도 전화를 사용해 보지 못한 사람이 전 세계 인구의 50%라고 합니다. 이러한 양극단의 차이점을 어떻게 메 꿀 수 있겠는가? 또한, 누군가 일부러 찾아가 주지 않으면 복음을 들을 기회가 없는 영혼이 최소한 11억에 달한다는 8000여 미전도 종족에 대한 남은 과업을 상기할 때 이제는 과업 완수의 절박성을 느끼게 됩니다. 이러한 신불확실성의 시대에 하나님의 음성을 듣는 자가 세상을 지배하는 데 저들은 다이아몬드와 마찬가지로 투명하게 하나님을 신선하게 만나는 하나님의 사람들로서 저들을 세상은 다이아몬드 칼라 시대의 전문인 크리스챤들이라고 말합니다. 이들은 현대의 안디옥 교회 교인들입니다.

복음의 중심지가 중요한 것은 틀림이 없어 보입니다. 남북통일이 되면 모 교회에서는 평양의 금수산에 위치한 김일성의 자리가 명당이라고 여겨지기 때문에 이곳에 평양 교회를 세운다고 하는 이야기가 있습니다. 만일 통일이 되면 건설업자가 먼저 들어가고 그 다음이 교회와 부동산업자라는 이야기가 사실로 들여지게 됩니다. 통일교의 문선명은 이미 자신의 왕국을 북한을 포함한 전세계에 거미줄처럼 치고 있습니다. 제국주의시대의 선교와 마찬가지로 정치적인 배경이 경제적인 배경으로 바뀐 것 외에는 자본주의와 선교는 쌍끌이로 진행이 되어지는 것을 느낍니다. 그러나 오늘 한국 땅에 185개의 장로 교단을 포함하여 여러 교단이 있고 10만개의 교회가 있고 목회자의 숫자가 20 만 명에 달하며 세계에서 가장 큰 교회들이 서울과 수도권에 있음에도 한다고 우리는 안디옥 교회를 그리워하는 것은 안디옥 교회가 유대인과 이방인에게 복음이 동시에 증거되는 데 차별이 없었던 교회였기 때문입니다.

1. 안디옥 교회는 전문인 선교의 토양이 된 교회였다(1절)

"안디옥 교회에 선지자들과 교사들이 있으니 곧 바나바와 니게르라 하는 시므온과 구레네 사람 루기오와 분봉왕 헤롯의 젖동생 마나엔과 및 사울이라"

안디옥 교회의 회원들이 여러 명이 있으나 그 가운데서 선교적인 차원에서 볼 것 같으면 선지자와 교사들이라고 말하고 있습니다. 선교에 있어서 이러한 역할을 하는 사람들이 필요하다고 하는 것을 우리에게 보여주고 있는 부분입니다.

선지자는 선교의 현실을 직시하고 미래를 예견하는 기능을 하고 있는 것입니다. 이미 안디옥 교회에는 그 시대를 깨우는 선교에 대한 전문가들이 포진하고 있다는 사실을 보여주고 있습니다. 또한 교사가 있다고 하는 것은 선교교육을 할 수 있는 가르쳐/지키게 까지 할 수 있는 준비가 되어있는 것을 알 수 있습니다. 많은 한국교회의 선교를 컨설팅하면서 한국교회들이 남비 속의 개구리와 같이 선교에 대한 사춘기적인 열정이 있었음에도 불구하고 지속적으로 선교에 대해서 열심을 다 하지 못한 데에는 지속적인 선교에 대한 열정을 유지하고 담아내는 훈련의 도장이 없었다는 것입니다. 그래도 안디옥 교회는 이러한 기능이 있어서 이제 하나님의 때에 선교를 시작할 수 있는 것을 보여줍니다.

여기에 선교위원회의 5인방이 소개되고 있습니다.

(1) 바나바는 연장자로서 인물 중심의 캐어를 할 수 있는 당대의 존경받는 전문 카운셀러가 있다는 것을 우리에게 보여주고 있습니다.

(2) 시므온은 불랙 시몬(Black Simmon)이라고 하며 그는 예수님이 바아돌로로사 거리를 지나가시며 채찍에 맞아 쓰러지고 또 끌려갈 때 대신해서 십자가를 대신 지고 갔던 고마운 흑인 시몬임을 보여주고 있습니다. 따라서 이 교회는 흑백의 차별이 없는 교회로 시작이 되었던 것을 보여주고 있습니다. 의미있는 일에도 함께 사역을 논할 수가 있다고 하는 것이 진정한 의미에서 선교형 교회의 모델이 될 수 있다고 보는 것입니다.

(3) 구레네 사람 루기오입니다. 구레네는 현재의 시리아를 말하는 데 그는 스테반의 순교의 사건 이후에 흩어진 무리 가운데 안디옥에 정착한 것이라고 합니다. 처음부터 안디옥 교회가 성장한 것이 아니라 타문화권에서 유입된 사람들이 교회로 몰려들면서 교회는 성장하게 되는 것입니다.

(4) 분봉왕 헤롯왕의 젖동생 마나엔입니다. 그 당시 헤롯왕의 젖동생이라는 신분을 볼 때 그는 귀족 계급의 한 사람이라고 볼 수 있습니다. 정치적인 이유등 여러 이유로 이들의 가족이 안디옥 교회로 유입이 되었으리라고 봅니다. 그만큼 기독교는 로마의 해체 시기에 강력한 역사를 이루면서 민중들의 마음을 사로잡았을 뿐 아니라 귀족계급의 마음을 사로잡은 것을 알 수가 있습니다. 여러 가지 차원에서 교회의 중요한 문제를 해결하는 축구의 링커의 역할을 해내었다고 봅니다.

(5) 사울입니다. 여기서 그 유명한 사울이 가장 나중에 기록된 것으로 보아서 앞에 기술된 인물들은 모두 사울보다는 연장자인 것으로 여겨집니다.

이처럼 구성인원들이 다양하고 저마다 동등한 입장에서 자발적인 의지에 의해서 스스로가 자기 자신의 의견을 말할 수 있는 영적인 의미에서 성숙한 전문인으로 구성되어있다고 하는 것이 안디옥 교회의 특징이라고 볼 수 있습니다. 오늘날의 많은 교회들의 문제점은 모두가 이러한 구성원으로 교회가 형성될 수 없는 영적인 분위기에 있다고 하는 것입니다.

그래서 싫으면 나가서 개척을 하라고 하는 분위기가 아니라 서로 축하해 주는 분위기가 중요한 것이라고 봅니다.

2. 안디옥 교회는 성령의 음성을 듣는 교회였습니다(2절)

"주를 섬겨 금식할 때에 성령이 가라사대 내가 불러 시키는 일을 위하여 바나바와 사울을 따로 세우라 하시니"

금식을 할 이유가 주님을 섬기는 일 때문이었습니다. 그 일은 주님이 시키는 일을 위해서입니다. 우리가 오늘날 주님이 섬기는 일을 우선적으로 하지 못하는 이유가 주를 섬기는 일보다는 자신들이 좀더 편안하게 주님을 섬기는 일을 하기 위해서 선교헌금을 걷고 건축헌금을 걷고 있는지 모르겠습니다. 그리고 성도들은 응답을 받았다는 확신이 들기도 전에 목회자가 먼저 비전을 보았고 그 다음 주에는 확신을 받아서 계속 부동산을 늘려 가는 참으로 욕심이 많은 목회를 하는 것을 보고 영력이 많으신 목사님이라고 말하고 두려워합니다. 그러나 선교의 입장에서 보면 너무 소비적인 일이라고 봅니다. 비전을 건축헌금으로 해야만 성도들이 헌금을 하는 것이 아니라 비전이 있다고 하면 그 일을 통해서 하나님의 나라를 위해서 재투자될 수 있는 일이라면 자원하는 심령으로 함께 주님이 시키시는 일을 할 수 있게 될 것입니다. 안디옥 교회는 그 일을 위해서 바나바와 사울을 따로 세우는 결정을 합니다. 본문의 원어적인 의미를 살펴보면 이는 먼저 하나님께서 성령 가운데 사울과 바나바에게 이러한 비전을 주시고 교회에서 함께 모인 자리에서 이러한 결정을 할 수 있도록 하시는 것을 볼 수 있습니다. 그 결과로, 유대인과 이방인을 위한 선교사역이 활성화되는 것을 볼 수 있습니다. 여기서 중요한 것은 성령의 음성을 듣는 삶에 민감하게 반응을 보였다고 하는 것입니다.

우리의 사역이 정말 하나님의 민감한 음성을 들으면서 진행되어지는 사역인지 생각해 보게 되고 안디옥 교회와 같이 주님의 음성을 듣는 데 민감한 영성을 먼저 가지고 있어야 한다는 것입니다. 우리는 이러한 일을 창조적 분리(creative split)라는 용어를 사용합니다. 이로서 인간관계 중심의 사역자와 사역중심의 사역자가 하나님의 때에 분리되어지고 결과적으로는 바울의 시대가 활짝 열리는 것을 우리에게 보여주고 있습니다. 담임목사와 부목사를 선교를 위해서 모두 파송하는 초유의 역사가 이루어지고 있는 장면입니다. 이 세상의 어느 교회에서도 볼 수 없는 놀라운 일을 이루신 하나님을 찬양합니다! 우리가 천국에 가게 되면 안디옥교회의 행한 일로 인해서 하나님 앞에 상을 받는 모습을 보고 싶습니다. 이는 무소유의 정신을 가지고 성령이 불러 시키는 일을 위해서 살고자 했기 때문에 일어난 놀라운 선교폭발의 이야기입니다.

3. 선교사를 파송한 교회였습니다(3절)

"이에 금식하여 기도하고 두 사람에게 안수하여 보내니라"

금식기도에 대한 많은 구절이 성경에 기록되어 있지만 선교를 위해서 미전도된 소아시아의 영혼들을 위해서 기도했다고 하는 것이 안디옥 교회의 특징 가운데 하나라고 여겨집니다. 이 일을 위해서 안디옥 교회는 철저히 성경말씀 중심의 실천적인 안다옥 학파로서의 길을 가게 되는 계기를 마련하게 됩니다. 생활 가운데 전도자가 되는 삶을 사는 데 있어서 담임목사나 부목사 중심의 신앙생활보다는 전신자선교사주의에 입각하여 모두가 생활선교사로서의 삶을 산다고 하면 이것이 모든 성도를 지도자로 키우는 교회로 성장하게 될 것이기 때문에 선교를 중심으로 한 하나님 중심의 선교관을 가진 교회의 모델이 되었다고 보는 것입니다. 바울은 유대인에게 복음을 증거하는 우선순위의 문제는 가지고 있었지만 지역적으로는 여러 지역을 다니면서 복음을 증거하기로 지역성을 탈피한 것이기 때문에 큰 열매를 거둘 수 있었습니다.

한규삼 목사는 이렇게 말합니다. "1차 전도 여행과 2차 여행 중 고린도에 이르기 전까지 바울은 유대인 위주로 선교를 했고, 결과로 그는 뿌리내리는 목회적-선교를 하지 못했다. 바울은 그의 선교여정 중 세 도시에서 자의든 타의든 오래 머물면서 목회적-선교를 한다. 고린도, 에베소, 그리고 로마이다. 이 기간의 공통점은 유대인에게 복음 전파가 실패된 후 도시를 떠난 것이 아니라 이방인에게 복음을 증거하여 크게 성공한 점이다. 이런 공통점은 안디옥 교회의 모델의 재현이며, 이를 통해 유대인과 이방인이 함께 하는 선교의 모델이 제시된다."(그 말씀, 사도행전을 엮는 몇 가지 주제들, p. 35)

자비량 선교가 평신도 중심의 선교로서 전세계적으로 그 중요성을 인정받고 있는 시점에서 목회자들보다는 평신도에 더 많은 관심을 가지고 시작한 것은 오히려 목회자들에게 섭섭한 것일 수도 있지만 이러한 시행착오를 거쳐서 전문인 선교에 대한 온전한 이해를 바탕으로 팀 선교가 무르익을 수 있는 정신적 기초를 마련해야 한다는 것이 중요한 것입니다.

한마디로 자비량 선교는 사도 바울의 선교 사역을 중심으로 시작된 것이며 바울의 여러 선교사역 가운데 고린도에서 행해진 장막을 깁는 사역을 통해서 이루어진 사역을 의미합니다. 따라서, 바울의 선교 사역을 전부 자비량 선교 방법이라고 말할 수 없으나 이 시대가 바울의 선교사역이 효과적이라고 진단하고 있는 것입니다. 저도 모든 선교의 방법이 전문인 선교가 되어야 한다는 개념보다는 목회자들의 선교에 대한 재교육의 차원에서 전문인 선교의 방법을 특화하여 설명하고자 하는 것입니다.

실제로 이러한 정신에 입각하여 성공적으로 선교하는 교회의 예로 전주 안디옥 교회를 들 수 있습니다. 제가 이 교회에 일주일 동안 머물면서 많은 것을 관찰할 수가 있었습니다. 선교사님들을 강의실에서 만나볼 수 있었으며 특별히 그 교회의 선교에 대한 열정을 바자회에서 엿볼 수도 있었습니다. 담임이셨던 이동휘 목사님의 영적으로 깊이 있는 축복 기도를 들으면서 선교지도자로서의 영성 관리가 얼마나 소중하다고 하는 것을 배울 수 있었습니다. 제가 느낀 바를 적습니다.

1. 전 교인은 선교사라는 인식을 가지고 있었습니다.
2. 구역은 258개 구역을 목표로 하여 배가하고 있는 것을 보았습니다.

3. 모든 집회는 선교를 중심으로 이루어졌고 선교사님들은 말씀을 증거할 수 있는 기회를 가질 수 있었습니다.
4. 교회의 문은 24시간 열려 있었고 어느 누구든지 교회 내에서 기도하는 모습이 보였습니다.
5. 교회는 깡통 교회였고 목사님은 검소하신 분이시고 영적으로 존경을 받고 계셨습니다.
6. 선교사 후보생들은 경건의 노력을 하고 있었으며 믿음 선교를 각오하고 있었습니다.
7. 바울 선교의 방법과 마찬가지로 전문인이라는 개념보다는 제2, 제3의 바울과 마찬가지로 성육신적인 선교를 하고자 하는 열정이 있음을 확인했습니다.
8. 교회 예산의 85%를 선교에 사용하고 있다는 믿기지 않는 소식을 듣게 되었습니다.
9. 교회는 기독교장로회였지만 교회와 연관된 바울 선교회는 초교파적으로 운영되고 있었습니다.
10. 제가 교회를 개척하면 바로 안디옥 교회와 같이 더불어 사는 공동체의 정신을 가진 교회를 개척해야 한다는 생각을 하게 했습니다.

오늘날 안디옥 교회는 사라졌지만 그들의 희생과 헌신으로 말미암아 전 세계에 복음의 횃불을 비춰주었습니다. 오늘날 한국 교회는 선교한국 2002를 개최하면서 주님의 뜻에 철저히 순종하고 있는가 생각을 해보아야 합니다. 하나님 중심의 세계관을 가지고 하나님의 뜻을 준행하는 그리스도의 몸으로서의 교회를 다시 세워야 합니다.

다시 한번 짐 엘리오트의 말을 듣고 싶습니다.
"왜 어떤 사람은 복음을 두 번이나 들어야 합니까. 이 세상에는 아직 한번도 들어보지 못한 사람들이 있는데…"

그러다 그는 한 선교사로부터 에쿠아돌에 있는 한번도 복음을 들어보지 못한 아쿠아족에 대한 이야기를 들은 후 한번도 흔들림없이 기다리다가 1952년 에쿠아도로 향하는 배에 승선하게 되었습니다.

이 때, 한국은 6·25전쟁으로 인하여 전 국토가 신음을 하고 있을 때입니다.

오늘도 중국의 공산당원들이 홍콩의 신자들을 대대적인 검거령으로 붙잡고 있다고 하는 이야기를 듣습니다. 1초에도 28만 명씩 지옥으로 떨어져 내려가는 영혼들을 볼 때마다 우리의 마음속에서는 영혼을 사랑하는 애틋한 마음을 품어야 하지 않을까요!

☞ **연구과제**

안디옥 교회를 우리는 왜 선교형 교회라고 하는가?

14 타문화권 전도폭발의 사명

(행 14:8-18)

　　미국의 유명한 풀러 신학교의 교수이신 피터 와그너 박사님이 당신이 최근에 신유의 은사를 받았는데 그동안 짧은 다리를 가진 50명을 치유했다고 합니다. 조용기 목사님이 그 자리에서 그 다음날에도 기차에 치어 다리가 상한 이집트인을 치유하는 장면을 목격할 수 있었다고 합니다. "나는 하나님께서 살아 계신 것을 믿습니다. 예수님께서 나를 고쳐주실 것을 믿습니다."고 말한 다음 일으켜서 안았습니다. 그 때 피터 와그너 박사님이 말하기를 "나사렛 예수의 이름으로 명하노니 짧은 다리는 길어질 지어다"라고 했습니다. 눈 깜짝 할 사이에 길어진 것입니다. 하나님은 바로 삶의 현장에서 역사하시는 분이심을 체험하고 감격했다고 합니다(조용기, p. 345).

　　저는 이 일이 지당하다고 믿습니다. 전능하신 하나님이신데 우리의 팔이 짧아서 구원을 받지 못한다면 팔을 길게 하시고 발이 짧아서 전하지 못한다면 길게 하셔서 전하게 하신다는 것입니다. 마우이

족의 신발을 흉내 낸 MTB를 신고 다니면서도 믿지 못하는 자신이 부끄러울 뿐입니다.

  바울과 바나바의 루스드라에서의 사역은 기적을 일으킨 것으로 시작이 됩니다(8-10절). 기적은 기적을 행하는 사람이 자신의 몸에서 하나님의 전압이 나가는 것을 느끼게 됩니다. 머리에도 하나님의 강한 전류가 포근하게 내려오는 임재가 느껴질 때가 있습니다.
  신화적 이야기들을 모아 엮은 이 지역에 대한 책에 의하면 제우스와 헤르메스 신이 루스드라 계속을 방문한 바가 있었습니다. 그들은 집집마다 호별 방문을 했으나 사람들은 그들이 들어오는 것을 거절했습니다. 마침내 그들은 가난한 빌레몬과 바우시스가 사는 집에 들어왔습니다. 하룻밤을 지낸 그들은 이튿날 이들 부부를 도시에서 산으로 데려갔습니다. 그들이 살던 골짜기를 바라볼 때 신들은 그곳을 홍수로 쓸어버리고 모든 사람을 익사시켰습니다. 그리고 다시 보니 자기들의 초라한 집이 번쩍이는 황금 지붕을 씌운 큰 전으로 바뀌었습니다. 이같은 신화적 이야기가 당시 루스드라 지방에 알려져 있었다고 합니다. 이 때 바울과 바나바가 기적을 행하므로 사람들은 제우스와 헤르메스가 돌아왔다고 생각한 것입니다(이종윤, 사도행전, 필그림 출판사, 2001, pp. 258-59).

우리는 하나님으로 하나님이 되게 해야 합니다.

  이들은 신의 존재를 인정하나 신을 두려워하는 나머지 약간 이상하게 신에 관한 모든 것을 신격화하는 것입니다. 북한의 김일성 우상숭배도 그런 것 이구요, 그 분의 친구인 통일교의 문선명도 그런 것이지요. 그 이유가 무엇인지를 분석해 보면 마귀는 혼란과 무질서의 와중에서 마음껏 역사하기 때문에 앞에서는 경배하는 척하고 뒤에서는 비수를 찌르는 것이 오늘도 살아서 역사하는 루스드라의 망령입니다. 붉은 악마와 같은 것입니다. 이들은 모두 범신론자요 범재신론자요 애니미즘이요, 힌두교, 불교, 그리고 샤머니즘이 여기에 속한다고 볼 수 있습니다.

신에 대한 광란증의 종교는 힌두교일 범신론적인 차원의 힌두교를 들 수 있겠다.

힌두교라는 어원은 힌두라는 단어가 인더스 강에서 물을 공급받는 지역이 Sindhu(신두후)라는 산스크리트어의 음역에서 비롯된 것이며 범인도교라고 부릅니다. 인도는 세계인구의 1/6을 차지하는 10억의 인구 가운데 힌두교인은 82.7%에 이르고 있습니다. 향후 중국 다음으로 막강한 영향력을 미치는 국가가 될 것입니다. 힌두교는 세상의 모든 종교 중에서 구체적으로 정의하기 힘든 범신론적 종교 가운데 하나입니다. 종교에 대한 창시자도 있는 것이 아니고 구체적이고 체계적인 교리체계가 있는 것도 아닙니다. 그러나, 인터넷 상의 아바타는 저들의 신 가운데 하나의 이름입니다. 힌두교 신비주의가 우리의 일상을 쉽게 파고들고 있는 형국입니다.

힌두교의 세계관

힌두교의 시간관은 순환사관(Cyclic time)이며 우주 밖의 궁극적인 실제인 브라만이 편재해 있으며 초월계와 인간계, 그리고 인간하계로 구성이 되어집니다.

타문화권 전도폭발의 사명   157

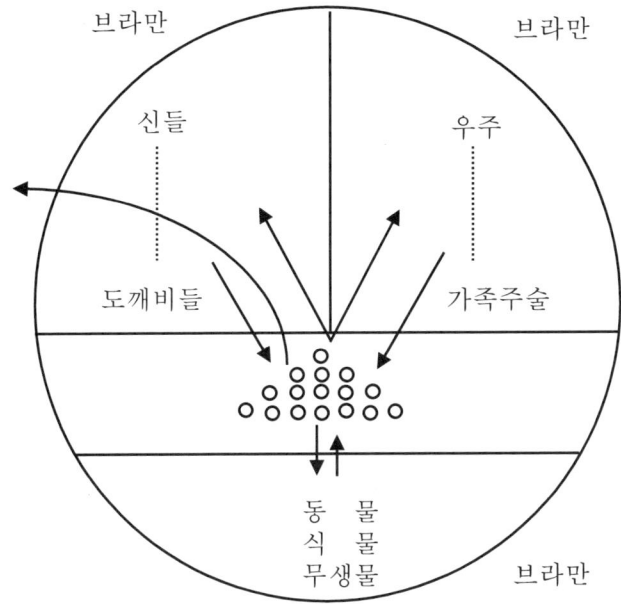

　오늘의 본문에서 제우스와 헤르메스 신에 해당하는 범신론적인 이해를 위해서 잠시 설명을 드리자면, 인간계가 의미하는 것은 힌두세계의 인간관계를 의미하는 것입니다. 힌두교에서는 철저한 카스트 제도 하에 있다는 것입니다. 따라서 가장 상층부의 카스트인 브라만에 초점이 맞춰져 있고 카스트 제도에 속하지 않는 사람들(불가촉천민)은 종교의식 수용의 자격상실로 인하여 종교적으로 사회적으로 금지당한 사람입니다. 불연속성이 있는 것이고 철저하게 격리되고 차별화되는 것입니다.

　힌두교의 카스트제도의 특징을 9가지로 정리하면 아래와 같습니다.
　1. 힌두교 구조 가운데 궁극적인 실제(Ultimate Reality)는 일반적

으로 브라만이라 지시되는 "영"으로 구성을 이룹니다. 이 물질적 구조는 그 자체가 참이 아니지만 신들에게서 물질에 이르기까지 모든 것을 다 포함하여 단지 현상적인 현현들로 구성을 이룹니다(수천 수만의 귀신과 정령). 주술은 비록 형식적으로 인정하지 않겠지만 역시 힌두교의 대단한 국면입니다.

2. 인간자신을 주요한 4개의 중요한 카스트에 수직으로 잘 구성을 이룹니다.

브라만-크샤트리아-바이샤-수드라-불가촉천민(untouchable)

인간 삶의 계급적인 구조 가운데 한 개인은 자신의 사회적 종교적 지위를 전 생애를 통하여 지배받게 되는 것이다. 그리고 그들은 "계급의 상승작용"을 환생(reincarnation)을 통해서 기대합니다.

3. 힌두교에 있어서 인간과 인간 이하 층의 세계와의 관계는 오히려 가까운 것입니다. 종교적인 결례를 지키지 못하면 후생(차서)에까지도 환생되는 개인의 존재가 되기 때문입니다. 그래서 동물을 죽이지 않으며 등에 곱추처럼 혹이 난 거룩한 소(성소)는 거의 신처럼 그 위치를 가집니다. 이러한 것은 원신사상(Purusa)사상에 의한 것인데, 여러 신들이 원신에서 나왔다고 하는 사상으로 힌두교의 리그 베다경에 의하면 인간은 출현 당시부터 4개의 신분제도로 구성되었다고 합니다.

4. 힌두교에도 인격적, 비인격적, 그리고 인간이하의 세계와 주고 받는 커뮤니케이션이 있습니다. 여하튼 힌두교의 커뮤니케이션은 카스트제도입니다. 그 중에 브라만 계급의 역할은 독특한 것입니다. 힌

두교에서 의식의 결례는 브라만의 중재로 이루어져야 하고 그처럼 모든 사람은 구원을 얻기 위하여 그리고 궁극적으로 위대한 세계의 영혼(브라만)에 제 합일이 되기 위하여 이들 사제계급(브라만)의 중재에 의존합니다. 다시 말해서 아트만(자아)이 브라만이 되는 것을 브라만이 도와주는 양식입니다.

5. 이런 구원은 육체적 감각의 세계로부터 본질적으로 무한의 영의 세계에로 하나의 도피인 것입니다. 그 도피 자체는 수백 번, 수천 번의 환생의 결과인 것으로 일반적으로 여기게 되는 것입니다. 그 후에 반신이 되고 영혼의 세계의 일부가 된다고 믿고 있습니다. 힌두교인은 영의 세계로 궁극적으로 브라만에 이르는 길로 다른 하나의 중요한 단계로 하나의 거룩한 소(성소)로 환생되는 특권을 얻게 된다고 느낄 것입니다.

6. 현재 전통적인 힌두교는 인도에 있어서는 경제적인 성장에 힘입어 비신화화의 길을 걷고 있습니다. 그럼에도 불구하고 대중에게는 힌두교는 존재의 투쟁으로부터 오는 마지막 구원에 대한 유일한 희망입니다.

카스트 제도를 기독교의 관점에서 볼 것 같으면 힌두교는 위에서부터 아래로의 종교이고 기독교는 아래서부터 위로의 종교가 되어야 합니다. 실제로 인도의 선교는 주로 수드라나 불가촉 천민(untouchable)을 대상으로 하고 있기 때문에 영적 능력이 없는 실정입니다.

바울과 바나바도 루스드라에서 능력을 행했으나 비거주 순회선교의 방법으로 도시 거점 선교를 한 것은 성령의 인도하심을 따라서 총체적인 선교를 하기 위함입니다.

7. 이를 위해서 3가지의 길을 걷게 되는 데 윤회(reincarnation)라는 기본 신념을 가지고 걷는 것입니다.

힌두교의 기본 신념은 카르마법(the law of karma)은 개인 영혼 안에 선행과 악행의 균형입니다. 영혼이 악한 카르마를 취하게 되면 영혼은 더 많은 출생을 거듭하게 됩니다. 힌두교의 궁극적인 목표는 목샤(Moksha)라는 경지에 이르는 것입니다.

이 때가 되면 카르마와 선행은 완전해지고 주기적 출생은 끝이 나고 개인영혼과 세계영혼은 하나가 된다는 것입니다.

우리는 동남아에서 오고 있는 힌두교도들에게 복음을 증거할 수가 있는지요?

자신이 바울이고 바나바가 되어서 이러한 기적을 향할 수 있어야 합니다.

우리는 스텐리 존스 박사의 기독교의 정의에 대해서 다시 한번 생각을 해야 합니다.

기독교인은

(1) 한 하나님을 믿는다- 많은 신이 아니다.
(2) 한 형제애를 믿는다- 전세계적으로
(3) 한 구세주를 믿는다- 예수 그리스도
(4) 삶의 목적이 있다- 그리스도를 영화롭게 하는
(5) 한 기회를 믿는다- 현세에서

(타문화권 복음전달의 원리, 존 시먼즈, p. 147)

신에 대한 도피증의 종교는 불교로 귀착이 됩니다.

신에 대한 강한 도피증을 가지고 있는 자들은 인격적인 신을 자신이 대신하고 자신이 직접 행위를 통하여 신을 통제하려고 하는 신에 대해서 강한 저항감이나 통제의식을 가지고 있는 자들이라고 할 수 있습니다. 신이 자기 자신을 잘 알고 있기 때문에 달라이 라마와 같은 자들은 자신이 직접 성불을 하려고 하는 신비주의적인 면을 유지하며 동시에 자기의 의(self-righteousness)를 추구하는 자들입니다. 잘되면 다 자기가 잘한 것이고 잘못되면 다 남을 탓하는 자들입니다. 그러므로 불교를 숭상하는 나라들은 다 가난할 수밖에 없습니다. 이들은 축복의 통로보다는 소유의 창고의 신앙을 가진 자들입니다.

불교의 창시자인 고트마 석가모니는 사카족으로서 힌두교에서 종교개혁을 한 것이다.

한국인으로서 인도의 다름살라에 있는 라마불교의 성사 달라이라마를 만나러 갔다 온 다음부터는 한국인의 심성에 맞는 입장에서 불교를 이해하고 선교에 임해야 한다는 생각에서 한국이 낳은 세계적인 사상가인 원효의 사상을 중심으로 불교를 소개하고자 합니다.

원효는 한국토착화 불교의 거장입니다. 그 산물로 나온 것이 정토교입니다. 그가 당나라에 유학 중, 해골바가지 옆에서 자고 목이 갈하여 어두움 가운데 바가지의 물을 마신 후에 아침에 깨어나 두 번 놀랐습니다. 첫 번째는, 해골바가지 때문이고 두 번째는, "신생고종족법생(모든 것이 마음에 달려있다)"이라는 사실을 깨닫고 다시 신라로 돌아와 대중 불교를 꽃피웠습니다.

기독교의 교파가 분분한 것은 불교의 소승 불교적인 것에 비교할 수 있으며 교파통합에 의한(적어도 사상적) 대승불교에로의 노력은 기독교의 에큐메니컬한 것으로 이해할 수도 있습니다. 예수의 복음의 진수를 우리가 전신자선교사주의에 의거하여 원효의 대중 불교의 배에 태워서 동남아로 보내게 되는 꿈을 꾸게 됩니다. 전문인 선교사는 직업의 전문성에 사역의 전문성을 갖춘 전문인 선교의 개념에서 이해를 하고자 할 때 원효의 사상은 너무나 소중한 것입니다.

이를 위해서는 원효의 화쟁론의 의미를 이해해서 기독교에 실천을 해야 한다. 먼저 두권의 저서를 소개하고자 합니다.

(1) 대승기신론소 : 중생으로 하여금 의혹을 제거하고 사특한 집착을 버리게 하고 대승의 정신(正信)을 일으켜서 불종(佛種)이 끊어지지 않기 위함이다.
(2) 화쟁론 : 중생을 고뇌케 하지 않고 능히 중생으로 하여금 번뇌가 일어나지 않게 함을 위해서 이 세속에서의 온갖 생멸의 원리를 조화/통일로 전환하는 근원적인 원리였다.

원효는 불교인이기 이전에 우리의 조상이었으며 인생의 의미를 안 자로서 고리의 역할을 감당하였습니다. 무조건 백안시하거나 비판하지 말고 진정으로 2000년대의 뉴밀레니엄의 남북통일의 사상적 기초로서 이해해야 할 부분이 많이 있다고 봅니다. 또 서구의 문명론자들이 이제는 동양의 사상에 관심을 가지며 몰려들고 있습니다. 우리는 기독교인이지만 불교의 토착화를 일구어낸 원효 대사에게서 배울 것이 분명히 있습니다.

개인구원을 강조하는 것은 소승불교의 작태이고 사회구원까지를 포함하는 것은 대승의 길입니다. 이러한 소승/대승의 조화를 이루기 위하여 원효는 귀족왕가의 몸에서 나왔지만 가난한 대중을 위한 불교부흥을 꿈꾸었다. 우리도 보수 진영은 개인구원을 강조하고 개교회 중심이고 진보 진영은 사회구원에 관심을 가지나 진정성이 떨어지는 것이 문제입니다. 둘 다 세계관의 변혁이 없으면 참 종교가 아닙니다. 그래서 힌두교도 불교도 미성숙한 기독교 이전의 원시종교입니다.

그것은 사람이 자기 자신의 마음이 무엇인지를 깨닫고 그 본래의 모습으로 되돌아가는 것이다.

언덕을 향해 ········ (피안)의 세계로!
아제아제 바라아제 바라승아제(더 높은 곳을 향하여 나아가라!)

여기서 저 쪽 언덕이란 구만리 장천 밖을 의미하는 것이 아니라 바로 그냥 내 안에 있는 것이었지만 그것을 못보고 있었던 것입니다. 이들의 삶은 성령이 없기 때문입니다.

그러므로 저 높은 곳을 향하여 올라가지만 말고 오히려 섬기는 리더십으로 낮은 데로 임하소서 라는 역설적 진리가 나오는 것입니다.

마음을 깨달은 자, 마음의 본래의 마음의 본래의 맑고 깨끗한 모습을 되찾은 자만이 그 목표하는 바 저 쪽 언덕에 바로 온 자인 것입니다. 사람다운 모든 사람이란 다름이 아니라 이른바 보살(깨달은 사람): 보디 삿트바인 것입니다. 이들은 오직 스승이 가르친 말 귀절을 외우고 한 길로 맹목적인 추종만을 일삼아 간신히 혼자만은 더 이상 모든 유혹을 물리칠 수 있게 되었습니다. 성화라고 할 수 있을 것입니다. 보살만이 이 수레를 타고 가는 순례자의 인생입니다. 이 세상도 한결같이 이 수레를 타고 가는 것이고 아무도 이 수레를 파괴할 수 없는 것입니다. 깊이가 있어 보이지만 성령의 역사가 결여된 미성숙한 기독교 전단계의 종교입니다.

인간의 신격화를 배격해야 할 종교는 이슬람교인 것입니다.

하나님께서는 신인 체 하던 헤롯을 단숨에 징벌하셨습니다.(행 12:22-23). 그런데 이슬람교의 마호멧이 사실은 이슬람이 신봉하는 신인 것입니다. 알라신이 아닙니다. 이것은 마치 카톨릭의 교황이 0.1%의 지분을 가지고 33.3%의 성경의 권위와 33.3%의 문서의 권위 그리고 33.4%의 교황의 권위로 구성되어진 초종권위의 대표자가 되는 원리와 마찬가지입니다. 세계선교의 전략적인 측면에서 이슬람교는 피해갈 수 없는 커다란 방애물입니다. 이슬람은 종교적으로 유대교와 기독교와 맥을 같이 하면서도 철저히 그것을 거부합니다. 그 이유는 세계정복이라고 하는 야심이 있기 때문입니다. 한손에는 칼을 한손에는 코란을 이라는 의미가 정복욕을 말하는 것이며 이는 성취동기의 삶입니다.

오늘날 전 세계 인구의 다섯 명중에 하나는 이슬람교도입니다. 그 가운데 56%가 아시아에 있습니다. 10/40 창문 지역의 국가 가운데서 가장 패쇄적인 종교를 꼽는다면 단연 이슬람교를 꼽을 수가 있을 것입니다. 9. 11시태이후에 미국에서는 이슬람을 연구하는 붐이 일고 있으며 이슬람은 우리 한반도를 2020년 까지 이슬람국가로 개조한다고 하는 전략을 세우고 있습니다. 그러나 독자 여러분, 이슬람교는 2가지 입장에서 기독교에 가장 커다란 대적 세력이 되고 있습니다.

첫째, 기독교이외에 선교라는 개념을 적극적으로 사용하고 있는 유일한 종교이며 둘째로 가장 빨리 성장하고 있는 종교라는 것입니다. 현재 회교도의 인구를 2000년 현재 약 20억으로 보고 2019년경에 24억이 되리라고 기대한다. 현재 거듭난 기독교 사역자의 숫자는 6억 정도이다. 이러한 차원에서 모하메트의 생애를 간단히 살펴보고 이슬람교의 특징을 살펴보도록 합니다.

그의 가족은 쿠라이쉬족으로부터 메카의 성전인 카아바를 관리하는 종족이었습니다. 그의 원명은 "무함마드 이븐 압둘라 이븐 압델 모탈리브 이븐 모솀"이라는 긴 이름입니다. 그는 AD 570년 메카에서 아버지 압둘라와 어머니 아미나 사이에서 태어났습니다. 그는 난지 여섯달만에 고아가 되어 가난한 삼촌 아브 탈리브 아래에서 자라났습니다. 그는 삼촌을 따라 낙타몰이꾼이 되었는데, 여러 나라를 여행하며 기독교와 유대교 등 많은 종교를 접하게 되었습니다.

그는 부자 과부 카디자의 일을 관리하고 있다가 25세 때에 과부인 이 여인과 결혼을 하게 됩니다. 무하마드는 40세에 히라(Hira)산 동굴에 들어가서 우주의 신비 뒤에 있는 비밀에 대해서 명상을 하면서 보냈습니다.

어느 날 가브리엘 천사로부터 "낭송하라, 낭송하라, 핏덩어리로 인간을 창조하신 창조주의 이름으로 낭송하라"하는 명령을 받았습니다. 무하마드는 유일신에 대한 체험을 하였습니다. 그는 유일신을 알라라 불렀으며 자신을 하나님의 예언자라고 불렀습니다. 그리고 그 계시를 수록한 책을 코란이라고 불렀습니다. 우리는 이것을 성서외의 계시(extra biblical revelation)라고 분명히 말합니다.

무하마드는 메카의 개혁을 시도하였으며 그가 6년 동안 전한 메시지는 "알라만이 참 신이며 카아바의 신들은 참 신이 아니다"였습니다. 그는 대부분의 사람들의 반대로 추종자들과 함께 애굽으로 피난을 하였습니다. 그 기간 동안에 카디지는 죽고 친구의 딸인 아이샤와 함께 결혼을 하였습니다. 당시 메디나에서 분쟁이 일어나자 무함마드는 그곳의 사람들의 요청으로 AD 622에 메디나로 갔습니다. 이것을 헤즈라고 부릅니다. 무하마드는 AD630년에 메카로 진격하여 신상을 제거하고 메카를 이슬람의 근거지로 삼았습니다. 그의 첫 설교가 금요일이었으므로 지금까지 이슬람의 예배는 금요일에 드립니다. 무하마드는 헤지라 10년 (AD 630) 메카에서 마지막 순례를 마치고 후계자인 알리로부터 충성을 다짐받은 후에 6월 8일 아내 아이사의 무릎에서 62세의 나이로 죽었습니다. 악한 영이 지배하는 이들이 다시 기독교로 돌아올 확률은 희미해 보입니다. 그러나 희미한 것도 빛입니다. 마지막 때에 하나님이 성령의 능력세례(power baptism of the Spirit)로 거짓된 인간의 신격화로 무지몽매한 아랍인들을 호도하는 이슬람교를 반드시 심판하실 것을 믿습니다.

우리는 예수님께서 죽음에서 부활하셨다는 사실을 가능한 한 담대하게 선포해야 합니다. 그리고 무슬림 전도를 위해서 가장 중요한 것은 지속적인 중보기도임을 기억해야 합니다.

결론

요즘 골프 과부라는 말이 유행한다고 합니다. 골프와만 대화를 하는 남편은 물질로 물질이 되게 해야 하는 책임을 위반한 것입니다. 그리고 아내와 대화를 하지 않는 것은 아내로 아내되게 하는 인간답게 사는 비결을 밟아버리는 범죄를 하는 것입니다. 그리고 주일날 운동을 하러 나가기 때문에 주일성수를 위반하는 것은 하나님을 하나님 되게 하지 못하는 것입니다. 물론, 골프를 치게 되면 푯대를 향해서 골프공을 치고 좌로나 우로나 치우치지 말고 필드에 온하는 것도 중요합니다. 그리고 겸손하게 자기 몫에 매인 십자가와 같은 골프가방을 메고 걷는 것도 소중합니다. 그러나 골프에 대한 꿈이 있다면 생각과 믿음과 말로서 믿는 자의 본을 보여야 합니다.

하나님은 질서의 하나님이십니다. 하나님으로 하나님이 되게 하실 것이고 인간은 마땅히 하나님의 영광을 돌리는 일을 하게 하실 것이고 이 중간 지대에서 혼란케 하는 마귀의 역사에 사로잡힌 고범죄를 저지르는 종교들과 자범죄를 저지르는 미성숙한 종교들을 새운 공력을 따라서 심판을 하실 것입니다. 바울과 바나바는 자신이 신이 아님을 알고 있었습니다. 이것이 선교의 사명입니다.

☞ **연구과제**

미지의 신에서 비롯된 세계 종교와 기독교의 차이점은?

15 전문인 선교사와 팀 사역

(행 15:37-41)

　오늘날과 같은 다양성과 전문성이 요구되는 사회에서는 팀으로 사역을 하는 것이 절실히 요구되는 것이 사실입니다. 왜 팀이 되어야 하는 지에 대해서는 자기 세계에만 몰입한 사람들은 이해하지 못하지만 전 세계 62억의 인구 가운데 하나님의 사람들이 적어도 5.8억이 의미있는 일을 하고 있음을 인정하고 하나님 중심의 세계관을 가지고 살기 시작한다면 그리스도 안에서 한 형제요 자매된 믿음의 동역자들은 너무나 소중한 것입니다.

　내가 순복음 4차원의 영성 신앙에 끌리는 것은 저들에게는 나보다는 더 형제의 사랑이 넘쳐난다고 하는 것 때문입니다. 처음에 오산리 순복음 금식 기도원에 갔을 때, 추운 방안에서 서로 인사를 나누며 격려해 주던 모습 속에서 저들은 자신을 위해서 사는 자들이 아니라 하나님의 나라를 위해서 사는 자들이라고 생각이 들었습니다.

　우리 믿음의 동기들이 잘되는 모습을 보면서 우리는 모두 선의의 경쟁자라는 생각을 하게 됩니다. 그러나 하나님의 나라 차원에서는 우리는 연합되어 있기 때문에 너무나 소중한 것입니다. 자기 자신만을 알고 부족함이 전혀 없는 삶을 사는 불신자들이 왜 팀으로 사역하는 것 자체를 생각하지 않는 이유를 이제야 알 것 같습니다. 자기 교만 때문입니다.

하나님이 삼위일체의 하나님이시라면 우리 인간도 함께 팀이 되어서 사역하는 것은 지극히 당연한 일이라고 생각이 됩니다. 마음의 공간이 있어야 그 다음 일을 생각하고 장기적으로 사역할 수 있는 것입니다.

하나님이 이루신 천지창조의 사역은 아직 다 완성된 것이 아닙니다. 주님이 다시 오시는 날, 완성이 되는 것입니다. 종말은 창조의 마지막이라고 하는 생각을 해볼 때, 우리는 창조에 동참하는 너무나 소중한 동역자들입니다. 마지막에 유종의 미를 거두는 것이 쉽지 않은 것처럼 우리의 세대 가운데 종말론적인 시각을 가지고 선교하는 것은 쉬운 일이 아닙니다.

갈라졌다가 다시 모이고 또 갈라지는 모습을 보면서 진정한 의미의 팀 사역의 의미를 생각한다면 우리의 초점을 주님께 돌릴 수가 있을 것입니다.

"바나바는 마가라 하는 요한도 데리고 가고자 하나 바울은 밤빌리아에서 자기들을 떠나 한가지로 일하러 가지 아니한 자를 데리고 가는 것이 옳지 않다 하여 서로 심히 다투어 피차 갈라서니 바나바는 마가를 데리고 배타고 구브로로 가고 바울은 실라를 택한 후에 형제들에게 주의 은혜에 부탁함을 받고 떠나 수리아와 길리기아로 다녀가며 교회들을 굳게 하니라"(행15:38-41).

오늘의 본문을 보면서 현대의 선교사역의 동역은 전문성에 기초한 동역이 되어야 한다고 말할 수 있습니다.

　마가라고 하는 사람은 결점이 많고 유약한 사람이라고 많은 학자들은 해석을 하지만 저는 그런 차원보다는 왜 그렇게 행동할 수밖에 없었는지에 초점을 맞추어야 한다고 봅니다. 어쩌면 바나바 중심의 선교사역이 바울 중심으로 넘어가면서 바나바의 조카인 마가로서는 무언가 인간적인 차원에서 섭섭한 것을 느꼈을 수도 있습니다.

　저는 주변의 교회 가운데 이러한 친척들이 함께 사역을 하는 가운데서 일어나는 문제점을 본 적이 있습니다. 누가 교회의 주인인지를 망각하고 공로자를 중심으로 인간에게 굽신거리는 모습을 보여주고 있습니다. 바울과 바나바가 제1차 선교여행을 마치고 요한 마가로 인하여 갈라서게 되는 모습을 보여주고 있습니다. 저는 인간관계에서 불가근 불가원의 원칙을 고수하고 문제를 해결해 보려고 생각한 적이 있었습니다. 무조건 원 사이드로 기울어서 한 사람만 옳다고 선언하라는 신앙의 양심상 어려운 일이었습니다. 이러한 갈등의 구조에 들어가지 말게 해달라고 기도를 하고 있건만 저는 지난 목회 생활을 보면 여러 번 어려운 인간관계에 연류되어 문제를 해결해 주고 어려움도 함께 겪은 훈련을 했습니다. 바나바의 시대가 가고 바울의 시대가 가고 있는 겨울에 바울은 요한 마가를 만나기를 원하고 있습니다. 그것도 겨울이 오기 전에 어서 오라고 하는 달콤한 초청정과 함께 말입니다.

　"누가만 나와 함께 있느니라. 네가 올 때에 마가를 데리고 오라 저가 나의 일에 유익하니라"(딤후4:11)

1. 마가는 전환기 시대의 지도자의 모델입니다.

우리가 사는 목회사회나 선교사회에도 한번 실추한 신뢰성을 회복한다는 것은 너무나 어려운 것으로 보입니다. 그러나 하나님이 원하시면 고통 가운데서도 희망을 주셨듯이 먹구름 뒤에 무지개가 걸리듯이 깨어진 인간관계가 회복이 되는 은 쟁반에 금 사과와 같이 서로 화목하는 대화를 나누는 시간을 주십니다.

긴 시간이 지나서 사역보다는 인간관계가 더 소중하다고 여겨진 후에는 옥중에 매인 바울은 마가를 생각하고 자신에게 유익하다고 생각을 하게 된 것입니다.

바나바+바울=성육신 선교사

바나바는 인간 관계를 중심으로 하는 선교사이기 때문에 마가를 유익하다고 본 반면에, 바울은 과업 중심의 선교사님이기 때문에 무익하다고 본 것이고 정리의 대상이 된 것입니다.

그러나 말년의 때에 생각해 보니 구관이 명관이라는 것입니다. 저는 최종적인 지도자가 될 사람은 균형 잡힌 지도자로서 바나바와 바울의 두 가지 장점을 다 가지고 있는 200% 선교사가 되어야 한다고 봅니다. 말콤 맥휘(Malcom MacFee)라고 하는 선교학자는 예수님을 200% 선교사라고 했는데 이는 100%의 신성과 100%의 인성을 모두 갖춘 지도자라고 하는 의미입니다. 마지막에 이르러서 마기기 유이하다는 의미가 그의 효율성만을 의미하는 것은 아니라고 봅니다. 기능적인 것 이상의 인간관계에서 신뢰성에 기초한 하나님의 사람 바울이 철이 들었음을 우리에게 보여주고 있는 것입니다. 철들자 환갑이라고 하는 말이 바울에게도 적용이 되는 것 같습니다.

2. 마가처럼 마지막이 아름다우면 모든 것이 아름다운 것입니다

이제 마가는 옥중에 갇혀서 바울의 사역을 돕는 조력자(helper)로서의 사명을 감당하고 있는 모습을 보여주고 있습니다.

"나와 함께 갇힌 아리스다고와 바나바의 생질 마가와 (이 마가에 대하여 너희가 명을 받았으매 그가 이르거든 영접하라)(골4:10)

특신도로 취급하면서 그동안의 서운함을 달래주려고 하는 바울의 마음 씀을 보면서 이렇게 부족한 바울을 부르심은 바울의 부족함을 보는 것이 아니라 하나님의 완전하심에 영광을 돌리게 하려하심이라고 봅니다. 만일 2차, 3차 선교 여행에서 바울도 마가로 인해서 실족하였다면 위대한 하나님의 소아시아를 기초로 한 선교역사는 이루어지지 않았을 것입니다. 오늘날에도 여전히 바울의 선교여행은 우리 교회의 단기선교여행과 비젼 트립 그리고 컨설팅 선교에 큰 힘이 되고 있습니다. 저는 여기서 추진력을 가지고 역사하시는 하나님의 사랑을 보게 됩니다. 이제는 바울은 기울어가고 외려 하나님의 사람으로서 요한 마가가 영적인 지도자로 부각되는 모습을 보여주고 있는 본문이라고 봅니다.

3. 마가와 같은 연약한 리더들이 여전히 필요합니다.

디모데와 같이 연약한 자를 일컬어 바울이 너, 주의 사람아! 라고 했다면 이제 마가에게도 너 하나님의 사람아! 라고 칭송을 아끼지 말아야 합니다. 안팎으로 당하는 시험과 어려움으로 스트레스를 많이 받고 갈가리 찢겨진 자들도 모두 하나님의 자녀입니다. 예수님이 저들을 위해서 십자가에 죽으셨다면 마땅히 저들을 위해서 기도하고 사랑하며 섬겨야 한다고 봅니다. 이제 정신이 든 바울은 마가를 나의 동역자라고 소개합니다.

"또한 나의 동역자 마가, 아리스다고, 데마, 누가가 문안하느니라"(몬 24절)

제일 앞에다 이름을 소개한 것은 명예로운 일입니다. 온전히 신뢰성을 회복하여 마가를 동역자라고 소개하는 모습에서 바울의 위대성을 말할 수 있습니다.

저도 나이가 들어가면서 많은 사람을 보내고 신뢰성에 금이 가는 행동을 한 것 같습니다. 변명할 기회도 없이 떠나버린 사람들과 여전히 머물러 있는 선교계의 지도자들을 보면서 우리 가운데 신뢰성 회복의 동역자들은 화목케 하라신 주님의 명령을 온전히 준행하는 하나님의 사람이라고 봅니다.

전문인 선교를 하고자 하는 사람들은 얼마나 많은 눈물과 동족의 위험을 경험하는지 모르겠습니다. 그러나 선의의 경쟁을 하는 것이고 하나님께서 수많은 인재들을 가지고 계시다는 증거이니 하나님께서는 서로 화목하기를 바랄 것이라고 봅니다. 그러므로 자신의 앞길 막는 친구를 위해서 저주하지 말고 용서해야 합니다. 저주한다면 그것은 하나님을 저주하는 행위와 같은 것이라고 봅니다. 이제 고난 받을 때, 주님을 생각하고 참으면 하나님의 때에 하나님이 여러분과 저에게도 후히 갚아주시는 것을 보게 됩니다.

앞으로 팀 사역을 통해서 선교의 사역에 발전이 있기 위해서는 행태론적인 틀에 기초한 관계중심의 사역에서 다양한 가운데 무질서(diversity in disorder)한 개개인의 팀원들을 다양한 가운데 조화(unity in diversity)를 추구하는 시스템 중심으로 간다면 전문인 선교의 계절이 오리라고 확신을 합니다. 옛 습관과 관습을 버리고 새로운 하나님 중심의 세계관으로 가기 위해서는 중간지대를 활용한 문화선교를 활성화해야 합니다. 이러한 기능을 수행하는 교회는 선교형 교회로 전환이 가능하다고 봅니다. 선교형 교회가 되기 위해서는 학연, 지연과 같은 연고지 중심의 현대판 할례에서 벗어나서 세계를 품은 교회가 되어서 전 세계를 향해서 나아가야 합니다.

진정한 의미의 팀 선교를 하기 위해서는 자신이 전문인으로 구비되지 못한 사람들은 전신자선교사주의를 실천할 수 있는 다음과 같은 4가지 사항을 실천해야 합니다.

1. 평신도들은 신학공부를 해서 직업의 전문성에 사역의 전문성을 갖추어야 합니다.
2. 평신도들이 목사안수를 받으면 선교목사로서 전통적인 교회와는 분리되어 사역을 해야 합니다.
3. 선교형 교회의 목회자들은 선교 단체들과 좋은 파트너십을 유지해야 합니다.
4. 목회자들은 지역교회의 선교전문가로 선교사들은 타문화권 전문가로 인정해야 합니다.

이러한 모든 것이 정립이 되지 못한 이유는 신학적인 일해의 부족입니다. 이제까지의 공로 중심주의의 신학에서 벗어나서 전신자선교사주의(every believer's missinaryhood)에 기초한 실천적인 전문인신학이 정립이 될 때 선교에 대한 자율의 삶을 살 수가 있습니다. 저는 이러한 믿음을 초문화적인 믿음이라고 말합니다. 이는 예수님의 사역을 닮은 성육신적인 믿음입니다. 이는 생활 가운데 전도자의 삶을 사는 실천적인 믿음입니다. 이는 전신자선교사주의에 기초한 인격적인 선교혁명의 삶을 사는 것입니다.

☞ **연구과제**

바울과 바나바의 팀 사역의 장단점을 총체적으로 설명하라.

16 세 가지 능력대결

(행 16:16-40)

사도 바울이 선교를 하지만 그 원동력은 성령님이십니다. 성령이 가라고 하면 가고 가지 말라고 하면 멈추어야 합니다. 우리는 많은 것을 갖추고도 성령의 음성을 듣지 않고서 실패하는 것을 종종 보게 됩니다. 그리고 성공을 하더라도 반만 성공을 하는 것을 보게 됩니다. 인생의 하프타임에 이르러서 우리가 사역동기로 전환이 되어야만 성령의 기류를 타고 성공 너머로 궁극적인 승리를 하게 되는 것입니다. 사도행전 16장은 오늘날 서구 기독교 문명의 효시를 보여주는 것이며 동시에 인류역사에 하나의 전환점을 보여주는 것입니다.

역사적인 배경을 살펴보게 되면, 사도 바울은 성령이 소아시아에서 말씀을 전하지 못하게 함으로 유럽으로 방향을 바꾸게 하였습니다. 만일 그 당시에 아시아로 계속 전진해 나갔다고 하면 발달한 중국의 유교와 불교에 가로 막혀서 인간의 노력으로 구원을 얻는 것이 아닌 하나님의 능력으로 구원을 얻는 구원의 문이 닫혀진 창의적 접근 지역에서 고생을 하게 되었을 것입니다. 그러나 그는 마게도니아의 환상을 보고 유럽으로 방향을 돌리게 됩니다. 분명히 환상에서는 남자가 도와달라고 했으나 실제적으로 빌립보 성에서 처음 만난 것은 자주 장사 루디아였습니다. 그녀는 바울의 말에 경청하며 자주 장사를 하는 여성 비즈니스 선교사의 모델이 되었습니다. 팀장 리더십이라는 책에 보면, 리더는 자기 말은 20%만 말하고 남의 말을 80%들어야 한다고 강조합니다. 그런 면에서 루디아는 능력이 있는 여성이라고 할만합니다. 그 다음에 귀신들린 여종은 점을 치면서 자신의 주인을 기쁘게 하는 자였는데, 바울이 귀신을 쫓아낸 후에는 역으로 감사하기는커녕 신고를 해서 바울이 결국 빌립보 감옥에 갇히게 되는 장면이 나오게 됩니다. 간수는 중산 계급이고 로마인이었으며 자신은 옥문이 열리면서 바울이 도망가면 책임을 지고 죽으려고 하는 도덕적인 사람이었습니다. 그런데 어떻게 이들 모두가 예수를 믿고 결국은 모두가 형제, 자매가 될 수가 있었습니까?

1. 전도자의 사명이 중요합니다.

복음전도의 메시지는 크게 5가지로 말할 수 있습니다.

첫째는 회개의 복음입니다.
복음 전도에 있어서 회개를 촉구하는 이유가 먼저 가르쳐져야 합니다. 죄의 눌림을 받는 자만이 구주의 필요성을 알 것입니다. 자신이 죄인인 줄 아는 자만이 용서 받고 씻음 받기 위해 갈보리로 달려갈 것입니다.

죄인의 회개는 그리스도를 믿는데 필요한 선행 조건입니다. 뉘우치는 죄인은 그리스도에게서 멀리 떨어져 있지만 회개한 자는 그리스도로 가까이 가는 것입니다.

진실한 회개는 구원 받는데 필수적인 것입니다.

둘째는 구원의 복음입니다.

복음은 하나님께서 그리스도 안에서 죄인들의 구원을 위해 행하신 것에 대한 '좋은 소식'입니다. 그리스도의 순종은 그리스도의 수난과 죽음 가운데 잘 나타나 있는데, 그리스도는 순종으로 말미암아 죄의 형벌 곧 영원한 사망에 댓가를 지불 하셨습니다. 그러나 그는 죄인을 위해 많은 것을 행하셨다. 그리스도는 구속으로 말미암아 죄인들의 빚을 완전히 지불했을 뿐 아니라 그들을 위해 풍성함을 성취 하였습니다.

셋째는 은혜의 복음입니다.

은혜로 말미암은 구원은 바로 하나님에 의한 구원입니다. 죄인들이 자신의 노력에 의해서 구원 받느냐 하나님의 은혜에 의해서 구언 받느냐 하는 문제에 대해서 복음은 분명한 대답을 줍니다. 성경은 구원이 백 퍼센트 삼위 하나님에 의한 것이라는 사실을 가르칩니다.

우리는 두렵고 떨림으로 구원을 이뤄야 합니다.

넷째는 중생의 복음입니다.

복음전도의 중심 메시지는 "구원받지 못한 자들로 하여금 거듭나야만 한다는 명령을 전달하는 것" 이라 할 수 있습니다. 중생은 대부분 잠재적인 의식 가운데 성령으로 말미암아 즉시 이루어지는 것입니다. 하나님은 인간의 마음속에 생명을 주시는 성령의 역사로 인간을 자발적으로 만드십니다. 하나님만이 하실 수 있는 영적 재생이 없이는 아무도 하나님 나라를 볼 수 없습니다. 중생의 증거는 죄 없는 완전한 생활이 아니고, 죄를 철저히 고백하여 갈보리로 달려가 십자가 밑에 나아가는 것입니다.

다섯째는 천국복음입니다.

주님은 산상 설교에서도 천국의 법칙 또는 헌장을 말씀 하셨습니다. 팔복은 천국 시민의 특성을 표현한 것입니다. 사도 바울은 천국의 축복들에 대해, "하나님 나라는 먹는 것과 마시는 것이 아니요, 오직 성령 안에서 의와 평강과 희락이라"고 했다. 이는 그리스도가 구주로소 뿐 아니라 왕으로서 선포된 가장 중요한 면입니다.

이는 포괄적인 복음(루디아에게:유럽선교)입니다.
- 복음은 그리스도의 신성과 그의 대속적 사역에 대한 하나님의 해석이며 지혜다.
- 복음은 복음으로 오는 모든 자들에게 주시는 하나님의 구원의 신실한 제공입니다.
- 복음은 거룩하신 그리스도와 그의 구속적 사역 안에서 구원을 믿는 모든 사람에게 영생을 주시려는 하나님의 약속입니다.
- 복음은 죄인들에게 하나님의 초청에 찬동하고 하나님의 제안을 받아드리도록 하는 하나님의 긴급한 사랑의 호소입니다.
- 복음은 인간들로 하여금 그리스도를 믿으라는 요청입니다.
- 복음은 그리스도를 구주로 믿는 자들이 그리스도를 그들 생활의 왕으로 섬겨야 한다는 명령입니다.

2. 복음의 능력으로 구원이 일어납니다.

공격적인 복음(귀신들인 여종에게)이 강하고 담대하게 선포되어야 합니다.

기독교의 한 면은 하나님의 은혜로 말미암은 구원에 대해 타협하지 않고 가르치는 것입니다. 다른 면은 복음의 배타적인 주장입니다. 이러한 완고한 주장은 복음을 공격적으로 만듭니다. 진리는 완전한 진리이어야 하므로 어떠한 가벼운 타협도 없이 주장 되어야 합니다.

3. 환난과 핍박 중에서 복음이 증거되었습니다.

온 가족을 구원하는 유일한 복음(간수장에게)이어야 합니다.

기독교의 하나님만이 참 하나님이십니다. 창조주만이 하나님이시며 다른 신들은 모두 우상입니다. 유일하신 하나님은 기록된 말씀 곧 성경과 그의 인격적인 말씀 곧 그의 아들 안에서 자신을 초자연적으로 정확 무오하게 계시하셨습니다.

예수 그리스도는 유일하신 구주이시며, 기독교의 구원의 방법도 유일한 방법입니다.

기독교만이 하나님의 은혜에 의한 구원을 가르칩니다.

다니엘 싱클레어가 쓴 <열방이 주께로 나아오다, 좋은 씨앗, 2008> 라는 책에 보면 팀 사역을 통한 교회 개척 사역의 다음과 같은 사례가 있습니다.

던과 캐럴은 그들의 팀과 더불어 남아시아의 한 대도시에서 부란(Buran)족을 대상으로 사역했습니다. 그들은 수년 동안 부란 출신 신자인 브루스의 제자훈련을 포함하여 복음화사역을 벌였으나 진보를 거의 볼 수 없었습니다. 브루스의 가족은 네 시간이나 떨어진 마을에 살고 있었고, 브루스의 형제 행크는 탈레반에서 훈련받은 과격분자였습니다. 하지만 던과 브루스는 정기적으로 그들을 방문하여 그리스도를 전하려고 애셨습니다. 어느날 던과 브루스가 다른 형제와 함께 아침 일찍 차를 몰고 그 가족을 방문하였는데 그 때가 아침 여덟 시 경이었습니다. 행크는 그들이 도착하자마자 자신이 겪은 일을 털어놓았습니다. 그들이 마을에 당도하기 몇 시간 전 꿈에 그리스도가 나타나셔서 이 사람들이 곧 도착할 것이니 그와 가족 모두가 하나님이 그들을 통해 주시는 메시지를 받아야 한다고 말씀하셨다는 것입니다. 그들은 주님께서 말씀하신대로 행했고, 가족 전체가 다음 날 세례를 받았습니다. 이 가족을 중심으로 교회가 개척되었을 뿐 아니라 부란인들 중에 여러 개의 교제그룹이 태동했습니다. 그리고 이를 통해 복음이 다른 지역에 사는 4-5 개의 이웃 부족들에게 까지 전파되었고, 그 중 하나는 국경너머 이웃나라에 있는 부족입니다. 복음을 나누는 우리의 이 단순한 순종을 통해 어떤 일이 벌어질 지는 그 누구도 알 수 없는 일입니다!

☞ **연구과제**

세 가지 **능력대결**(Power Encounter)을 설명하라.

17 전문인 선교사와 구속적 유비

(행 17:16)

오래 전에 제 친구 가운데 명동성당에 다니는 여자와 결혼한 사람이 있었습니다. 그 당시에는 구교와 신교가 서로 결혼하는 일이라서 우리는 특이하게 생각을 했습니다. 그 당시에 다일 공동체를 섬기고 계시는 최일도 목사도 같은 교회 청년이었습니다. 그런데 문제는 신부가 첫날 밤 잠자리에서 어떤 물건을 손에 쥐고 잠을 자는 것이 발견이 되었습니다. 한 신부의 소상(小像)을 신부가 가지고 자는 것이었습니다. 마음에 섭섭함을 가지고 제 친구가 신부에게 질문을 했더니 이 신부는 일본에서 기독교의 박해가 계속되었을 때 순교한 신부라고 하는 것이었습니다. 저는 이 일을 계기로 결혼(結婚)의 혼(婚)은 → 혼(魂)으로 바꾸어 생각을 해야 한다는 생각을 했습니다. 여름에 휴가지에서 만난 그렇게 아름다운 해변의 여인이 카톨릭 교도이기 때문에 결혼을 하고도 마음에 기쁨이 없다고 하는 것은 내 친구가 하나님 중심의 세계관을 가지고 있지 못했기 때문에 일어난 사건이라고 생각합니다.

우상숭배라고 하는 것은 살아 계신 참된 하나님 이외의 다른 신들을 섬기는 것이라고 성경은 우리에게 말합니다. 우상을 만든 동기가 좀 더 가까이 tangible하게 만질 만하게 하나님을 느껴보고 싶어서 우상을 만든 것이라고 봅니다. 동기는 순수했지만 결과는 하나님을 섭섭하게 하는 일이라면 어떻게 알고서야 그 일을 할 수 있습니까?

"이와 같이 신의 소생이 되었은즉 신을 금이나 은이나 돌에다 사람의 기술과 고안으로 새긴 것들과 같이 여길 것이 아니니라"(행17:29)

십자가를 목에 달고 다니는 것도 무언가 보호를 받고 싶다는 의미로 원래의 십자가의 의미가 바뀐 것으로 보입니다. 그 다음에는 보호 정도가 아니라 커다란 힘이 십자가에서 나와서 위기상황 가운데서도 보험에 든 것과 같은 상징으로 최종적이 보호도 해주기를 원하는 것인지도 모릅니다. 안일하게 신앙생활을 하고자 하는 인본주의에서 시작이 된 것이라고 볼 수 있습니다. 성경에서는 우상을 숭배하는 가장 중요한 이유가 하나님의 말씀을 거역할 때라고 말합니다.

"우리 조상들이 모세에게 복종치 아니하고자 하여 거절하여 그 마음이 도리어 애굽으로 향하여"(행7:39)

무사안일주의, 간편주의에서 비롯된 것이라고 봅니다. 우리도 대충 철저히 하는 습관이 있어서 하나님에 대해서 안다고 하지만 잘 알지 못한다고 생각을 합니다. 계속해서 그리스도 예수 안에서 자라가고자 하는 마음이 식어지게 되면 우상숭배에 들어가는 1단계의 증상이라고 봅니다.

둘째는 말씀과 지도자를 불복하거나 거절함에 우상을 숭배하게 됩니다.

"…마음이 곧 애굽으로 향하여"(행7:39하) 여기에서 나도 하나님 없이도 기본되는 것은 할 수 있다고 말합니다. 기본 되는 것으로 시작한 생각이 가능한 한 더 많은 것에서 인간이 하나님 없이 서고자 하는 인본주의의 생각이 자라나게 되는 것입니다. 에덴동산에서 하와가 금단의 열매를 따먹은 것도 다 인간의 자유의지를 제대로 사용할 때 사용하지 못하고 하나님을 거역하는 줄도 모르고 사용하여 하나님을 배반하게 되는 것입니다. 이것이 성경의 역사이고 오늘날에도 여전히 5대양 6대주에서 이러한 일들이 자행되고 있습니다. 그만큼 세상은 세속화사회이고 이에 대한 반항으로 저마다 자기가 믿는 신에게 저하고 있는 형국입니다. 하나님의 말씀대로 순종하면 왜 복을 받는 지를 우리는 우상수배를 하는 자를 통해서 역으로 미루어 알 수 있습니다. 먼저 하나님께 기도하고 하나님의 음성을 듣고 행동을 했다면 하와가 과연 선악을 알게 하는 열매를 따먹었는지 모르겠습니다. 기도하지 않는 죄가 가장 큰 죄입니다.

셋째로, 이러한 우상숭배는 사회의 이슈가 되고 악한 지도자에게서 정당화됩니다.

"아론더러 이르되 우리를 인도할 신들을 우리를 위하여 만들라. 애굽 땅에서 우리를 인도하던 이 모세는 어떻게 되었는지 알지 못하노라 하고"(행7:40)

연약한 민중은 지도자가 잠시 하나님을 대면하기 위해서 자리를 비운 사이에 그 허전함을 메우지 못해서 우상을 숭배하고 우상숭배는 전염성을 가지고 있기 때문에 우매한 민중은 집단으로 행동을 하게 됩니다. 그러므로 우상숭배에서 벗어나는 길은 자신이 하나님 앞에서 바로 서서 하나님의 음성을 듣고 최종적인 결단을 할 수 있는 전문인이 되어야 한다는 것입니다. 알고도 하지 못하기 때문에 회칠한 무덤과 같은 우리의 믿음을 보시고 하나님은 회개하라고 하십니다.

<주전자 속의 개구리>의 이야기와 마찬가지로 개구리가 논밭에 있어야지 주전자 속이라고 하는 인간의 문명의 이기 안으로 들어왔기 때문에 점점 연약해지고 하나님을 그 마음에 두기를 싫어하고 그 자리에 세상부귀 안일함을 허락해 주는 우상을 섬기게 되는 것입니다. 이 모든 것이 자기의 유익과 관련이 있습니다. 자신의 유익을 버리고 배설물과 같이 여기는 바울과 같은 삶을 살고자 하는 선교사님들에게는 우상을 섬기는 지도자는 하나님의 사람이 아님을 알고 있습니다. 선교사님들도 선교현지에서 선교후원금이 제 때에 오지 않으면 얼마나 심리적으로 불안하고 분노가 되는 지 알 수 없다고 합니다. 때로는 여러 은행을 돌아서 와야 하는 지역인 경우는 1개월 반이 지나서야 오는 경우도 있다고 합니다. 그 때 우리는 하나님만을 바라는 것입니다. 내 영혼이 허드슨 테일러와 마찬가지로 하나님만을 바라고 참아 잠잠히 기다리면 구원의 손길이 하나님에게서 나는 것을 체험할 수 있습니다.

<기적의 마스터키 기도>라는 책을 쓴 이금자 사모(성복교회 이태희목사사모)의 글을 읽어 보면 무당인 어머니의 박해를 피해서 서울로 올라와서 많은 고생을 하고 나서 한얼산 기도원의 이천석 목사의 제자인 이태희 목사가 개척한 후에 너무나 가난한 가운데 추운 겨울에 기도의 능력을 체험한 이야기는 역시 믿는 자에게는 기도의 힘이 세다는 말입니다.

"1978년 어느 가을날이었습니다. 그날따라 저녁밥을 지을 쌀, 연

탄도 다 떨어지고 없었다. 그래서 마루에 있던 연탄난로에 불을 피울 수도 없었다.

그 때, 일곱 명의 친구들이 동창회에 가자며 우리 집을 방문했다. 그들은 전도사와 사모들이었다. 형편이 어려운 나는 친구들을 선뜻 따라 나설 수 없었다. 나는 그들에게 어려운 형편을 차마 이야기하지 못하고 생각 끝에 우리 집에서 예배를 드리자고 했다. 친구들은 나의 사정은 모르고 예배를 드리자는 말에 거저 좋아했다.

내가 예배인도를 했다. 모두들 간절한 마음으로 기도했을 때 사랑의 주님은 말로 형용할 수 없는 큰 은혜를 부어주셨다. 예배가 끝나자 친구들은 자신의 주머니에 있는 돈을 다 털어 내놓으면서 매주 월요일에 모여 함께 예배를 드리고자 했다. 그들이 내놓은 돈으로 쌀 한가마니, 연탄 30장을 살 수 있었다. 그 때 심정은 부자가 따로 없는 듯했다. 난로에 연탄을 피우고, 아이들에게 음식을 배불리 먹이고 나니 감사의 눈물이 저절로 나왔다. 그들의 정성을 하나님께서 갚아 달라고 했다(기적의 마스터키 기도, pp. 13-14).

1. 구약과 신약에 나타난 우상숭배

스테반은 구약의 이스라엘의 조상들의 우상 숭배에 대해서 이렇게 말하고 있습니다.

"그 때에 저희가 송아지를 만들어 그 우상 앞에 제사하며 자기 손으로 만든 것을 기뻐하더니"(행7:41)

본문에서 말하는 금송아지는 아론의 금송아지를 말하는 것이지만 동시에 전국씨름대회에서 상품으로 등장하는 금송아지와 사관이 있다고 봅니다. 천하장사로 등극하는 모습을 보면서 마음 조리고 보는 시각에서 저 자신도 대리 만족으로 영적인 씨름과 같은 인생길에서 만족하려고 하는 것은 아닌가 하는 생각을 해보게 됩니다.

그런데 이러한 우상숭배는 하늘의 군대 다시 말해서 별들 가운데 하나님을 배반한 루시퍼 숭배와 연관이 될 수 있다고 하는 것을 보여 주고 있습니다.

"언제 태양의 빛남과 달의 명랑하게 운행되는 것을 보고 내 마음이 가만히 유혹되어 손에 입 맞추었던가"(욥31:26-27)

"하나님이 돌이키사 저희를 그 하늘의 군대 섬기는 일에 버려두셨으니…" (행7:42상)

이스라엘 백성이 사랑하는 것이 하나님과 상관이 없는 것이 발견될 때는 하나님이 돌이키시고 우상숭배라고 규정하신다는 것입니다. 오히려, 아기 예수의 탄생을 알리는 인격적인 살아있는 별과 같이 섬기는 종으로서의 자세가 더 소중하다고 하는 교훈을 받기를 원한다.

"박사들이 왕의 말을 듣고 갈새 동방에서 보던 그 별이 문득 앞서 인도하여 가다가 아기 있는 곳 위에 머물러 섰는지라"(마2:9)

신앙의 대상이 아니라 아기 예수의 탄생을 인도하는 여호와 이레의 사명을 감당하는 것이 인격적인 별의 사명인 것입니다. 우리가 죽으면 하늘의 별과 같이 빛나며 하나님의 보좌를 비취는 역할을 할 것을 생각해 보니 아기 예수의 탄생을 알리던 별이 섬기는 종의 자세를 우리에게 가르쳐 준다는 생각을 해보게 됩니다.

2. 직업 속에 나타나는 우상숭배

우리는 사도행전에 보면 마술을 행하는 것과 박수 곧 굿하는 것과 점하는 것 그리고 우상의 물건을 만드는 것에 대한 직업을 보게 되며 이러한 모든 직업은 우상숭배와 연관이 되어 있다고 하는 사실을 발견하게 됩니다.

북인도의 선교지에서 작은 빵 조각을 파는 일반 상가에서도 원숭이 신을 섬기고 있는 모습을 보면서 정도와 수준의 차이만 다를 뿐이지 모든 직업들이 자기도 모르는 사이에 이방종교와 우상숭배에 연관이 되어 있음을 보게 됩니다. 최근의 컴퓨터에서 '아비타'라고 하는 인간의 모형도 힌두교의 아바타(avatar)라고 하는 성육신(incarnation)이란 의미를 활용하는 것입니다. 우리는 먼저 익숙하게 아바타라는 인간모형을 친숙하게 접하게 되었는데 알고 보니 힌두교의 아바타 신앙이 배어 있는 것입니다.

이러한 우상에 대한 태도 가운데 오늘 본문의 말씀에 나오는 이름을 알지 못하는 미지의 신에 대한 우상숭배에 대해서 종교적인 반응의 입장을 다루고자 합니다.

> "바울이 아덴에서 저희를 기다리다가 온 성에 우상이 가득 한 것을 보고 마음이 분하여…내가 두루 다니며 너희의 위하는 것들을 보다가 이름을 알지 못하는 신에게 라는 단도 보았으니 그런즉 너희가 알지 못하고 위하는 그것을 내가 너희에게 알게 하리라"(행17:16, 23)

폴 리꾀르가 쓴 악의 상징이란 책에 보면 이러한 시가 나오고 있습니다.

"내가 알거니와 알지 못하는 신이여!

내 죄가 많고 내 잘못이 큽니다.
나를 낳은 내 어머니, 아버지의 마음처럼
마음을 진정하소서
.................(하략)..................
자연적인 죄의 신학이다.
타고난 죄의 신학이다 라고 말했다.

하나님을 알지 못하고 우상을 섬기는 죄가 유전되는 것을 보여주고 있습니다.

그 당시에 로마의 집정관 가운데 키케로라고 하는 분이 있었는데 이 분을 기념하는 비석을 세우게 되었습니다. 그런데 돌을 취하여 이 일을 하게 되었는데, 마침 하늘에서 떨어진 불타는 운석이 식게 되었을 때, 그 돌을 기초로 해서 그 위에 시세로의 형상을 세워 "미지의 신(unknown god)"이라는 비문을 새기게 된 것입니다. 저들은 이 돌이 하늘에서 떨어진 돌이기 때문에 현상적으로 하늘의 문화를 가지고 이 땅에 왔다고 믿게 되었습니다. 또한 그리스도인들이 예수 그리스도를 하늘의 문화를 버리고 이 땅에 오신 하나님의 아들이라고 하는 데에 정면으로 대항해서 이러한 눈에 보이는 하나님을 세우고자 한 것으로 보입니다. 우리는 본질적으로 모퉁이 돌이신 예수를 믿습니다.

제가 카작스탄에 갔을 때 보니 레닌의 두상(頭狀)을 담은 도시로서 레니나골스키라고 하는 지명을 부친 것을 보게 되었습니다. 시세로나 레닌은 인간이며 하나님의 아들과는 견줄 수 없는 자들이지만 헬라 철학자들이 볼 때는 신의 영역에 도전해 볼만한 일이라고 여겨집니다. 이러한 이야기는 동양에서도 유래하고 있습니다.

　이번 2008년 북경올림픽의 개막식은 중국이라는 나라가 어떤 나라인지를 온 세상에 충격적으로 보여주었습니다. 이규태 칼럼에는 이러한 글이 소개되고 있습니다.
　중국신화에서 천지창조를 한 것은 반인반사(半人半蛇)의 예외다. 겨우 세상을 가다듬어 놓자 어느 날 땅을 버티었던 네 기둥이 무너지고 하늘을 가렸던 돌천장이 절반이나 무너지며 땅이 갈라져 큰 불과 큰물이 이는 대이변을 겪는다. 이에 여와는 무너진 하늘천장을 오색의 돌로 때우는 데 그 때우고 남은 돌을 보천석(補天石)이라 한다. 이 중국 창조 신화의 대이변을 작은 행성의 지구충돌이나 운석의 낙하로 보는 데 이의가 없으며 보천석은 그 때 낙하한 운석일 것으로 그 성분 분석을 하기도 했다.
　정령숭배에 대한 공통점을 느끼게 합니다.

　"성밖 쓰스 신당의 제사장이 소와 화관을 가지고 대문 앞에 와서 무리와 함께 제사지내고자 하니…이렇게 말하여 겨우 무리를 말려 자기들에게 제사를 못하게 함이라"(행14:13, 18)

　바울의 경우에는 신이 인간이 되사 내려왔다고 하여 바울에게 우상숭배를 하고자 하는 모습을 보여주고 있습니다. 여기에서 만일 바울이 자신이 신의 자리를 차지하여 대접을 받는다고 한다면 그는 문선명과 마찬가지로 신성 모독의 죄를 범하게 되는 것입니다. 세상 사람들은 옳고 그른 것보다도 정성을 다하여 대접을 하기만 한다면 하나님이 기뻐하시리라고 봅니다. 그러나 성경은 분명히 이렇게 우리에게 말하고 있습니다.

"하나님은 영이시니 예배하는 자가 신령과 진정으로 예배할지니라"(요4:24)

하나님을 알지 못하는 자들에게 나아가서 복음을 증거하는 선교사님들에게는 타종교와 이단이라고 하는 수많은 이름을 알지 못하는 미지의 신과의 영적 전쟁에서 승리하기 위해서는 선교현장의 문화에 대한 분명한 이해가 필요합니다.

중국의 소수 민족 가운데 치앙 족에 선교하는 어떤 선교사님은 중국의 유대인이라고 부를 정도로 유대인의 관습과 일치하는 면에서 탐사를 한 결과 저들은 흰 돌을 숭배하는 습관이 있는 것을 발견하게 되었습니다. 거룩한 산 돌(a living stone)되신 예수 그리스도의 복음을 증거하며 특별히 흰 돌에 대한 상징적 의미를 요한계시록에서 설명한 것을 보고 이것도 성공적인 구속적 유비의 한 예라고 생각하게 되었습니다.

"귀있는 자는 성령이 교회들에게 하시는 말씀을 들을지어다. 이기는 그에게는 내가 감추었던 만나를 주고 또 흰 돌을 줄 터인데 그 돌 위에 새 이름을 기록한 것이 있나니 받는 자 밖에는 그 이름을 알 사람이 없느니라."(계2:17)

이 땅이 천국이라고 하며 하늘나라에 대한 개념이 점점 퇴색이 되는 세대 가운데 9.11 테러 사건 가운데서 미국인의 70% 이상이 종말 신앙을 가지게 되었다는 이야기를 들은 적이 있습니다. 우리는 외부의 자극과 전쟁과 징계를 통하여 인본주의의 사슬을 버리고 잠시 하나님 앞에 돌아왔다가 다시 인본주의에 사로잡히는 연약한 인생들입니다. 이러한 세대 가운데 하나님의 말씀이 살아있고 예리하게 역사하기 위해서는 사명자는 항상 죄를 회개하는 마음을 가지고 하나님 앞에 바로 서야 계시록의 말씀이 공상소설이 아니라 하나님의 말씀으로 순전하게 믿어지는 것입니다.

저는 아버님이신 고 김인건 전도사님이 소천하시기 전에 하늘나라에 가서 예수님을 만났으며 자신의 새 이름을 받았는데, 그 이름이 수하(修賀)라고 하는 이름을 받았다고 고백하시며 임종시 오른손을 들고 farewell하시는 장면을 지금도 잊지 못합니다. 그런데 같은 날, 옆방에서 잠을 자던 김원희 선교사님이 어떤 분이 잠에서 나타나서 큰 광목에 아버지의 새 이름이라고 하면서 수하(修賀)라고 한자로 썼다고 하는 간증을 했습니다. 이 이야기를 듣고 우리 동네 개포동에서는 축제가 일어났습니다. 미국에서 찾아온 어느 교포가 예수를 믿는 등 예수 믿는 사람들이 일어났습니다. 하나님은 살아 계시고 하나님의 말씀으로 꿈으로, 비전으로, 환상으로 역사하시는 것을 믿습니다. 천국을 목격하시며 영안(靈眼)이 열리며 주님께로 가신 표적을 보고도 더 큰 사역을 감당하지 못하고 있는 저 자신도 하나님 중심의 세계관(God-centered Worldview)을 가지고 변화되어야 한다고 고백합니다.

3. 우상숭배를 극복하는 길은 영적 전쟁에서 승리하는 길입니다.

우리는 선교현장에서 승리하기 위해서는 엘리아의 갈멜산에서의 기도에 귀를 기울여야 합니다. 엘리아와 바알 선지자가 갈멜산에서 대결할 때에도 아침부터 낮까지 바알이여를 외치며 단 주위에서 뛰놀며 저들의 규례를 따라 칼과 창으로 자신의 몸을 찌르게 되었습니다.

"저희가 그 받은 송아지를 취하여 잡고 아침부터 낮까지 바알의 이름을 불러 가로되 바알이여, 우리에게 응답하소서 하나 아무 소리도 없고 아무 응답하는 자도 없으므로 저희가 그 쌓은 단 주위에서 뛰놀더라… 이에 저희가 큰 소리로 부르고 그 규례를 따라 피가 흐르기 까지 칼과 창으로 그 몸을 상하게 하더라"(왕상 18:26,28)

사도행전 19장에도 아데미 여신을 두 시간 동안이나 부르기를 두 번이나 계속한 것을 보게 되면 우리가 주여! 삼창만 하면 시원하게 대답하신다고 믿는 부흥사들이 볼 때에는 얼마나 답답한 종교인가?

하나님은 우리가 우상을 섬기는 것을 그대로 심판의 날까지 내버려두시는 하나님이시다. 그리고 심판을 받게 하신다는 것입니다. 죄를 지은 상태에서도 도와주시면 좋을 텐데 하나님께서는 우리에게 회개하는 길 밖에 없다고 말씀하십니다.

"알지 못하던 시대에는 하나님이 허물치 아니하셨‖너와 이제는 어디든지 사람을 다 명하사 회개하라 하셨으니"(행17:30)

단 리차드슨(Don Richardson)이라는 선교사님은 이리안 쟈야의 한 부족에게 선교하실 때에 저들에게는 가롯 유다와 같이 남을 사기치고 속여먹는 사람이 존경을 받는 것을 보고 이들에게 화목제물로 십자가에 돌아가신 예수 그리스도를 증거하기 위해서 구속적 유비(redemptive analogy)라는 개념을 사용하게 되었습니다. 다시 말해서, 서로 다른 두 부족이 전쟁을 하고 나서 잠시 정전을 하기 위해서는 서로의 보배롭고 존귀한 아이를 맞교환하는 관습이 있었습니다. 4년 동안에는 전쟁이 없었으며 또 그 이후에는 전쟁을 벌이게 되는 것입니다. 화해의 아이(peace child)라는 개념에 착안하여 예수 그리스도가 이 땅에 화해의 아이로 오신 아기 예수(baby Jesus)라고 설명함으로써 저들에게 복음을 증거할 수 있었습니다. 그러므로 선교사님들은 내부자적인 시각으로 어둠의 땅을 바라볼 수 있는 하나님 중심의 세계관을 가지고 있어야 합니다.

인도에는 힌두교의 성지인 다름살라에 가보니 피의 신이라고 있었습니다. 이 신은 피를 바쳐야 만족하는 신이라고 합니다. 신의 초상화를 보니 자신의 목을 칼로 친 상태에서 피가 뚝-뚝 떨어지는 모습을 두 딸이 보고 있는 섬뜩한 장면이었습니다. 언젠가 힌두교에게 복음을 증거하기 위해서는 예수 그리스도의 보혈이 이 모든 피보다 우선한다고 하는 보혈의 능력을 선포하는 메시지가 증거되어야 한다는 가르침을 받았습니다.

예수님의 보혈로만 구원을 받기 때문입니다.

보혈을 주장하지 않는 신앙은 힘이 없습니다.

이 시대에 세상은 젊은 피를 수혈 받아야 한다고 합니다.

우리는 예수님의 붉은 보혈을 수혈 받아야 살수가 있습니다.

☞ **연구과제**

구속적 유비(Redemptive Analogy)를 설명하라.

18 전문인 선교사의 정체성

(행18:1-15)

모 건강식품업체에서는 이렇게 사원들을 교육한다고 합니다.
선교사처럼 개척하고 전도사처럼 팔아라.
양심을 지키고 열심을 다해서 합심해서 팔아라.
라고 합니다.

결코 잃어 버려서는 안될 것을 얻기 위하여 어차피 간직할 수 없는 것을 나눠주는 사람을 어리석은 사람이라 하지 말라고 에쿠아돌의 짐 에리오트 선교사님은 말했습니다.

그리스도인들이 자신의 직업을 가지고 하나님을 기쁘시게 하는 일은 너무나 소중한 것입니다. 온 세상에 나아가서 생활 가운데 복음을 증거하는 생활 전도자들을 통해서 21세기에는 복음이 우선적으로 전해질 것을 믿습니다. 이제는 오프라인 교회에서 온라인 교회로 전환이 되는 시기이기 때문입니다. 어쩌면 저는 온라인 시대에 오프라인 목회로 차별화하여 승리하는 모델을 꿈꾸고 있는지 모릅니다.

이들을 동력화하기 위해서는 일반적인 봉사의 수준에 머무는 것이 아니라 그 다음 단계에서 21세기의 미래를 경영하는 크리스찬 비즈니스맨으로서의 자격과 능력을 구비시켜 주는 일이 소중합니다. 사도행전에는 여러 가지의 직업이 소개가 되고 있습니다.

여섯 가지 부류의 직업입니다:

1. 종교인들입니다. 예를 들면, 장로, 서기관, 대제사장, 성전 맡은 자, 전도자들입니다. 이들은 특별한 소명을 가진 계층적 계급인으로 볼 수 있습니다.

2. 유사 종교인들입니다. 예를 들면, 박수, 마술사, 신당의 제사장, 귀신들린 여종의 주인들입니다. 이들은 모두 착취성 직업을 가진 자들입니다. 이러한 직업을 가진 존재들로 인해서 더욱 자신의 직업의 전문성을 가지고 사역의 전문성을 가진 전문인들이 필요하다고 여겨집니다.

3. 교육자들입니다. 예를 들면, 교법사, 선지자, 교사, 철학자가 그들입니다.

4. 공무원들입니다. 예를 들면, 공회의원, 재판장, 재정담당 애굽의 내시, 회당장, 침소담당 신하, 간수, 죄수담당군사, 읍장, 관원, 아전들을 들 수 있습니다.

5. 프리랜서입니다. 예를 들면, 자주장사, 피장, 장막 짓는 업, 은장색, 선정, 선주, 사공이 그들입니다.

6. 군인입니다. 예를 들면, 총독, 천부장, 백부장, 파수군, 보병, 마병, 장군, 자객입니다.

미국의 직업의 종류는 대충 4만 5천가지 이상이라고 합니다. 한국의 직업은 2만 가지 정도라고 합니다. 이러한 직업을 가지고 있는 자들은 모두 전문인이라고 할 수 있습니다. 이들은 피터 드러커 박사의 말에 의하면, 자발적인 의지에 의해서 스스로가 자신의 삶의 미래를 개척하는 지식 근로자들입니다. 한마디로 전문인이라고 할 수 있습니다.

그렇다면, 직업을 우리는 어떻게 선택을 할 수 있습니까?
1. 자아실현의 방편이 되어야 합니다.
2. 높은 자리와 명성과 봉급보다는 자신의 적성과 능력을 고려해야 합니다.
3. 하나님의 뜻을 이루는 소명으로서의 직업이 되어야 합니다.

오늘 본문에는 이러한 직업 가운데 하나인 장막을 깁는 업에 대해서 살펴보고자 하는 것입니다.

1. 바울의 3차 선교 사역 가운데 있었던 일입니다(1절)

"이후에 바울이 아덴을 떠나 고린도에 이르러"

아덴에서의 이름을 알지 못하는 미지의 신과의 영적 대결을 뒤로 하고 바울은 3차선교여행지인 고린도에 이릅니다. 고린도는 원어 그대로 쾌락이 난무하는 도시입니다. 오늘날의 사회는 금욕주의와 쾌락주의와의 전쟁이라고 말합니다. 공산주의와 민주주의와의 전쟁은 100년에 해결이 나고 말았는데, 여전히 인간은 그리스, 로마시대부터 금욕주의를 가르치는 스토아학파와 쾌락주의를 가르치는 에피쿠로스 학파와의 영적인 전쟁이 계속되고 있습니다. 이제는 무대를 옮겨서 인터넷 상에서 활동하고 있는 것입니다. 저는 바울의 3차 선교 사역이 고린도에서의 일이며 연장선상에서 본다면 대한민국 안에서의 이야기라고 상황화해도 똑같은 진리라고 생각이 됩니다.

이러한 도시에서의 선교를 이야기하는 것입니다. 도시선교를 이야기하는 것입니다. 우리는 단지 이 본문의 말씀을 가지고 단기선교냐, 장기선교냐, 또는 목회자 선교냐, 평신도선교냐의 개념만을 가지고 갑론을박(甲論乙駁)을 할 것이 아니라 우리의 하나님 중심의 세계관이 타 문화권을 생각하며 국내에서가 아니라 국외에서 일어나는 것을 먼저 인식한 다음에 이야기를 해야 한다는 것입니다.

3차 선교 여행은 햇수로 3년 기간 동안이기 때문에 단기선교는 아니라고 말할 수 있습니다.

또한 자비량 선교의 효시(嚆矢)이지 평신도 자비량 선교만을 이야기하는 것은 아니라고 말할 수 있습니다

자비량 선교에 대한 이야기는 크리스티 윌슨 박사님의 아프카니스탄 선교사 생활 가운데 1980년 갑작스런 소련의 아프카니스탄 침공사태로 인해서 24시간 내에 미국으로 긴급 피난한 후에 새겨난 개념입니다. 그가 쓴 [현대의 자비량 선교, 순출판사,1995]를 읽어보면 이러한 기록들이 자세히 나오고 있습니다. 그가 고든 칸웰 신학대학원에서 강의하면서 이러한 움직이며 이동하며 선교하는 방법을 가리키며 Tentmaking Missions라는 용어로 선교계에 알려지게 되었습니다. 그런데 ,그가 선교사로 헌신을 하게 된 계기가 자신의 아버지가 중동의 어느 나라의 선교사였는데, 매일같이 새벽기도시간에 아프카니스탄에는 크리스챤의 비율이 0%라고 하시며 기도를 하시는 모습을 보면서 자신이 영국에서 대학과 미국에서 대학원을 마친 후에 워싱톤 D.C.의 대사관을 통해서 이 지역에 선교사로 갈 수 있는 방법이 영어 교수와 유치원 선생인 것을 알아서 자원하여 선교사로 가게 된 것입니다. 그런데, 중요한 것은 그 아버지가 S.V.M.(Student

Volunteer Movement) 소속 선교사였다는 것입니다. 따라서 자비량 선교는 이러한 정신적 맥락에서 시작된 것이지 목회자의 전통적 선교에 반대하여 평신도 선교의 일환으로 시작됐다고 하는 것은 이분법적인 사고라고 생각합니다. 그러므로 목회자들이나 평신도들이나 전문인 선교의 나아갈 방향에 대해서 관심을 가지고 합력하여 선을 이루어야 합니다. 전문인 가운데 전문인인 목회자들이 영적인 일에 전념하시고 세상적인 생업은 기능적으로 잘 할 수 있는 전문 직업인이 중심이 되어서 하고 이 두 그룹은 팀이 되어서 선교하는 것이 원래 전문인 선교의 뜻이라고 봅니다.

2. 삼자원칙에 의거하여 하는 사역입니다.

먼저 자립입니다(3절)
"업이 같으므로 함께 거하여 일을 하니 그 업은 장막을 만드는 것이었더라"

선교의 3M은 사람(Man), 전략(Method), 자금(Money)라고 합니다. 그 가운데서 자금이 없다면 선교사역을 효과적으로 할 수 없다고 하는 것을 우리는 잘 알 수 있습니다. 사도 바울이 3차선교 여행기간에 자비량 선교를 한 것이고 또, 재정이 좋아진 다음에는 다시 전통적으로 교회의 선교자금에 의지해서 말씀전하고 기도하는 일에만 전념한 것입니다. 그러므로 모든 선교의 방법을 자비량 선교만이 옳다고 하는 것은 아닙니다. 그러나 이 당시에는 이 선교의 방법이 사용이 되었으며 오늘날에도 여전히 이러한 방법이 필요한 실정입니다. 그러므로 목회자들은 이러한 선교방법을 우습게 여길 필요가 없습니다. 어려운 선교현장에서는 총체적인 노력을 통해서 선교하기 때문에 이루어진 성육신적인 선교방법이라고 생각합니다.

바울은 랍비였습니다. 랍비 교육은 한가지 이상의 기술을 의무적으로 배우게 되어있습니다. 그 당시에는 랍비들이 공식적으로 월급을 받지 못했기 때문에 저들은 돈을 벌어가며 랍비로서의 일을 해야 했습니다. 그 때 배운 기술이 바느질하는 기술이었습니다. 이 기술을 가지고 바울은 고린도의 직장 조합에 가서 믿음이 좋은 본도에서 온 브리스길라 아굴라 부부를 만날 수 있었습니다. 자신의 직업을 가지고 있다고 하는 것은 좋은 사역의 접촉점이 되는 것입니다. 저들은 장막을 깁는 일을 하면서 많은 이야기들을 하면서 격려했으리라고 봅니다.

낮에는 뜨거운 시로코 열풍이 부고 밤에는 차가운 냉기가 부어오면 장막은 쉽게 낡아지기 때문입니다. 그 낡은 천막은 어느 순간엔가 무게를 지탱하지 못하고 찢어지게 됩니다. 이러한 찢어진 장막을 새롭게 고치는 일을 하게 된 것입니다.

"만일 땅에 있는 우리의 장막 집이 무너지면 하나님께서 지으신 집 곧 손으로 지은 것이 아니요 하늘에 있는 영원한 집이 우리에게 있는 줄 아나니 과연 우리가 여기 있어 탄식하며 하늘로부터 오는 우리 처소로 덧입기를 간절히 사모하노니 이렇게 입음은 벗은 자들로 발견되지 않으려 함이라. 이 장막에 있는 우리가 짐 진 것 같이 탄식하는 것은 벗고자 함이 아니요 오직 덧입고자 함이니 죽을 것이 생명에게 삼킨 바 되게 하려 함이라"(고후5:1-4)

이 말씀을 이 당시에 나누면서 호롱불 밑에서 바느질을 하며 일하는 수고를 감면하지 않았을까요!

분업을 통해서 한 사람은 장막의 새 천을 대고, 한 사람은 깁는 일을 하면서 생계비를 벌면서 어려운 선교의 자금을 공급받았다고 봅니다. 우리는 목사가 직업을 가지고 일하는 것을 비웃는 문화를 가지고 있습니다. 그러나 어떨 때에는 기도와 동시에 자신의 노력을 통해서 위기 상황을 관리하는 리더십을 발휘할 필요가 있습니다. 그러나 물질의 노예가 되어서는 안됩니다. 이와 같은 예는, 현대 선교의 아버지인 윌리엄 케리(William Carey)의 사역에서 보여집니다. 윌리엄 케리는 인도에 선교사로 갔는데, 재정을 담당하는 의사가 1년 동안의 선교 비용을 2달이 못되어 다 쓰게 되자 당장의 생계를 위해서 윌리엄 케리는 염색공장의 공장장으로 취직을 했습니다. 그 당시 인도에서 영국까지는 배로 6개월이 걸리는 시대였으므로 1년 동안을 기다려서 선교헌금이 도달하기를 기다릴 수 없는 형편이었습니다. 지금의 제 주위에도 이와 같은 유형의 사역자들이 일부 있습니다. 앞으로 21세기에는 이러한 예외적인 선교의 방법이 많이 대두되리라고 봅니다. 목회자가 직업을 가지는 것을 합리화하기 위해서 말씀드리는 것이 아니라 타 문화권에서의 위기상황을 해결하기 위한 차원에서의 선교전략이라고 생각해야 합니다.

둘째로, 자전입니다(4절)
"안식일마다 바울이 회당에서 강론하고 유대인과 헬라인을 권면하니라"
유대인의 안식일은 토요일 낮 12시에서 다음날 낮 12시까지의 시간을 말합니다. 이 시간에 회당에 모여서 율법서인 토라를 읽고 모인 무리 가운데 말씀을 나누는 시간을 가졌습니다. 이곳이야말로 가두리 양식장과 마찬가지로 랍비 출신인 바울이 복음을 증거할 수 있는 좋은 선교의 접촉점입니다. 마치 예수님이 어린 시절에 성전에 올라

가서 제사장들과 토론을 벌인 것과 같은 차원에서 이해가 됩니다. 여기서의 강론이라고 하는 것은 말씀을 풀어서 설명하는 것으로서 요즈음 말하는 강해 설교에 해당한다고 봅니다. 에디오피아 내시가 빌립 집사를 광야 길에서 만나서 고난 받는 종으로 오신 메시아에 대해서 의문을 가지고 설명을 들은 것과 마찬가지로 그 당시의 구약의 메시아관에 대한 유대인의 해석은 왕으로서의 메시아입니다. 그런데 사해사본을 발견한 후에 고난 받는 종으로서의 메시아에 대한 언급은 그 당시 모든 유대인들의 패러다임의 전환을 요구하는 엄청난 충격이었습니다. 그러한 전통을 지금도 유대교에서는 이어져 내려오고 있습니다. 이러한 문제를 해결할 수 있는 자는 그 조직에서 잔뼈가 굵은 사람인 바울이 제 격입니다. 그래서 하나님은 바울을 예비하신 것입니다. 바울의 이사야서 강해 시간을 통해서 특별히 이사야 40장-66장에 이르는 종의 노래와 이스라엘의 회복은 커다란 주제가 되었을 것입니다.

"내가 붙드는 나의 종, 내 마음에 기뻐하는 나의 택한 사람을 보라. 내가 나의 신을 그에게 주었은즉 그가 이방에 공의를 베풀리라"(사42:1)

"내가 너를 보배롭고 존귀하게 여기고 너를 사랑하였은즉 내가 사람들을 주어 너를 바꾸며 백성들로 네 생명을 대신하리니"(사43:4)

"그는 실로 우리의 질고를 지고 우리의 슬픔을 당하였거늘 우리는 생각하기를 그는 징벌을 받아서 하나님에게 맞으며 고난을 당한다 하였도다"(사 53:4)

이러한 말씀이 두루마리 성경으로 낭독이 되어질 때. 회당에 모인 무리들은 이해를 할 수가 없었고 그 시간에 자유롭게 토론이 될 때, 바울은 고난 받는 종으로 오신 메시아가 바로 여러분이 대망하는 왕으로 오실 메시아라고 분명히 선포할 수 있었습니다.

당연히 이러한 해석에 대해서 많은 사람들은 의문을 제기했고 그 결과로 사도 바울은 오해도 받아가며 사역을 할 수밖에 없었을 것으로 보입니다. 그러나 10년 전부터 유대교에서는 이사야서 53장에 나타난 고난 받는 종으로 오신 메시아가 저들이 기다리던 메시아와 같은 분이라는 사실을 학자들은 인정을 하고 있습니다. 다만 유대교가 종말을 고하는 충격을 생각하며 발표를 하지 못하고 있는 것뿐입니다. 10년 전에, 사해사본을 미국의 L.A에서부터 N.Y.를 거쳐서 Washington에 이르기까지 전시하면서 이러한 이야기를 제가 간접적으로 들었습니다. 최근에는 이스라엘 국회에서 발표를 한 것으로 알고 있습니다.

여기서 우리가 교훈으로 받는 것은 사람들이 모이는 곳에서 사역을 해야 한다는 것입니다. 오늘날에도 사람들은 교회로 오기보다는 중간지대인 병원이나, 구민회관, 호텔 그리고 맥도날드에서 만나는 것을 더 부담이 없어 합니다. 여기서 우리는 움직이는 교회로서의 성도의 역할이 너무나 소중하다고 하는 것을 배울 수 있습니다.

같은 장에서 계속되는 바울의 복음에 대한 열정과 그 열매들은 참으로 놀라운 결실입니다.

"또 회당장 그리스보가 온 집으로 더불어 주를 믿으며 수다한 고린도 사람도 듣고 믿어 세례를 받더라"(행18:8)

복음은 지역적인 장소의 제한을 떠나서 전 세계적으로 전파되기 위해서는 이러한 발상의 전환을 해야 하다는 것을 안디옥 교회를 고집하지 아니하고 소아시아를 거쳐서 전 세계로 향하는 바울의 행적에서 우리는 볼 수 있습니다. 바울의 가르침을 받고 회심한 자들이 복음을 전하는 자로 변화되었을 때, 고린도의 영적인 더러움에도 불구하고 하나님은 그 도시에 복음의 진정이 이루어질 수 있도록 역사하고 계시는 것입니다.

셋째로, 자치입니다(15절)

"만일 문제가 언어와 명칭과 너희 법에 관한 것이라면 너희가 스스로 처리하라. 나는 이러한 일에 재판장되기를 원치 아니하노라하고"(행18:15)

바울이 일년 육개월 동안 사역을 하는 동안에 바울을 대적하는 자가 유대인의 무리 가운데 일어나게 되자 아가야 총독 갈리오는 유대인의 일에 자신이 관여하기보다는 발뺌을 하는 장면이 나오고 있습니다. 인간적으로 볼 때, 바울이 스스로가 자치를 가르쳤다기 보다는 자기 자신을 관리하고 경영하는 일에 성육신적인 선교사로 사역했다는 의미로 자치를 이해하는 것이 옳다고 판단이 듭니다.

우리가 전문인 선교를 이야기하면서 하나님의 나라 차원에서의 우리의 관심이 사회구원의 입장에까지 나아갈 수 있는 것이 전문인 선교의 장점입니다. 전통적인 목회자 출신의 선교로서는 복음적인 개인구원에만 머물 수밖에 없었다면 이러한 전문인 선교를 통해서 대사회문제들에 대해서도 많은 것들을 알게 되고 나누게 되어질 수 있는 것입니다. 바울에게서는 유대인의 종교와의 문제로 시작이 되었지만 결국에는 유대의 정치와 법에 까지 연관이 되어가는 것을 볼 수 있습니다. 그러므로 우리는 대사회적으로 볼 때 소금과 빛의 역할을 할 수 있는 전문인 선교를 해야 한다는 것입니다.

얼마 전, 국민일보에 보면 결식아동들은 여름방학이 되면 상황이 더 어려워져서 하루에 두 끼밖에 먹지 못한다는 것입니다. 그러나

300톤의 쌀은 너무 오래 창고에 두었기 때문에 사료로 쓴다고 하는 것이 오늘의 한국의 현실입니다. 사육하는 돼지를 키우는 식으로 행정을 하는 것이 아니라면 가정의 해체를 막을 수 있는 총체적인 대책이 필요하다고 이웃사랑회의 이일하 회장은 말하고 있습니다. 남한만 그렇겠습니까? 북한의 어린이들이나 결손 가정들도 보호를 받을 수 있도록 국경 주변에 나와서 보호소나 진료소에서 혜택을 받을 수 있는 일을 지속적으로 우리 크리스챤들이 함께 도와야 할 것입니다. 이것이 진정한 의미에서의 자비량선교요 전문인 선교의 방향이라고 봅니다. 선교바로하기 운동의 일환으로 볼 때, 전문인 선교는 앞으로 양적으로 질적으로 성장과 성숙을 겸비한 선교방법으로 자라가며 많은 목회자와 평신도들이 하나님의 백성으로서 함께 사역하는 모델을 제공하는 것이라고 봅니다.

특별히 브리스길라와 아굴라와 같은 모범적인 사역자들은 제2, 제3의 바울과 같이 하나님의 나라를 위해서 자비량 선교사로 쓰임을 받았던 것입니다.

> "너희가 그리스도 예수 안에서 나의 동역자들인 브리스가와 아굴라에게 문안하라. 저희는 내 목숨을 위하여 자기의 목이라도 내어 놓았나니 나뿐 아니라 이방인의 모든 교회도 저들에게 문안하느니라"(롬16:3-4)

얼마 전에 저를 후원하시던 선배님을 만났습니다. 이 분이 자세한 이야기도 없이 후원을 중지하셨기에 저는 아쉬웠습니다. 그런데 어제 다시 동창회 일로 만나서 이야기를 하시는 데, IMF 때 어려운 일을 당하고 사업을 정리하고 지금은 월급쟁이로 산다고 하는 이야기를 들었습니다. 그 순간 저는 부끄러웠습니다. 오늘 만나면 후원을 요청하리라고 다짐을 하고 나왔는데, 나 자신이 부끄러웠습니다. 받을 때는 감사하다가 후원이 끊어지니까 상대적인 박탈감으로 인해서 그 분에게 섭섭한 마음을 잠시라도 가진 것을 회개하게 되었습니다. 이처럼 자비량하는 선교를 한다고 하는 것이 어렵다는 생각을 해봅니다.

그러나 고아의 아버지인 죠지 뮬러의 아버지가 나의 아버지가 되신다는 생각을 하면 믿음 선교로 하나님 아버지를 의지하는 영적인 자세가 먼저 바로 되어야 한다는 생각을 해 봅니다. 저는 이 분의 후원을 받지 않아도 사역을 할 수 있음에도 불구하고 상대적인 빈부의 차이에 의해서 괴로워 한 것이지 진정한 의미의 선교사의 자세는 아니라고 하는 것을 깨달았습니다. 그 선배는 저를 후원하지 않았으나 지속적으로 러시아의 신학교를 후원하는 등 더 실제적인 일에 실탄을 공급하는 일을 하고 있습니다. 오늘날에도 여전히 이러한 지도자들이 있기 때문에 하나님이 성령의 촛대를 한국 땅에 그대로 두시고 역사하시는 것입니다. 이제는 하나님의 섭리 가운데 전문인 선교가 지역교회에 정착하여 수많은 안디옥 교회와 같은 선교하는 교회가 세워지기 위해서는 교회 안에 새로운 영성 운동이 일어나야 합니다. 교회 안에 새로운 치유하는 공동체의 신앙이 정립되어야 합니다. 그리고 전문인선교사가 많이 나와서 생활 가운데 전도하는 건강한 교회들이 많이 나오시기를 기도합니다.

☞ **연구과제**

전문인 선교의 3자 원칙은 무엇인가?

19 선교교육과 하나님의 나라

(행 19:7-22)

감리교 창시자인 요한 웨슬레와 찬송가 작가 찰스 웨슬레를 키운 수잔나 여사의 교육 원칙은 선교 교육에 있어서 좋은 지침이 됩니다.

1. 아이들을 위하여 헌신하며 자녀교육은 하나님과 함께 일하는 것으로 믿는다.
2. 아이들이 말을 배우기 시작할 때 기도를 가르친다.
3. 졸라댈 때는 주지 않는다.
4. 자발적으로 고백을 했을 때는 처벌하지 않는다.
5. 좋은 행위에 대해서는 꼭 보상을 한다.
6. 아이들에게 약속한 것은 아무리 사소한 것이라도 반드시 지킨다.

하나님 나라 위해서 선교사를 양육하는 일에도 이러한 기초 원직이 있어야 합니다.

이러한 작은 일도 모두 성령의 힘을 의지하지 않으면 할 수 없기 때문입니다.

전문인 선교 사역에 동참하면서 저는 "능력대결(Power Encounter)"이라고 하는 용어에 많은 관심을 가지게 되었습니다. 그 이전에는 능력대결이라고 하는 것은 아프리카 오지나 남미의 부족에게나 인도네시아의 어느 섬에나 몽고의 어느 천막 안에서 일어나는 것이라고 생각했습니다.

이 세상 어느 곳이나 능력대결의 장소입니다. 하나님의 소원은 능력 대결에서 우리가 승리하는 것임을 발견합니다.

능력대결이라는 용어를 묵상하면, 우리는 하나님께서 우리에게 선교의 사명자로 부르신 그 원천에 성령의 역사로 악령을 이기라는 명령을 발전할 수가 있습니다.

사도행전 18장의 인물적 배경은 사도 바울이 이제 에베소에서 3년 동안 하나님의 말씀을 전하는데 "예수 그리스도"라는 메시지를 뒷받침해 주는 역사적 인물이 브리스길라와 아굴라 그리고 아볼로라고 하는 것을 발견할 수 있습니다.

일찌기 제 3차 전도 여행에서 고린도에서 만난 브리스길라와 아굴라 부부는 선교하는 부부였습니다. 전문인 선교사였습니다. 장막을 깁는 사역을 통해서 바울과 함께 선교사역에 동참하게 된 부부였습니다. 오늘날에도 자신의 직업을 가지고 있으면서 사역을 하는 많은 크리스챤 비즈니스맨들이 많이 있습니다. 특별히 제가 잠시 인도했던 잠실, 구로, 종로 CBMC(기독실업인회)의 활동을 보면 교회 밖에서 전문가로서 사역하는 많은 사명자들이 있음을 볼 때 하나님의 선교의 사명은 지속되리라고 봅니다.

사도행전 18장 1-3절에 보면 이들은 항상 배우는 부부였으며 장막의 의미를 알고 자기 직업을 가지고 일을 하고 바울과 함께 동역하는 부부였습니다. 그들은 장막 성전의 의미와 인생의 장막 그리고 예루살렘 지성소가 현재의 믿음 안에 있음을 아는 자입니다.

브리스길라와 아굴라 부부를 에베소에 남겨놓게 되었는데 이들은 복음의 애를 배게 되었는데 그 이름은 아볼로였습니다.

아볼로! 그는 "예수 그리스도"라는 메시지는 잘 모르고 "요한의 세례"만을 전하고 있었습니다.

그러나 보십시오. 25절 말씀입니다.

"그가 일찍 주의 도를 배워 열심히 예수에 관한 것을 자세히 말하며 가르치나 요한의 세례만 알 따름이라" 이 사람은 학문이 많고 성경에 능한 자라" 여러분과 같이 많은 공부를 하고 또 성경 공부도 하고 그런 분인 것 같습니다. 아볼로에게 아굴라가 예수 그리스도의 메시아 되심과 하나님의 도에 대해 전파하므로 영적인 제자를 삼았습니다.

그러나 "성령에 대한 체험"이 없기 때문에, 아볼로를 추종하는 그의 제자들은 방황하고 있었습니다. 아볼로는 불신자를 향한 하나님의 소원을 모르고 있는 자였습니다. 자신만을 위한 지식적인 믿음에 머물러 있었을 뿐 남을 향한 배려는 어린 아이와 같은 수준에 불과한 사람이었습니다.

이번에 선교한국에 갔더니 많은 사람이 어떻게 선교해야 될지 모르고 방황하더군요. 선교한국에서 선교에 헌신한 사람의 1% 정도가 선교사로 나간다고 한다면 우리는 심각하게 고려를 해야 합니다. 이제 저들을 사도 바울이 에베소에서 만나게 되는 장면이 사도행전 19장입니다.

마치 전문인 선교가 무엇인지 체험해 보지 못한 자들에게 전문인 선교를 소개하는 것 같지 않습니까? 바울이 브리스길라와 아굴라와 함께 Team 사역을 통해서 영혼을 변화시키는 사역은 구체적으로 전문인선교 사역이며 이것이야말로 하나님의 소원입니다. 우리는 여기서 성령 체험을 해야 합니다. 우리가 예수를 믿는 그 순간에 우리에게 성령이 임하시므로 우리는 성령 체험을 하게 되었습니다. 어떤 분은 이것을 성령의 내주(Indwelling), 성령의 인침(Sealing), 성령의 세례(Baptism)라고 합니다. 예수님을 영접한 순가에 성령의 임재를 체험하지 못한 사람에게는 재교육이 필요합니다. 순복음에서는 이를 제2의 축복(Second Blessing)이라고 말합니다.

이 모든 용어의 주체자는 성령님이십니다. 거듭나는 순간, 성령이 우리 안에 거하시기 시작하시기 때문에 우리는 성령을 따라 살기 시작하게 되는 것입니다. 그리고 성령 충만을 갈구합니다.

인생장막 성전(a holy temple)입니다.

주님을 믿기 이전에는 악령을 따라 살며, 육신의 정욕을 따라 살며 방황하고 있었는데, 이제는 성령을 따라 살며 하나님 나라의 완성을 위해 주님 가신 그 길을 뚜벅뚜벅 걷고 있지 않습니까?

이렇게 바울은 열두 명의 제자들을 성령 충만하게 인도하였음을 7절에서 말하고 있습니다.

"모두 열두 사람쯤 되니라" 이는 바울의 에베소 열두 제자들입니다.

저는 이 부분을 묵상하면서 바울의 열두 제자와 같이 많은 주님의 제자들이 나와서 한국 사회를 아니 세계 복음화를 앞당기는 제2, 제3의 사랑의 교회가 나왔으면 좋겠습니다. 이 일을 위해서 제자훈련을 잘 하는 교회를 연구하여 자기 교회의 실정에 맞게 접목하는 작업이 소중합니다. 현재 중국에서는 가전제품과 정보통신 일체에서는 삼성과 LG의 디자인을 그대로 카피하는 일을 하고 있다고 합니다. 서로 모방하여 더 좋은 제품을 만들게 되는 것입니다.

도대체 선교 교육이란 무엇입니까?

우리는 Trinity 신학교의 Ted Ward 교수의 선교 교육 방법론에 대한 강의를 들었습니다.

공식적, 비공식적, 비형식적"인 방법을 통해서 선교 교육을 하는 것이 진정한 의미에서의 선교 교육이라고 말합니다. 공식적 교육이란 일방적으로 전달식의 교육을 말합니다. 비공식적 교육이란 세미나나 토론과 같은 대화식의 교육을 말합니다. 비형식적 교육은 사석에서 대화를 통해서 지도를 받는 교육을 말합니다.

그러나 그것은 선교 교육의 형태를 말하는 것 일 뿐 진정한 의미에서의 선교 교육의 내용은 우리의 관심이 "하나님의 나라(the kingdom of God)"에 맞추어져야 한다고 봅니다.

8절 말씀입니다.

"바울이 회당에 들어가 석 달 동안을 담대히 하나님 나라에 대하여 강론하며 권면하되"

그 때 우리는 영적 대결 (Power Encounter)에 들어가게 되는 것입니다.

이 땅에서의 최초의 하나님의 나라인 에덴 동산에 아담과 이브가 살았습니다. 그런데 저들이 "선악을 알게 하는 나무의 열매"를 먹은 후에는 저들의 눈이 밝아져서 자신의 벗은 것을 알게 되었습니다. 저는 아담과 이브와 같이 원죄를 지은 우리 인생들이 예수 그리스도의 보혈로 우리의 눈이 씻김 받은 후에는 우리의 영안(靈眼)이 밝아져서 "하나님의 나라의 비밀을 바라보아야 한다"고 분명히 증거하는 것입니다. 지속적으로 영안이 밝은 삶을 살기 위해서는 기도하고 말씀보는 일에 전념해야 합니다.

물론 비방하는 무리도 있고 그 가운데 선의의 경쟁(Power Game)이 일어나게 되지만 바울은 순종하는 무리들을 따로 세워 두란노 서원에 입학을 시키게 됩니다. 졸업사정을 하게 됩니다. 수료시킵니다. 수료까지가 얼마나 힘든 능력대결의 연속인지 아시게 될 것입니다.

선교훈련을 제대로 받아야만 후회없는 선교사가 될 수 있습니다. 저는 한국교회의 선교 관심자들에게 분명히 한 가지를 말씀드립니다.

과정을 마치는 것으로 만족하지 말고 전문인 선교사로 준비되어 나가시기 바랍니다. 전문인 선교사로 체질이 변화되어 나가세요! 자기의 것으로 체질화하는 것이 중요합니다.

다시 돌아와서 요한의 세례를 가르치는 아볼로의 제자가 되지 마시고 하나님의 나라에 대해서 선포하는 자들이 되시기 바랍니다. 교파를 선포하지 마시고 하나님의 나라를 전파하세요.

요한복음 15장의 포도나무와 그 가지의 비유를 통해서 성령의 열매 맺는 삶이 무엇인지 보여주셨습니다. 나는 죽고 그리스도만이라고 고백하는 자마다 이제는 선악을 알게 하는 나무의 열매를 먹고 죄악을 정죄하는 삶을 살지 않습니다.

예수의 나무에서 그 피를 먹고 자라 죄악을 씻은 은혜의 삶을 누리는 자가 된 것입니다.

할렐루야! 이제 우리의 몸에 예수 피가 흐릅니다. 날마다 주님과 기도로 동역하는 삶을 살아야 합니다. 의심이 오고 믿음이 연약해 질 때에도 그리스도 안에 있어야 합니다.

예수님은 하나님의 나라에 대한 강론을 그의 설교 메시지도 하셨습니다. "씨뿌리는 비유"등 소위 "천국에 대한 비유의 메시지"입니다.

우리 안에 시작된 하나님의 나라가 완성이 되는 그 손안에 우리는 하늘나라에 들어가게 될 줄 믿습니다. 우리는 "개인적인 종말" 다시 말해서 죽음을 통해서 천국에 들어가게 됩니다. 아니면, 어느 선교학자의 말대로, 2018년에 예수님이 재림하시면 휴거 (Rapture)라는 사건을 통해서 공중에 들림 현상을 체험하며 천국에 들어갈지 모르겠습니다. 그 분은 만기일이 그 다음인 개인 적금과 빌딩을 사는 일은 하지 않겠지요!

그러나 아직은 아닙니다. 아직은 그 때가 차지 않았습니다. 우리가 하나님 나라의 비밀을 아는 자라면, 그 비밀을 공개된 계시의 말씀을 널리 펴서 온 이방인에게 복음을 증거 해야지만 그 때가 차기 때문입니다. 2008년 9월 현재, 지구상의 2만5천 종족 가운데 8천 종족이 미전도 종족입니다.

오늘 본문 8-22절까지의 말씀에서 사도 바울은 크게 세 가지 부류의 사람들에게 하나님의 나라를 선포했습니다.

첫째는 13절에 "악귀 들린 자"라고 합니다.

"이에 돌아다니며 마술하는 어떤 유대인들이 시험적으로 악귀 들린 자들에게 대하여 주 예수의 이름을 불러 말하되 내가 바울의 전파하는 예수를 빙자하여 너희를 명하노라 하더라"

악을 쓰고 사는 사람들 우리 주위에 얼마나 많이 있습니까?

돈에 중독된 사! 명예에 중독된 자! 알코올에 중독된 자! Sex에 중독된 자! 저들에게 나아가 하나님의 나라를 선포해야 합니다. 돈의 나라가 아니요, 명예의 나라가 아니요, 알코올의 나라가 아니요, sex의 나라가 아닙니다.

둘째로, 14절에 "유대의 한 제사장 스게와 일곱 아들"이라고 말합니다.

"유대의 한 제사장 스게와의 일곱 아들도 이 일을 행하더니"

제사장이 만인 제사장 의미도 모르고 있습니다. 어느 누구든지 하나님 앞에 나아가서 자신의 죄를 자복할 수 있다고 하는 것입니다. 전신자선교사의 의미도 모르고 있습니다. 전신자 선교사주의란 모든 사람이 자발적인 의지에 의해서 스스로가 복음을 증거하는 선교사로 살아야 한다는 것입니다. 현대의 교회의 목회자들은 상당수가 성공과 건강의 신학(Success and Health Theology)에만 관심이 있어서 교회건축과 수양관 건축에만 관심이 있는 자라면 저들에게 나아가서 하나님의 나라를 위해서 살라고 단호하게 권면하고 싶습니다. 이미 세워진 초대형 교회의 수양관을 함께 사용하면 되는 것입니다. 단지 눈에 보이는 "우상을 섬기지 말고 하나님 나라에 대해 들려주십시오!"라고 요청해야 합니다.

주 예수 크신 사랑 또 들려주시오.
내 평생에 듣던 말씀 또 들려주시오.

겸손하게 예수님처럼 바울처럼 그렇게 섬기시기 바랍니다. 그 때 개 교회가 선교형 교회로 바뀔 수 있게 되고 더 많은 자들이 전문인 선교에 동참하게 될 것입니다. 그리고 마지막으로 에베소에 거하는 유대인과 헬라인들이라고 17절에서 말합니다.

"에베소에 거하는 유대인과 헬라인들이 다 이 일을 알고 두려워하여 주 예수의 이름을 높이고"

복음의 기쁜 소식이 온 세상으로 파도쳐 가는 모습을 상상해 보십시오! 선교의 파장이 해뜨는 데부터 해지는 데까지 2009년 새해에 넘쳐나게 될 것입니다.

사랑하는 여러분!
우리 가운데 하나님의 나라가 흥왕하게 되면 무슨 일이 일어나게 됩니까?
먼저 우리가 최초의 타문화권 선교사로 이 세상에 오신 예수 그리스도, 목수 출신의 선교사 예수 그리스도 전문인선교사 앞에 무릎을 꿇게 된 것입니다. 그 분께 나아가서 우리 죄를 자복하고 성령의 충만을 달라고 기도하게 될 것입니다. 20절 다같이 읽겠습니다.
"이와 같이 주의 말씀이 힘이 있어 흥왕하여 세력을 얻으니라" 이것이 바로 능력대결(Power Encounter)의 실례입니다. 바울이 성육신적인 선교사로서, "하나님의 나라"에 대한 메시지를 가지고 세계 7대 불가사이 중의 하나인 아데미 신전의 도시, 우상의 도시 에베소를 복음화 했다면 우리가 왜, 우상의 도시로 가득찬 10-40 Window 지역에 있는 불교, 이슬람교, 공산주의의 도시들에 나아가 저들은 복음화 시키는 일에 창조적 소수자로 사역하지 못하겠습니까?

1517년 마틴 루터가 종교 개혁을 통해서 직업의 소명론과 만인제사장주의를 부르짖었다면 다가오는 2009년 원단에 우리가 예수님과 바울 선교의 핵심인 성육신적 선교의 정신인 전신자선교사주의를 부르짖으며 나아가야 합니다. 우리 모두가 새 힘을 얻어서 우리에게 지상대명령(the Great Commission)을 주신 예수님 앞에 무릎 꿇고 자복함으로써 성령 충만하여 러시아, 중국, 시베리아 등지에 나아가서 복음을 증거하지 않겠습니까?

여름 가뭄에 단비처럼 하나님의 소원을 풀어드리는 선교 교육을 통해 세계 복음화를 이루시는 여러분을 예수님의 이름으로 축원합니다.

"평안은 고통이 끝날 때 오는 것이 아니라 하나님이 은혜를 베푸실 때 오는 것이다."

여러분! 선교의 이민 길에서 얼마나 힘이 드십니까! 괴로울 때, 우리의 죄를 지고 십자가에 달리신 예수님을 보십시오! 우리의 육신은 피곤하지만 영은 새 힘을 얻게 될 것입니다. 그 누가 나의 괴롬 알며 또 나의 슬픔 알까? 주 밖에 누가 알아주랴 영광 할렐루야!

선교의 하나님!
나 자주 넘어집니다. 나 슬픈 일 당합니다. 저 마귀 유혹합니다.
나 자주 실패합니다. 나 심히 괴롭습니다. 나 승리하게 합소서.
"오, 주여! 영광 할렐루야"를 외치며 최후 승리를 얻기까지
우리의 영혼에 하나님 나라의 비밀을 가득 채워 주옵소서.
우리의 괴로움을 아시는 예수님께 기도하십시다.
나 자신과의 영적 싸움에서 먼저 승리하게 하옵시고
우리 주위의 죽어져 가는 영혼들을 바라보고 건져낼 큰 믿음 주옵소서. 예수님의 이름으로 기도합니다.

☞ **연구과제**

바울의 팀 사역에 대해서 설명하라.

코드분석-3

수하(修賀) 김인건 전도사님 앞에서

따뜻한 사랑과 나눔을 주신
하늘같은 감사
2008년 북경 올림픽 이후에
중국에 부어주실 성령의 역사를 생각하면
1988년 서울 올림픽 이후에
한국 교회의 성장을 주셨던
하늘같은 감사가 우러나온다.

예수님처럼
제2의 예수의 길을 간
바울처럼
신앙의 순례자로
하늘같은 감사를 실천하는
바울처럼 살라하시던
수하 김인건 전도사님
말씀 이제 힘이 납니다.

20 전문인 선교의 3대 자세

(행 20:19)

    왕명도 목사님은 중국의 바울로 알려져 있습니다. 그가 상해에서 목회하다가 문화혁명을 당했습니다. 감옥에 갇혀서 온갖 협박을 당했습니다. 하나님이 살아 계시는 것만 부인하면 석방시켜준다고 했습니다. 매일같이 자아비판을 했습니다.
    그러나 살아계신 하나님을 부인할 수 없었습니다. 그러나 어느 날, 가족들이 보고 싶었고 또, 교인들이 보고 싶어 하나님을 부인하는 각서를 쓰고 감옥에서 나왔습니다.
    상해의 거리를 지나 교회에 도착을 했으나 사모는 냉담하게 대했습니다. 교인들도 '왜, 왔느냐'고 힐문을 했습니다.
    왕명도 목사는 다시 감옥으로 자원하여 돌아 왔습니다. 그리고 그 감옥에서 소천하기 까지 수백 명의 죄수들에게 복음을 전하고 성찬식을 베풀었습니다.
    그가 남긴 유명한 말을 안산제일교회(고훈 목사)에서 본대로 소개하고 싶습니다.

내가 살면 교회가 죽고 내가 죽으면 교회가 산다.
(我生敎會死 我死敎會生)
그의 삶은 제 2, 제 3의 바울로 산 것입니다.
아직도 중국에는 감옥에서 석방되었으나 그 담벽에 가마니로 집을 세워서 살면서 감옥에 복음을 전하는 산 순교자들이 중국에는 많이 있습니다.

사도 바울의 선교를 모델로 삼는 전문인 선교사의 자세는 어떠해야 합니까?
바울의 사역은 전문인선교의 모범이 됩니다. 그는 세계 선교의 꿈을 안고 복음을 전파하는 우리 모두에게 모범이 됩니다.
초대 교회 당시에 바울은 아시아 지역에서 에베소서 중심으로 세계 선교의 사역을 전 세계로 레이더망을 치고 Network 선교를 하기 위해서 안테나를 높이 뽑아 들었습니다.
바울은 소아시아에서의 선교는 지도자 양성에 있다는 것을 익히 알았습니다. 그는 에베소라는 도시의 두란노 서원에서 두 해 동안 복음의 말씀을 강론하게 되었습니다.

그 원인은 무엇입니까?
19장 18절 이하의 말씀을 보십시오.
바울이 회당에 들어가 석달 동안을 담대히 하나님 나라에 대하여 강론하며 권면하되 어떤 사람들은 마음이 굳어 순종치 아니하고 무리 앞에서 이 도를 비방하거늘……
소아시아 선교의 문제점은 문화교류를 통한 복음의 수용성(Receptivity)의 문제임을 발견하게 됩니다.

소아시아의 교회가 바울 시대에나 현재에나 당면하고 있는 문제점은 대부분의 나라들이 선교 역사는 오래지만 명목상일 뿐이라는 것입니다. 그러나 실천적인 면에서는 무신론자와 다름이 없다는 것입니다.

더욱이 문제가 되는 것은 토착화(Indigenization)의 바람으로 종교 혼합주의에까지 이르러 있다는 것입니다. 21세기의 소아시아 선교는 종교 다원주의 하에서의 선교인 것을 감안해 본다면 바울이 어떻게 복음을 전했는지를 알 때 우리에게 아시아 선교를 위해서 귀한 선교 전략을 제공하는 것입니다.

아시아 선교 가운데 일본 선교가 가장 어렵다고 합니다. 일본은 경제 대국이지만 인본주의 왕국입니다. 현대 사회는 8무 주의가 지배한다고 일본의 야마다 게이즈 신부는 지적하고 있습니다.

8無란 우리 그리스도인들에게 없고 불신자들에게는 있는 것입니다. 무기력, 무관심, 무관계, 무감동, 무지, 무신경, 무사고, 무책임이라고 합니다. 이제는 기독교 지식도 다하고 교인도 노령화하여 문을 닫을 지경이라고 합니다.

이들에게 복음을 증거하기 위해서 우리에게는 세 개의 십자가가 필요합니다.

그 첫째로 겸손의 십자가입니다.(19a) 다시 한번 본문 20장 19절을 보십시오.

"곧 모든 겸손과 눈물이며 유대인의 간계를 인해 당한 시험을 참고 주를 섬긴 것과"

여기서 바울은 겸손의 덕을 잃지 않으려고 최선을 다한 것을 알 수 있습니다. 이것은 겸손이라는 것은 예수의 영성을 지닌 덕목임을 알 수 있습니다.

　무감동하고, 무지하고, 무신경한 불신자들에게 복음의 말씀을 전하고자 하면 '나는 죽고 그리스도만'의 자세를 가지고 우리 자신을 십자가 그늘 밑에 내려놓아야 할 것입니다.

　십자가 그늘 밑에 나 쉬기 원하네
　저 햇빛 심히 쬐이고 또, 짐이 무거워
　이 광야 같은 세상에 늘 방황할 때에
　주 십자가의 그늘에서 내 쉴 곳 찾았네 (찬 471장)

　정오의 십자가 그늘 밑에 서게 되면 자기 자신은 보이지 않고 십자가만 보이게 될 것입니다.
　그러나 시간이 오후로 가면 해 시계의 원리에 의해서, 십자가의 그림자가 길게 드리워지며, 우리 자신의 모습도 길게 드리워지게 될 것입니다.
　우리 자신의 모습을 드러내지 않으려면, 우리는 십자가 그늘 밑에 겸손히 무릎 꿇어야 되는 것입니다.
　Understand란 영어의 원 뜻이 「나무 그늘 밑에 서다」라는 것인데, 우리가 십자가 밑에 서게 되면 우리는 겸손의 종으로 오신 예수 그리스도의 마음을 배우게 될 것입니다. 우리 자신은 감춰지게 될 것입니다.
　[겸손 …… 주를 섬긴 것과] 에서 섬긴다고 하는 동사 Serve로 Servant라고 하는 단어와 같은 어근을 가지고 있습니다.
　종의 모습을 입지 않으면 섬길 수가 없는 것입니다. 그 마음에 겸손의 십자가로 아시아인과 함께 동화되지 않고서는 진정으로 아시아인을 섬긴 것이 아닙니다.

바울은 자기를 비어 종의 형체로 오신 예수 그리스도를 본받아 자기 자신을 죽기까지 충성하므로 겸손의 종이 되었습니다.

엔드류 머레이는 「겸손 또 겸손, 또또 겸손」이라는 유명한 말을 남겼습니다.

바울이 겸손하신 예수를 통해서 진심으로 자유하므로서 그의 사역을 온전히 감당할 수 있었습니다.

둘째로, 눈물의 십자가입니다. (19b)

사도행전 20장에 이르러 눈물이라고 하는 단어가 자주 나오는 것은 무엇 때문일까요?

그는 눈물로 사랑을 호소하면서 복음을 전했던 것입니다.

저는 아버지가 돌아 가셨을 때, 아버지의 성경을 가지게 되었는데, 그 안에 아버지의 눈물 자국을 발견했습니다.

진정한 눈물이 $H2 + O2$ 의 합성이 아닌 영혼의 눈물임을 깨닫게 되었습니다. 애통하는 자는 복이 있나니 저희가 위로를 받을 것임이요.

TV의 인기 프로그램 가운데 "TV는 사랑을 싣고"라는 프로그램이 있습니다. 오래 전에 연예인 교회의 윤복희 집사가 나와서 그가 외롭고 가난했던 고등학교 시절 때 돌보던 선생을 만나는 장면을 보고 저는 눈물을 흘리며 보고 있었습니다.

아내도 눈물을 글썽거렸는데 함께 울며 선생을 모시고「내가 만일 외로울 때면…」노래를 부르는 모습이 너무나 인상적입니다.

「아! 목동들의 피리소리」도 그렇고요!
너무 가난하여 고등학교 다니며 미 8군에 나가 노래하던 윤복희 집사가 제적되지 않도록 선생님이 대신 과제물도 해주셨습니다.
결국 대학에 갈 수 있도록 인도하셨다는데 그 선생님이 일본의 어느 대학에서 강사를 하다가 비행기를 타고 와서 만났습니다.

20장 31절을 보십시오.
"내가 삼년 동안 눈물로 그대를 가르쳤다."
바울의 편지는 눈물로 쓴 편지입니다. 지울 수가 없어요.
스승의 노래를 부르면 눈물이 나오고 어머니의 노래를 부르면 눈물이 나오는 것은 눈물은 위에서부터 아래로 흘러 내려오는 것이기 때문입니다.
은혜도 위에서부터 아래로 내려오는 것입니다. 바울은 그 은혜를 입었습니다. 따라서 그 눈에 눈물이 있는 자는 하나님의 사람입니다.

예레미야 선지자는 눈물의 선지자였습니다.
이스라엘 백성의 멸망을 예견하고 그는 울면서 예언을 할 수밖에 없었습니다.
눈물의 샘이 터진 자는 복된 자입니다.
예수님의 눈물에 대해서 세 번이나 성경에는 기록하고 있습니다.
"Jesus wept" 가장 짧은 성경 구절입니다.
잃어버린 영혼들에 대한 눈물이 웅덩이가 되는 순간 우리는 영적 침체를 체험하게 되는 것입니다.
바울은 선교의 도상에서 많은 눈물을 흘렸습니다. 십자가의 복음을 거절하는 자에게 흘린 바울의 눈물(빌 3:18), 구원받지 못한 자기의 친척들을 인해 고통하는 바울의 눈물(롬 9:1), 그 눈물이 오늘 이 시간 여러분의 눈망울에서 안개처럼 피어오릅니까?

눈물의 십자가를 여러분은 가지고 있습니까?

얼마 전에 로마 카톨릭 교회의 성모상에서 눈물이 흘러서 미국의 Florida주나 예루살렘 성지에 관광객들이 모여든다고 합니다.

그것은 도료 (페인트)가 수명을 다하여 녹아내리는 것이라고 합니다. 여전히 세상의 사람들은 표적을 찾아 나서고 있습니다.

그러나 우리의 마음이 복음을 인해 녹아내리지 않으므로 대신 페인트가 녹아내리는 역설적 상황이 오늘날 사막과 같은 현대인의 마음은 아닌지요?

셋째로 인내의 십자가입니다.(19c)

바울이 다메섹 도상에서 예수를 만나고 천국에 입성하기까지의 그 길은 참으로 긴 순례의 여정이었습니다. 어쩌면, 바리새인으로서 율법 하에서 당하지 않았던 고난이 이제 바울의 선교의 길을 가로막고 있었다해도 과언이 아닐 것입니다. 정확히 말해서 바울에게 온 고난은 동족으로부터 온 것이었습니다.

풀러신학교의 교회성장학의 아버지였던 도날드 맥가브란 박사의 동질성의 원리에 의하면 교회 성장을 이룰 수 없고 팀 목회를 할 수 없는 자들이 유대교라고 하는 장벽에 가리워서 바울을 핍박하는 것을 알 수 있습니다.

고린도후서 11장 24절의 말씀을 보십시오.

"유대인들에게 사십에 감한 매를 다섯 번 맞았으며"

유대 법이 허용하는 한 최대한의 형벌을 당한 바울의 모습을 생각해 보십시오!

제가 존경했던 L목사님의 서재에 가 보면 예수님께서 십자가를 지시기 직전의 모습을 유화로 그린 작품이 걸려 있습니다.

그 앞에 서면 세상의 욕심은 다 사라지고 부끄러울 뿐입니다. 그러나 최대한의 형벌을 믿음의 힘으로 당한다고 하는 것은 그 누구도 빼앗을 수 없는 믿음의 구속이라는 지상 대 과제가 있었기 때문입니다.

예수님도 말씀하셨습니다. 「다 이루었다.」(테 텔레스 타이: It is finished.)

바울에게도 그 누구도 빼앗을 수 없는 선교의 사명이 있었습니다. 지상 대명령의 준행입니다.

24절의 고백에서 우리는 그것을 알 수 있습니다.

행 20:24 「……마치려 함에는 ……」

우리가 제2, 제3의 바울을 닮는 심정을 가지고 선교하기 위해서는 겸손의 십자가, 눈물의 십자가, 인내의 십자가를 져야 하는데, 그 방법은 무엇입니까?

그것은 성령의 강력풀(Superglue)로 우리 자신을 주님께 딱 부치는 것입니다.

22절을 보십시오.

「보라 이제 나는 성령에 매임을 받아 예루살렘으로 가는데 저기서 무슨 일을 만날는지 알지 못하노라」

여기서 '심령에 매임을 받아'라는 말은 '성령의 인도하심대로' 라는 의미입니다.

여러분! 한 번 믿음의 눈을 열어 상상해 보십시오!

노사도 바울 …… 현대인의 눈으로 보기에는 이상적인 목회자가 아닐 수도 있는데 왜 우리는 그 분을 전문인 선교사라고 합니까?

다메섹 도상에서부터 시작된 그의 제1차, 제2차, 제3차 선교 여행의 수많은 발자국 그 발자국을 인도하신 분은 주님이셨기 때문입니다.

아시아 문화권에서 선교하기 위해서는 인내의 십자가를 져야 합니다. 리챠드 포스터 (Richard Forster)는 훈련의 기쁨이라는 책에서 "우리는 자기 훈련을 통해서 모든 속박으로부터 자유를 얻는다고 합니다."라고 말했습니다.

여기서 자기 훈련이란 십자가 앞에서 자기를 부인하고 죽고, 주님이 이루신 부활의 능력을 우리의 인격에 담아 제자의 길을 따라가는 것을 의미합니다.

즉, 로마서 6장에서 말했듯이 「나는 죽고 그리스도만」의 자세로 적극적으로 주님 앞에 거룩한 "산 제물 (a living sacrifice)"로 드리라는 것이며

예수님과 연합되어서 (in Christ)
예수 그리스도의 마음을 알고 (in the mind of Jesus)
하나님의 뜻 (the will of God)을
준행하는 삶을 사는 것이지요!

십자가 앞에서 성령의 덧옷 입음을 받고 죽음의 십자가가 부활의 십자가로 드려지는 놀라운 증인의 삶 그것이 선교사의 삶인 것입니다.

「다 이루었다」고 말씀하신 예수님처럼 선교의 사명을 「다 마치려는」 사도 바울처럼, 선교사로 헌신한 우리도 인생의 길을 다 가게 되

면 안식의 포구에서 깨어날 때 만족스런 고별과 희망에 찬 부활의 아침을 맞이해야 합니다.

그러나 이것은 불교의 자기해탈이나 유교의 수신이나 도교의 무위사상이나 샤머니즘의 길흉화복과 같이 자기 노력을 통해 이루는 자기 극복과는 다른 내용입니다.
우리의 자유는 그리스도 안에서의 자유이고 인내의 십자가를 지면 질수록 자유케 되는 역설적인 자유요, 종의 자유인 것입니다.

당신도 바울과 같이 십자가를 지고 주님을 따르기 위해서는 예수의 흔적을 당신의 몸에 지녀야 할 것입니다.
갈라디아서 6:17 "내가 내 몸에 예수의 흔적을 가졌노라"
여기서 흔적은 스티그마로서 마크(mark), 문신 그런 의미입니다. 바울은 처음부터 끝까지 예수의 종으로서 달려갈 길을 다 달린 것을 알 수 있습니다.
종입니다. 나는 주인이 아니고 종입니다. 우리가 이 마음을 같이 품을 수만 있다면, 아시아에 죽어져 가는 수많은 미전도 종족을 위해서 한국의 선교사들이 거룩한 산 제물로 드려질 수가 있습니다.

종교 혼합주의의 거머리를 다 떼어버리고, 물질 만능주의의 거머리를 다 떼어버리고, 정치적 선교사가 되려는 거머리를 다 떼어버리고, 영적인 침체에서 벌떡 일어나 나는 죽고 그리스도만의 십자가의 복음을 증거할 수가 있습니다.
당신은 오늘 당신의 삶 속에서 주님의 십자가를 지고 선교사로 헌신할 용의가 있습니까?

시카고에서 30년을 살면서 노방전도 하시는 구성회 장로님 이야기입니다.

이 분이 원더 몬테소리 학교 이사장을 하고 계십니다. 그는 신학교를 뒤늦게 다니시다가 북한, 중국, 한국을 다니면서 선교현장을 보면서 하나님께서 갈라디아 6:17 "이후로는 누구든지 나를 괴롭게 말라. 내가 내 몸에 예수의 흔적(STIGMA)을 가졌노라"라는 말씀을 주셨습니다.

한국에 나와서 한국전문인선교원에서 전문인선교훈련을 받고 시카고에서 전문인선교사를 양성하는 일을 하기로 했습니다. 그는 STIGMA를 Short-term Institute for Global Mission Advance로 해석을 했습니다.

세계선교의 진전을 위해서 단기선교사를 양성하는 것입니다. 은퇴한 사역자들을 통해서 이러한 일들이 이루어지기를 간절히 소망합니다. 한국은 20대부터 퇴직이 시작이 된다고 말합니다.

비전이 없으면 망할 수밖에 없는 무서운 세상이 되었습니다.

당신은 예수의 흔적을 받은 자입니까?

나의 만족과 유익을 위해 가지려 했던 세상일들
이젠 모두다 해로 여기고 주님을 위해 다 버리네
나의 능력 체험하면서 주의 고난에 동참하고
주의 죽으심을 본받아서 그의 생명에 참예하네
내안에 가장 귀한 것 주님을 앎이라
모든 것 되시며 의와 기쁨되신 주 사랑합니다.

이 찬양의 내용과 마찬가지로 우리는 십자가의 부활의 흔적을 지니고 살아야 합니다. 우리가 전문인 선교를 이야기하고자 할 때, 선교에 대한 토양이 준비가 되었는지에 대해서 살펴보아야 합니다.
　전문인 선교에 대한 개념상의 교리논쟁을 통해서 이루어진 것은 전문인=하나님의 백성이라는 정체성의 확립입니다.

　유대교와 카톨릭교의 공통점 → 복종을 강요 → 쇠락을 경험
　기독교 → 하나님께 영광 → 가문의 영광(한국인의 심성) → 흥왕을 경험
　이러한 민족의 기질을 잘 활용하는 것이 선교사의 전략이라고 봅니다.

　바울의 경우는 유대교의 율법과 대항하여 그리스도의 복음을 증거할 때, 유대인들의 관심사에 대해서 비판적 상황화의 입장에서 평가하고 기지를 발휘해서 복음을 증거한 것이지 한국문화적인 배경을 가지고 잘못 오판하면 무조건 나는 죽고 그리스도만의 자세로 사역한 것으로 해석할 필요는 없다고 봅니다. 순교의 은사가 있는 사람이 순교하는 것이라는 피터 와그너 박사님의 말에 동의하면서 더 발전적으로 그렇지 않은 대부분의 사람은 자신의 사명을 완수하기 위해서는 산 순교자로 살아야 합니다.

☞ **연구과제**

전문인선교의 3대 자세를 설명하라.

21 선교사의 협상술-1

(행 21:1-40)

바울의 예루살렘 마지막 방문은 그에게 최악의 조직폭력배에게 당하는 경험이었다. 솔직히 에베소와 아시아 복음화의 최대의 공로자를 예루살렘의 감옥으로 이끄는 것은 가히 충격적인 것입니다. 그러나, 하나님은 성령을 통하여 누가에게 이 글을 기록하게 함으로써 바울 이후에 감옥에 갇혀서 죽어간 수많은 순교자들에게 어려운 상황을 극복할 수 있는 힘을 더하고자 기록했다고 봅니다. 바울은 그의 품격에 있어서 선교적으로 보면 제2의 예수로서 선교적으로는 능동적인 사역을 했고 예수님과 마찬가지로 이제는 예루살렘에서 순교하는 전철을 밟게 되는 길을 따라고 있는 것입니다.

죠지 래드라는 신약신학자는 누가가 5장에 걸쳐서 기록할 만한 가치가 있는가에 대해서 이러하게 말하고 있습니다.
이 장에 대한 중요성은 복음을 거절하는 이스라엘에 대한 설명에 있다. 예수님을 최종적으로 거절한 장소에서 유대인이 다시 한번 복음을 거절하는 장면을 보여주고 있는 것입니다.

거절하는 자들에게 복음을 증거하는 방법은 자기를 비어 종의 형체를 입고 이 땅에 오신 예수님의 가신 길을 따라가는 것 밖에는 없는 것입니다. 예수를 믿는 것이 십자가의 길, 순교자의 길임을 천명하고 있는 것입니다.

마틴 루터 킹 목사가 이런 말을 했습니다.
폭력의 가장 큰 약점은 아래로 돌아가는 소용돌이처럼 피괴하고자 하는 것 자체를 다시 잉태한다는 것… 사실, 폭력은 증오만 더한다… 폭력을 폭력으로 갚으면 더 큰 폭력을 낳고 이미 별 빛조차 사라진 어두운 밤을 더 어둡게 만든다.
선교여행은 완전히 끝이 났습니다. 바울은 이제 마지막 시간을 위해서 예루살렘으로 올라가고 있습니다. 주를 앙모하는 자가 올라가는 것이 아니라 그는 하나님의 명령을 어기고 예루살렘에서 체포되고 마는 장면을 보여주는 것입니까?

1. 바울을 향한 하나님의 경고

우리는 하나님이 직접 정언명령으로 '하라' 또는 '하지 마라'고 직접 음성으로 꿈으로 계시로 역사하시면 한 여름의 냉수와 같이 시원하겠는 데 그냥 추천을 한다든지 경고로 말씀하시면 심각하게 듣지 아니하고 자신의 고집을 내세우다가 실수를 범하는 경우가 있습니다.
마치 북핵의 위기가 이제는 해결되는 첫 단추를 끼웠다고 하는데,

핵분열은 플로투늄이 붕괴되어 많은 열을 발생하고 파괴적인 힘이 크지만 비용이 많이 드는 반면에 핵융합은 수소를 중수소로 만드는 일이기 때문에 비용도 덜 들고 원자력 에너지를 사용할 수 있는 것처럼 자신의 의지를 활용하여 힘써 하는 일이 오히려 하나님의 나라의 진전에는 마이너스로 분열이 되는 것이기 때문에 구속사의 흐름(the stream of redemption)으로서 볼 때, 중장기적인 계획을 가지고 있는 하나님의 경고를 들어야 했습니다. 피터 드러커 박사의 말씀과 같이 한 눈은 2달 뒤를 내다보고 한 눈은 2년 뒤를 내다보는 혜안이 바울에게는 이 순간에 결여가 된 것 같습니다.

바울이 예루살렘으로 가는 것도 이러한 상황 판단에서 비롯된 것으로 보입니다. 4절에는 제자들의 만류가 있었고, 11절에는 선지자 아가보의 만류가 있었습니다. 예루살렘에 가면 포승줄에 묶인다는 것입니다. 그러나 바울에게는 예수님이 가신 십자가의 길, 순교자의 삶으로 자신의 삶을 유대인 구원을 위한다는 명목으로 마감하겠다는 의지입니다. 노량해전에 나서서 어린갑주를 벗고 흰옷을 입고 적군의 표적이 되어서 죽어준 이순신 장군이 생각이 나는 장면입니다. 더 이상 어떻게 할 수 없는 비장미를 보여주는 장면입니다. 이 때 아마도 바울은 심리적으로 탈진을 경험하고 있는 시기라고 볼 수가 있습니다. 어차피 한번 죽는 목숨인데 마지막에 판단 미스를 하더라도 이름값을 남기고 죽을 수밖에 없는 환경으로 모는 사회가 야속합니다. 그러나 여기서도 위에 계신 주님을 바라보아야 합니다. 바울이 우리에게는 푯대를 바라보고 나가라고 하면서도 자신은 막상 위기의 순간에 자신의 의를 위해서 깊이 생각하지 아니하고 타협하려고 했다는 것이 옥에 티같이 여겨집니다.

2. 바울의 협상술

바울은 하나님 외에는 협상술을 발휘할 수 있는 입장이 되지 못했습니다. 그는 업무 중심의 카리스마적 리더십을 가진 자로서 그러한 리더십이 없었다고 하면 어떻게 기독교 초기에 창의적 접근지역에 교회를 개척하는 그 일을 할 수가 있었을 것입니까! 바울에게 그러한 강인한 힘을 주신 전능하신 하나님의 능력을 우리는 찬양할 뿐입니다. 더구나, 바울은 자신의 백성인 유대인을 너무나 사랑했습니다. 야곱이 막내인 베냐민을 사랑했던 것처럼 바울은 그렇게 유대인들을 사랑했습니다. 자신이 총체적인 판단을 하지 못한 연고로 유대인들이 여전히 율법 하에 있는 것을 은혜아래 있게 하고자 그는 한 영혼이라도 더 구하고자 했기 때문입니다. 쉰들러스 리스트에 나오는 명단과 마찬가지로 주인공이 한명이라도 더 구하고자 하는 열정을 느끼게 하는 대목입니다. "나의 형제 곧 골육의 친척을 위하여 내 자신이 저주를 받아 그리스도에게서 끊어질지라도 원하는 바로라. 저희는 이스라엘 사람이라. 저희에게는 양자됨과 영광과 언약들과 율법을 세우신 것과 예배와 약속이 있고"(롬9:3-4) 진리를 온전히 아는 자가 부분적으로 아는 자들을 불쌍히 여기고 구원해 내고자 하는 연민 즉, 컴패션을 느끼게 됩니다. 그 결과로 바울이 원하는 것은 이스라엘 사람들이 편견을 버리고 세계선교에 까지 자신과 같이 나갈 수 있는 강력한 전략을 가지고 있었기 때문에 그런 것입니다.

그러나 여전히 바울이 간과한 것은 저들에게는 여전히 여리고성과 같이 무너지지 않는 율법을 준수하고자 하는 열망이 있었다는 것입니다. 율법준수론자들인 유대인들에게 이방인들에게는 예외적으로 율법의 폐기를 허용하는 발언은 예루살렘 교인들과 타협의 실마리를 주게 되었습니다. 나아가서, 바울은 율법을 준수할 수 있는 데까지는 율법을 준수하고자 한다는 율법불폐기론자의 입장을 제시하게 되었고 결국은 자기의 창조적인 길을 고집하다가 체제 안에서 타협안에 굴복하게 되는 결과를 낳게 된 것입니다.

이미 새로운 피조물이 된 바울의 판단이 옳았지만 정치적인 힘이 약했기 때문에 복음의 타협을 가져오게 되었습니다. 바울은 성화된 그리스도인이고 바울이 상대해야 할 사람들은 불신자들이기 때문에 하나님의 뜻대로 하지 않으면 그르치게 되는 우를 범하게 되는 것입니다. 마치, 예수 그리스도로 말미암아 구원을 받는다고 가르치던 그가 유대인 회당에 가서 주님을 십자가에 못 박은 그 제사장들과 함께 자기 죄를 위하여 동물을 제물로 바치는 일에 참여하게 된 것입니다. 혼란을 가중시키게 되는 것입니다. 변화가 소중하지만 복음의 전통을 지키는 일이 너무나 소중한 것입니다.

결론

우리는 하나님은 타협하지 않는 하나님이심을 알아야 합니다. 오늘 본문의 말씀을 보니 바울이 성결의식을 다 행한 7일 즈음에 피의 제사를 드리는 제물을 바치기 전에 소요가 일어나고 있음을 알 수 있습니다(27절). 로마군인들은 소요를 진정시키기 위해서 바울을 투옥시킬 수밖에 없게 된 것입니다. 타이밍이 안 맞는 것입니다. 그러나 이것이 타협을 불허하시는 하나님의 타이밍입니다. 이미 예수님께서 십자가에 죽으심으로 영 단번에 우리 모든 인류의 죄를 다사하셨음에도 불구하고 다시 피 제사를 드린다고 하면 예수의 구원을 무로 돌리는 결과를 가져온다는 것입니다. 이것이 바울을 놓아줄 수 없는 이유가 된 것입니다.

혈기로 사람을 죽이고 도망한 모세는 광야에서 40년 동안이나 양을 치면서 세월을 보내야 했습니다. 삼손은 다곤 상을 무너뜨리는 기적을 창출하고 죽었으며 하나님은 자신의 의지대로 다시스로 가는 요나도 회개하여 니느웨 성의 회개를 외치게 합니다. 우리아의 아내를 취하기 위해서 장수 우리아를 죽인 다윗도 성군으로 쓰셨으며 세 번이나 주님을 부인한 베드로도 사용하셨습니다. 그리고 그 주님이 마침내 바울을 사용하셔서 23장에서 산헤드린에게 복음을 증거하였고 24장에는 벨릭스 총독에게 25장에는 베스도 총독에게 26장에는 아그립바 그리고 로마 제국의 간수에게 복음을 증거한 것입니다.

여기서 우리가 한 가지 배울 것이 있습니다.

진정한 협상술은 예수 그리스도의 온전한 복음을 증거하는 것입니다. 바울은 천재형이기 때문에 자신은 온전히 율법을 알고 이제 복음을 알았기에 복음을 변증하기 위해서 시도를 하려고 했으나 아직은 온전히 은혜에 거하는 법을 모르는 자들에게 혼란을 가중시키는 종교혼합주의가 될 우려가 있기 때문에 하나님이 막으신 것입니다. 미국에서는 先구원 後회개를 허용하는 많은 미국제 복음주의로 인해 지금도 타락하고 있습니다. 지금도 그 결과로 미국의 명목적 기독교인은 그 수가 늘어났는지는 모르지만 익명의 그리스도인들로 아니 실천론적 무신론자들로 채워지는 우를 범하게 된 것입니다. 그러므로 복음은 협상의 대상이 아닙니다.

그러므로 우리는 그리스도 안에서 그리스도의 마음을 품고 하나님의 뜻을 구하는 삶을 살아야 합니다. 모든 일을 긍정적으로 바라보고 믿으며 생각하고 말하되 복음이 변질이 되지 않는 한에서 그쳐야 합니다.

선교에서 가장 중요한 전략은 유연성(flexibility)이라고 합니다. 그러나 우리가 모슬렘 선교를 하면서 이교도의 사원에서 코란경을 가지고 읽으면서 저들과 같이 참배를 하는 가운데 복음을 증거하는 파괴적 혁신(destructive innovation)의 방법으로서의 선교는 조심스러워 보입니다. 담대한 선교는 본받고 싶으나 성령의 역사보다도 인간이 너무 앞서가는 것이 아닐지요! 지난 해에 우리에게 충격을 주었던 탈레반 사건도 이러한 차원에서 이해를 하면 좀 더 쉽게 선교가 풀리게 됩니다. 선교는 소프트 라인(soft line)과 하드라인(hard line)이 교차하면서 특별히 변곡점에서는 더욱 더 무릎 꿇고 하나님의 뜻을 간구하는 것이 실수를 줄이는 방법이라고 볼 수 있습니다.

겸손해야 하는 것입니다. "형제들아, 사람이 만일 무슨 잘못한 일이 드러나거든 신령한 너희는 온유한 심령으로 그러한 자를 바로 잡고 네 자신을 돌아보아 너도 시험을 받을까 두려워하라"(갈6:11). 성령이 떠나가면 강한 자가 약한 자가 될 수 있고 약한 자는 실족할 수가 있는 것입니다.

그러므로 우리는 항상 형제, 자매가 실족하지 않도록 중보기도를 해야 할 것입니다.

☞ **연구과제**

바울의 회심 이야기와 자신의 회심이야기를 비교하라.

22 선교사의 협상술-2

(행 22:1-21)

전남 담양의 죽녹원에 가보니 죽녹원의 길에는 8가지의 길이 있습니다. 돌계단을 하나 하나 올라가며 대나무 향취에 취하여 많은 생각을 하게 되었습니다. 충절의 고향에서 많은 선비들이 생각이 났습니다.

1. 운수대통의 길
어느 누구나 가고 싶어 하는 길입니다. 소유의 창고의 삶입니다.

2. 샛길
어느 누구나 변화를 꾀하고 싶은 유혹의 길이요 관통의 길입니다.

3. 사랑이 변치 않는 길
어느 누구나 유지해야 할 좌로나 우로 치우치지 않는 정도입니다.

4. 죽마고우의 길
엠마오로 가는 두 제자처럼 죽기 까지 함께 할 인생의 동반자가 있다면 행복한 자입니다.

5. 추억의 샛길

하프타임 이후에도 다시 한번 변혁을 시도할 수 있는 길이 있다면 이는 분명 하나님이 주신 선한 사마리아인이 되라는 인생의 길입니다.

6. 성인산 오름길

이 길은 고뇌의 길이요 겟세마네동산의 길이요 십자가의 골고다의 길입니다. 성인은 생활 가운데 사랑을 실천하는 자입니다.

7. 철학자의 길

철학과 신학을 동시에 알고 균형을 갖출 수만 있다면 언제 죽어도 여한이 없는 삶을 사는 것입니다.

8. 선비의 길

세례 요한, 예수님, 그리고 바울이 가신 그 길은 강직하고 청렴한 성품을 지닌 선비의 길입니다.

이조 중종시대에 조광조는 개혁을 시도하다가 반대파의 모함을 받고 사약을 받고 죽었는데 '그 한 신은 흰색 고무신을 신고 한 신은 검은 고무신을 신었다'고 하는 소설가 최인호의 유림이라는 소설이 생각이 납니다. 흰색과 검은 색을 모두 아우르는 회색을 타협안으로 제시하지를 못하고 죽어간 것 같습니다. 철학자의 길이요 선비의 길을 달려간 것입니다. 대나무와 같이 절개를 지키며 진리만을 고수하며 그 길을 가노라면 이 세계화의 시대에 너무 뒤쳐지는 것이 아닌가! 회의도 들지만 세계화의 핵심은 요한복음 3장 16절입니다. 변화하는 세상에서 변치 않는 복음을 증거하는 것이 중요합니다.

모택동과 함께 중국의 1세대 리더인 등소평이 말하기를 흰 고양이

든 검은 고양이든 쥐만 잡기만 하면 된다고 하는 실용주의를 펼친 것을 보면 그 결과는 성공했으나 개혁가는 반드시 순교한 것을 볼 수가 있습니다. 그러므로 고양이 목에 방울을 다는 역할을 하는 것은 위험한 일이라고 말합니다. 그러나 주님을 위해서라면 십자가를 메어야 되는 것입니다. 2008년 8월 8일 중국은 북경선언문을 발표하며 친 한국적인 기독교를 중국에 허용하는 기독교의 부흥을 맞이할 것입니다. 변화하는 공산주의에서 삼자 기독교를 뒤로 하고 순수한 친 중국적인 기독교를 받아들이게 되는 것입니다. 이 전환점의 시대에 한국의 바울 사도들이 이제 중국공정을 이루기 위해서 출발할 때가 된 것입니다.

이제 바울도 십자가의 길에 오르게 되는 것입니다.
사도행전 22장에는 바울의 회심이야기가 3부로 구성이 되어있습니다.

1. 육체로 자랑(1-5절)

바울의 과거사는 모든 것이 자랑스러운 것이었습니다. 로마서 9장에 보면 그는 유대인의 특혜에 대해서 쓰고 있습니다. 로마서 9장 4-5절. 그리고 빌립보서 3장 4-6절에는 더 구체적으로 자랑을 써놓고 있습니다. 그는 순수한 유대인으로서 조상들의 전승을 계승하는데 열심이었고 가마리엘 문하에서 교육을 받았습니다. 그리고 특히 선민 이스라엘 사람임을 자랑했습니다.

이조시대에 바울과 비기는 선비로는 명종-선조 당시의 송강 정철 선생을 들 수가 있습니다.
1536년 서울 청운동에서 출생
1551년 김인후, 기대승등으로부터 학문을 배움
1567년 율곡과 함께 독서생활
1580년 강원도 관찰사에 제수되고 관동별곡을 지음
1585년 동인에 밀려 탄핵을 받고 1589년까지 창평에 낙향하여 사미인곡과 속미인곡을 지음
1589년 정여립의 모반으로 동인이 실각하자 우의정이 되고 이듬해 좌의정이 됨
1593년 동인의 모함으로 관직에서 물러나 강화도 송정촌에서 58세로 별세

 이 분의 생애를 보시면 바울과 같은 창조적 리더십을 가진 분인데 그것을 발휘할 수 없는 시대고를 앓고 있는 모습을 보여주고 있습니다. 천재는 단명한 것이고 그 뜻을 이루기 위해서는 말할 수 없는 수고와 희생을 할 수 밖에 없는 것입니다.

2. 바울의 초심(6-16절)

 이런 바울에게도 예수님이 다메섹 도상에 나타나셨습니다. 그 때까지 그는 영안이 뜨이지 못한 지식분자였을 뿐입니다. 그러나, 예수님이 그에게 나타나셨을 때 그는 갑자기 모든 것이 알아지게 되었고 깨달아지게 되었습니다. 영안이 열리게 된 것입니다. 그 때 그에게 깨달아진 것은 자신이 하나님을 위한다고 한 것이 모두 예수를 핍박하고 있는 것임을 알게 된 것입니다. 바울이 어떻게 회심을 하게 되었느냐고 한다면 그것은 오직 주 예수 그리스도의 은총으로

회심한 것입니다. 주석 학자들은 바울의 회심을 급격한 회심(radical conversion)이라고 합니다. 이방인 선교를 위해서 하나님이 예비하신 그릇입니다. 우리도 예비된 그릇이 되려고 하면 바울과 같은 열정이 있어야만 합니다. 미지근한 신학자들은 바울의 회심이 점진적 회심(progressive conversion)이었다고 합니다. 아마도 이것이 기초가 되었음에는 틀림이 없습니다. 그러나 분명한 것은 예수님이 만나주셨다는 것입니다. 하늘로부터 홀연히 임한 성령의 역사가 중요한 것입니다. 송강 선생과 같이 유배지에서 선조 대왕을 그리워하며 사미인곡을 쓰고 속미인곡을 짓는 것이 중요한 것이 아니라 바울과 같이 다메섹에서 주님을 만나는 것이 중요한 것입니다. 예수님을 알지 못하고 죽은 선조들은 마지막 때에 저들의 선한 양심을 따라서 심판을 받게 될 것입니다.

3. 바울의 사명(17-21절)

"떠나가라, 내가 너를 멀리 이방인으로 보내리라(행22:21)"라고 바울은 갑자기 이 부분에 이르러서는 헬라어가 아닌 아람어(유대인의 히브리어)로 말하고 있는 것입니다. 바울의 언어의 전문성에 감탄을 금할 수밖에 없는 것입니다. 자신이 유대인임을 강조하는 것입니다. "그가 또 이르기를 우리 조상들의 하나님이 너를 택하여 너로 하여금 자기 뜻을 알게 하시며 그 의인을 보게 하시고 그 입에서 나오는 음성을 듣게 하셨으니"(행22:14).이 말이 나오자마자 그들은 폭도로 변하여 바울을 죽이려고 했습니다. 모세의 율법 없이 이방인들이 구원을 얻을 수가 있다는 것입니다. 한국인이면 유대교를 믿지 않아도 예수만 믿으면 구원을 얻을 수 있다는 것입니다.

제가 존경하는 성리학자인 남명 조식 선생님은 그 문하생들이 임진왜란이 났을 때 가장 많이 의병으로 출전을 했습니다. 중종 당시에 이퇴계와 동시대의 선비였는데, 지리산에 거하며 거사로서 한번도 정계에는 나가지 않았습니다. 이 분은 항상 쾌도와 성성자를 지니고 다녔습니다. 쾌도는 자신이 변절하고자 하는 상황에 접하게 되었을 때 자결하기 위함이고 성성자는 걸어갈 때면 방울소리를 내서 자기 자신을 항상 조심했다고 하는 선비의 도를 보여주는 것입니다. 이는 하나님의 말씀의 검을 지니고 다니며 실족치 않게 하기 위함과 같은 것입니다. 우리의 선비들에게는 구속적 유비와 같이 항상 선생 예수님이 생각날 만한 선비 정신이 있었습니다.

복음은 단순하고 겸손하며 구원받는 길은 단순합니다. 하나님이 주신 예수 그리스도를 통해서 구원받는 이 진리를 받고 구원에 이르기를 바라는 것이 전도자의 심령에 매임을 받는 것입니다.

결론

1. 바울은 하나님께 선택받은 사람이다.

선택을 받았기에 특권도 있었지만 이 특권은 복음을 증거하기 위한 특권이 되어야 합니다. 전도자는 자신의 사명을 다 완수하기 전에는 죽지 않습니다. 당신은 하나님께 선택받은 사람입니까, 아니면 스스로가 소피스트로 지식을 팔고 밥을 먹는 사람입니까?

2. 바울은 그리스도로부터 보냄을 받은 사람이다.

바울 서신을 보면 항상 바울은 자신이 사도임을 천명하고 있습니다. 다시 말해서 다메섹도상에서 그리스도를 만난 후에 그 자신의 삶이 온전히 보내심을 받은 사람이 되었다는 것입니다. 우리는 천국의 대사로 열방을 향해 보냄을 받은 사람입니다.

3. 바울은 이방인을 위한 사도였다.

바울은 이방인을 위한 사도였습니다. 그는 세계화 시대의 실천자요 계승자가 된 것입니다. 그 당시에는 그 길이 슬퍼보였으나 오늘날에는 모두가 바울을 존경하는 길이 되었습니다. 송강 정철 선생님의 길도 그 당시에는 고난이 많았으나 우리나라 국문학의 개척자요 최고의 문인으로 평가를 받게 된 것과 같은 맥락입니다.

이방인이 누구입니까? 우리와 세계관(worldview)이 다른 모든 분들이 다 이방인입니다. 우리는 하나님 중심의 세계관을 가지고 있습니다. 그러나 세상의 사람들은 인간의 가치관으로 만족하고 있습니다. 지금은 화강암을 가지고 대리석 효과가 나는 돌을 만든다고 합니다. 물리적 변화 정도가 아니라 화학적 변혁이 이루어지고 있는 것을 말합니다. 우리가 이방인들에게 나아가서 물리적 변화(change)가 아닌 화학적 변혁(transformation)을 이루는 일을 하기 위해서는 3차원적인 인생에게 4차원의 영성을 가지고 꿈꾸고, 믿고 생각하고 긍정적으로 말하고 나가는 자들이 리더가 영혼이 잘되고 풍성한 결실을 맺는 축복의 통로가 될 수가 있습니다.

☞ 연구과제

바울의 전도 메시지와 자신의 전도 메시지를 비교하라.

23 선교사의 협상술-3

(행 23:1-10)

사도바울은 거의 20여년을 예수 그리스도의 사신으로 삶을 살아 왔습니다. 그러나 그 마지막의 결과가 로마의 감옥에 갇히는 것입니다. 우리는 주님을 따르고 살다가 마지막에 감옥에서 순교하는 삶을 보게 됩니다.

주기철 목사님의 장남이신 극동방송의 고문이신 주광조 장로의 간증을 들어보면, 북한군이 주기철 목사님을 회유하기 위해서 오정혜 사모님 앞으로 많은 선물을 보냈는데 김일성 장군의 하사품을 다 돌려보냈다고 합니다. 그 때 헐벗고 굶주린 자녀들은 굳이 돌려보낼 것이 무엇인가! 그렇게도 생각을 한 적이 있었다고 합니다. 산 순교자가 되고 만 것입니다. 어찌 순교자의 가정은 돌보지 않으며 우리나라를 위해서 온 선교사의 묘역은 방치할 수가 있다는 말입니까! 누가 이렇게 푸대접을 하는 데 그 일을 감당할 수가 있습니까? 사명자 만이 그 길을 갈 수가 있기 때문에 고난이 특심한 것입니다.

사도 바울은 유대인이 아닌 로마인에게 잡힌 것이 오히려 환란 가운데 위로가 되심을 알게 되었습니다. 유대인은 바울을 죽이려고만 했습니다. 그러나 로마인은 바울을 공정하게 다루려고 한 것입니다. 22장 28절에 보면 천부장 글라디우스 루시아는 글라디우스 황제 때에 시민권을 산 것입니다. 그러나 바울은 그 부모가 시민권자이기 때문에 자신도 시민권자라고 하는 것입니다. 시민권자가 된 경로는 알 수 없으나 그가 시민권자의 아들이기 때문에 로마의 천부장의 보호를 받게 된 것입니다. 국가가 존재하는 이유는 공의를 존중하고 시민을 보호하기 위함입니다.

그러나 2008년 6월의 서울광장에서 열리는 광우병 규탄데모는 정부가 적극적으로 시민을 보호하지 않는 것 같고 조금 위압적인 자세로 나가기 때문에 이제는 종교인까지 들고 일어나는 사태가 온 것입니다.

1. 바울의 양심

"바울이 가로되 회칠한 담이여 하나님이 너를 치시리로다"(행23:3)

바울은 바리새인들이 부활을 믿으나 사두개인들이 죽은 자의 부활과 영의 세계를 믿지 않음을 알고 있었다. 자신의 입장이 죽은 자의 부활을 신봉하는 신앙임을 연결시켜서 사두개인들과 바리새인들을 대력하게 하는 벼랑 끝 전술을 협상술로 쓰고 있는 것입니다. 회칠한 담과 같이 막힌 담을 관통(breakthrough)하여 대낮에 창조의 빛 가운데 주님을 만난 전직 바리새인인 바울은 바리새인의 회심을 강력히 요청한 것입니다. 전문인 선지자의 기능입니다. 흉음을 전한 것입니다. 복음을 전해도 믿지 않는 자들에게 흉음을 전한다면 순교를 각오한 것이라고 볼 수 있습니다. 그런데 그 바울을 지지하여 주는 것이 '나는 범사에 양심을 따라 하나님을 섬겼노라'(행23:1)라는 것입니다.

바울은 분명히 큰 과오를 범한 자입니다. 그러나 예수님을 다메섹 도상에서 만난 후, 후반전의 인생은 양심을 따라서 살고 성령과 함께 동행하며 마지막에 웃으면서 예수, 예수, 예수를 부르며 주님께로 갈 수가 있었던 것입니다. '율법의 의로는 흠이 없는 자'(빌3:6)라고 그는 말했습니다. 우리는 다 흠이 있습니다. 예수님이 그 보혈로 덮어 주시니 흠이 없어 보이는 것입니다. 그러므로 우리는 더욱 성화되어 십자가의 부활의 능력 안으로 들어가야 할 것입니다.

2. 바울은 부활을 선포하다

바울은 공회 앞에서 외쳐 이르기를 '죽은 자의 소망 곧 부활로 말미암아 내가 고난을 받는다'(행23:6)고 했습니다. 여기에서 바리새인들은 바울을 지지하게 되고 사두개인들은 바울과 거리가 나게 되는 것입니다. 로마군인 천부장은 혹시 바울이 상할까 하여 영내로 들어가게 했습니다.(행23:10). 부활을 선포하면 죽을 것 같지만 부활을 선포해야 변곡점을 지나서 승리하는 삶을 살게 되는 것입니다. 20여 년 전에 미국에서의 유학시절에 필자에게 빌립보서 주석을 가르쳐 주신, 미국의 최고의 신약 신학자이신 Dr. 리챠드 멜릭 교수는 "내가 그리스도와 그 부활의 권능과 고난에 참예함을 알려 하여 그의 죽으심을 본받아 어찌 하든지 죽은 자 가운데서 부활에 이르려 하노니"(빌3:10-11) 이 말씀이 신약 전체를 통하여 가장 중요한 말씀이라는 가르침을 받은 적이 있었습니다. 우리는 부활을 우선적으로 선포해야 합니다.

3. 바울에게 말씀하여 주신 주님

하나님은 바울이 부활의 메시지를 선포하자 바울에게 나타나십니다. "담대하라, 네가 예루살렘에서 나의 일을 증언한 것같이 로마에서도 증언하여야 하리라"고 부활하신 주님이 바울에게 말씀하여 주십니다. 저는 인생의 중요한 변곡점마다 주님의 음성을 듣고 달려오고 있습니다. 그러므로 바울에게 나타나신 말씀을 문자 그대로 믿습니다. 여러분도 주님의 음성을 듣기를 원하십니까? 생활 가운데 전도자가 되시기를 바랍니다. 바울의 몫에 태인 십자가를 다 지게 하시는 주님의 마음은 지상 대 명령을 완수하고자 하는 마음으로 가득 차 있음을 알게 됩니다. 이제 그만 쉬라고 말하지 아니하시고 담대히 로마에서도 증거하라고 말씀하고 있습니다. 바울은 로마의 관원에서, 산헤드린 앞에서 자신이 로마의 시민임을 주장했습니다. 그 때마다 주님을 의지하였습니다. 만일 여러분이 지금 실족하고 피곤하고 실망하여 독수리의 날개가 다 찢어졌다고 절망하는 순간에도 주님은 다시 이러나서 걸으며 창공으로 날아오르라고 명령하고 있음을 기억하시기 바랍니다. 성령님이 다 그 길을 안내해 주시기 때문입니다. 우리는 다만 증인의 삶을 살면 되는 것입니다.

결론

당면한 환난의 밤이 은총의 밤이 되자.

고린도의 밤에도 하나님이 바울에게 나타나셔서 이렇게 말씀하셨습니다. "두려워 말라, 잠잠하지 말고 전도를 계속하라"(행18:9-10)

예루살렘의 밤에 하나님은 다시 바울에게 나타나셔서 이렇게 말씀하셨습니다. "담대하라 내가 예루살렘에서 나의 일을 증언한 것같이 로마에서도 증언하리라"(행23:11)

지중해의 밤에서도 하나님은 이렇게 말씀하십니다. "두려워 말라… 너와 함께 항해하는 자를 다 네게 주었다"(행27:24)

・우리는 쉽게 동의하고 쉽게 잊는 세상에서 환란을 당할 수 있습니다.
・우리는 미디어의 발표를 보고 쉽게 마음의 문을 닫게 되는 환난을 당할 수 있습니다.
・우리는 손해를 보지 않을 만큼만 베푸는 세상사로 인하여 환난을 당할 수 있습니다.
・우리는 겁나게 바쁜 일들로 인하여 환난을 지나칠 수도 당할 수도 있습니다.
・우리는 이상과 현실 사이에서 결정하지 못하고 환난을 당할 수 있습니다.
・우리는 마음과 정신이 무거워서 환난을 당할 수 있습니다.

당면한 환난의 밤이 은총의 밤이 되는 길은 무엇인가요?

복잡하고 어렵고 설망스러운 상황도 하나님은 자기의 크신 이름의 영광을 위하여 그리고 우리를 믿음으로 의롭게 인도하시기 위해서 사용하고 계시는 것입니다.

서울 대학교의 윤영관 교수의 글이 소개된 <세계화와 국제관계>에 보면, 2008년 현재 한국의 국가 힘의 지수가 1이라고 하면 미국은 20이고 중국은 5이고 일본은 6이라고 합니다. 참조로 북한은 0.01 이라고 합니다. 주변 4강의 우겨 쌈 가운데 향후 5년 뒤, 10년 뒤의 동북아 시대의 평화의 촉진자(facilitator)가 되기 위해서는 우리는 힘을 키워야 합니다. 그 힘은 축복의 통로(channel of blessings)가 되라는 예수의 사랑의 힘이기 때문에 품격을 지닌 것이고 존경을 받을 수 있는 것입니다.

그러므로 우리는 부활하신 그리스도 예수 안에서 이 세상을 이길 수가 있습니다.

☞ **연구과제**

바울의 메시지와 자신의 메시지의 특징을 설명하라.

24 선교사의 협상술-4

(행24:1-27)

    종교개혁자 마틴 루터는 Worms 국회의사당 앞에서 소환이 되어서 심문을 받았습니다. 그 때 그를 협박하여 '네가 지금까지 다 쓴 것을 소각하고 이제 우리 법을 따르겠는가?'라는 질문에 '성경에 비추어 오류가 없는 한 나는 나의 주장을 철회할 수 없습니다. 나의 양심은 이미 성경에 포로가 되었습니다.'라고 대답을 했습니다. 그리고는 '하나님이여, 내가 여기 있나이다'(Here I stand)라고 대답을 했습니다. 이 같은 루터의 용기와 양심의 선언은 어디서 오는 것입니까?

    그것은 변함없는 성경에서 오는 것입니다. 여기서 루터가 주장한 것은 만인제사상실과 직업소명론입니다. 루터는 독일 크리스챤에게 고함이라는 글에서 모든 세례 받은 신자는 제사장이라고 주장을 했습니다. 라틴어로 모든 크리스챤은 sacerdotes(제사장)이라고 표현했습니다. 그러나 ministri(목회자, minister)라고 표현하지는 않았습니다. 세례 성례전은 모든 크리스챤이 하나님의 사제로 성별되는 순간이라고 루터는 해석을 하고 있습니다. 성직자와 평신도의 차이는 다만 기능에 있다고 하는 것인데 성직자는 설교와 성만찬을 집례하고 평신도는 세속 직업에서 하나님께 영광을 돌리는 기능을 가지고 있다는 주장입니다. 이러한 총체적인 주장이 모여서 그를 브름스의 국회의사당에 서게 했고 그는 '브름스의 기왓장보다 마귀가 아무리 많아도 나는 하나님 앞에 서 있나이다' 라고 고백할 수밖에 없다고 말했습니다. 중요한 것은 하나님께 영광을 돌릴 수 있느냐는 것입니다.

1. 바울의 제1차 재판

첫째 송사내용:
우리가 보니 이 사람은 영병이라. 천하에 퍼진 유대인을 다 소요케 하는 자요 나사렛 이단의 괴수니라(24:5).
더둘로는 벨릭스가 바울을 잠재적으로 위험한 정치적 혁명가로 보기를 원한 것을 알 수 있습니다.

첫째 응답내용:
당신이 아실 수 있는 바와 같이 내가 예루살렘에 예배하러 올라간지 열 이틀 밖에 못되었고 저희는 내가 성전에서 아무와 변론하는 것이나 회당과 또한 성중에서 무리를 소동케 하는 것을 보지 못하였으니 이제 나를 송사하는 모든 일에 대하여 저희가 능히 당신 앞에 내세울 것이 없나이다(24:11-12).
증인을 세우라고 담대하게 외치는 바울 앞에 저들은 당황할 수 밖에 없는 것입니다.

둘째송사내용:
바울은 나사렛 이단의 괴수라(24:5)

성경에서 신자를 나사렛파로 부르는 유일한 본문입니다. 그러나, 송사하는 거짓 선지자 더둘로가 실수 한 것은 이미 벨릭스가 그 도를 더 알려진 그리스도교라고 하는 것을 인지하고 있음을 알지 못한 것입니다.

둘째 응답내용:
그러나 이것을 당신께 고백하리이다. 나는 저희가 이단이라 하는 도를 좇아 조상의 하나님을 섬기고 율법과 및 선지자들의 글에 기록된 것을 다 믿으며(24:14)
바울은 자신이 그리스도인임을 분명히 했으며 유대교의 완성을 이룬 것이 그 도임을 천명한 것입니다. 현재 유대교에서는 이사야서 53장의 고난 받는 종으로 오신 메시아가 저들이 대망한 메시아임을 믿고 있는 실정입니다.

셋째 송사내용:
저가 또한 성전을 더럽게 하였으므로(24:6)
로망니들이 성전을 더럽혔다고 했으니 다행이지 만일 유대인들이 고소를 했다면 문제가 심각해질 것이었다.

셋째응답내용:
여러 해 만에 내가 내 민족을 구제할 것과 제물을 가지고 와서 드리는 중에 내가 결례를 행하였고 모임도 없고 소동도 없이 성전에

있는 것을 저희가 보았나이다. 그러나 아시아로부터 온 어떤 유대인이 있었으니 저희가 만일 반대할 사건이 있으면 마땅히 당신 앞에 와서 송사하였을 것이요(24:17-19)

바울은 성전을 더럽혔다기 보다도 성전을 정결하게 했다. 우리는 정결하게 하는 샘이 바울에게서 흘러나와 성전에 흘러넘치는 것을 에스겔의 성전의 환상과 같이 보게 되는 것입니다. 패러다임의 전환의 시기에 변혁을 주장하는 자는 십자가를 져야 하는 것입니다.

마치 이순신 장군이 전쟁 도중에 선조에게 잡혀와서 적과 내통하고 원균의 공을 빼앗았다고 하면서 이순신 장군이 역모를 꾸미고 조선의 왕이 되려고 한다는 죄목으로 친국하는 모습을 연상하게 합니다. 이순신 장군이 이러한 역경에도 불구하고 12척의 배를 수습하여 마지막 전쟁을 치르고 순교한 것을 보면서 우리는 무엇을 배울 수 있습니까?

기독교는 이권보다도 십자가가 중요합니다. 부활의 십자가이고 섬김의 십자가여야 합니다. 이제 2008년 한국의 기독교가 다시 소생하기 위해서는 고만 고만한 리더들이 자신의 성채를 부수고 예수 그리스도의 이름으로 다시 뭉쳐야 합니다. 축복의 창고(the storage of blessings)를 강조하는 축복과 건강의 메시지를 선포하는 개개인의 목소리가 높습니다. 조용기 목사님도 이제는 건강과 축복의 신학너머의 4차원의 영성으로 넘어가고 있습니다. 모두가 3차원의 답답한 현실에서 2차원으로 나와 적을 나누지 말고 4차원의 영성으로 구비되어 축복의 강가로 나가서 축복의 통로(the cjannel of blessings)가 되는 메시지를 조심스럽게 전파해야 합니다.

2. 바울의 양심선언을 우리는 주목해야 합니다.

바울은 양심을 꺼리게 하는 일로 십자가에 달리신 주님의 십자가의 공로를 무효로 돌리는 일을 할 수가 없었습니다. 몸을 정결케 하고 다시 제물을 드리는 예식에 이방인을 대동하여 참여하는 것은 잘못될 수가 있기 때문에 하나님이 막으신 것이며 그러나, 바울 개인의 믿음으로 본다면 이것은 언젠가 이루어져야 할 복음의 엘렝틱스와 같은 것입니다. 바울이 그러할 수 있었던 것은 그는 부활의 증인이기 때문입니다. 그는 직접 영광스럽게 부활의 주님을 직접 대면하였으며 자신이 영광스러운 부활에 속하는 길을 알게 되었기 때문이라는 것입니다. 그리고 부활을 믿는 사람은 양심을 외면하고 자신을 극히 더럽히는 일을 할 수가 없습니다. 이것은 욕된 부활을 얻게 되는 것이고 무거운 형벌이 있기 때문입니다(16절).

건국대학교의 손기철 장로의 말씀 가운데, 우리의 양심에 못이 박히게 하는 말씀은 '우리가 양심에 꺼리는 것이 없으면 병자에게 안수하면 낫습니다. 귀신도 몰아낼 수가 있습니다.' 우리는 일부 부흥사만이 이 일을 하는 것으로 이해를 하는 것으로 알고 있는 데 사실은 총체적인 구원을 이루어야 할 모든 그리스도 예수의 부활의 영성체에 접목이 된 우리 모두는 예수님의 권능을 사랑으로 베풀어야 하는 것입니다.

3. 바울의 양심선언은 성령의 음성을 듣고 따르는 행동입니다.

성 어거스틴은 임종시에 시편 51편을 벽에 걸어놓고 열흘 동안 그

것을 외우다가 돌아갔다고 합니다. 사실 바울의 복음에 대한 변증이 벨렉스를 감동시킬 만한 것이 아니었습니다. 그 높은 지체의 사람들이 쉽게 자기 자신을 드러내지 않습니다. 그러나 성령 충만한 바울의 모습이 벨릭스로 하여금 '백부장에게 바울을 지키되 자유를 주고 그의 친구들이 그를 돌보아 주는 것을 금하지 말라'고 하는 허용을 얻게 된 것입니다(23절). 부활의 신앙은 가장 강력한 메시지이고 이것을 전하는 자가 양심에 따라서 전하는 것이라고 한다면 그 메시지는 분명한 효과가 나올 수밖에 없는 것입니다.

육군대학교의 노병천 대령은 육군 소위 시절에 서슬이 시퍼런 박정희 대통령에게 복음을 증거한 것으로 유명합니다. 청와대에서 점심에 초대가 되었을 때, 직접 따라주시는 어사주인 맥주를 거부하고 어색한 분위기의 그 마지막 순간에 '대통령 각하 이대로 지옥에 가시겠습니까?'라고 복음을 증거했을 때 우리 각하는 눈물을 애써 감추시며 '야인으로 돌아가게 되면 꼭 교회에 나가겠다'고 신앙고백을 받아낸 것입니다. 이 이야기는 그 이후에 박지만 사장과 박근혜 의원에게서도 확인이 되었습니다. 이미 대구사범시절에 교회를 그만 둔 상태에 있었기 때문에 그 분의 양심은 죽어있는 상태에 있었고 그를 다시 살리려고 하는 것은 불가능한 상태였습니다. 오직 성령의 역사만이 죽은 자를 살릴 수가 있는 것입니다. 아직 영안이 열리지 않은 상태에서 영적 전쟁의 실체를 모르고 안타까운 광야를 살아가는 불신자에게 성령의 포탄이 터지는 장면과 같은 것입니다.

결론

벨렉스 앞에서 담대하게 자신의 신앙고백을 하는 모습을 보면서 입에서 나오는 말은 자신의 입술에서 동대문 기계국수집에서 마구 나오는 젖은 국수와 같은 것이 아니라 성령이 감동을 주셔서 은쟁반에 금사과와 같이 절제되어진 생명의 말씀이어야 한다는 것입니다. 우리는 얼마나 부정적인 말을 많이 듣고 하고 사는 세상을 살고 있습니까? 그러나, 하나님을 믿고 그리스도의 대속적 죽음과 부활을 믿고 성령의 내주하심과 인도하심을 믿어 선한 양심을 따라 사는 진실된 입술의 증인이 되어야 합니다. 이 일을 위해서 우리는 성령의 능력 세례를 받아야 하는 것입니다. 성령으로 늘 충만하고 일사각오의 자세로 자기 자신을 낮추고 늘 주님의 뜻을 구하면 어느 누구 앞에서도 복음을 증거할 수가 있을 것입니다. 복음을 젖은 국수처럼 마구 뽑아내는 이 시대 기계적인 리더십이 판치고 있는 상황입니다. 광우병 소고기 파동으로 어리석은 민중은 모두가 데모대에 서는 모습을 보면서 그 가운데 은쟁반에 금사과와 같은 전문인 선지자의 설득을 통하여 이 민족의 육신도 살리고 영혼을 살리는 원효 대사의 황소를 탄 농부의 메시지가 필요합니다. 그의 대승불교와 같은 개인구원을 넘어선 사회구원으로의 자세를 본받아 기독교도 깊이 있는 메시지를 전해야 합니다. 죽어가는 영혼을 살리고 그가 부활의 능력의 증인이 되는 수준까지 이르도록 총체적인 복음을 일사각오의 자세로 전하는 사명자의 메시지가 그리워지는 계절입니다. 우리는 핍박이 와도 '이 도를 따라' 영적전쟁에서 극단적인 변화를 위한 열정으로 승리한 바울과 같은 사역자가 되어야 합니다.

☞ **연구과제**

바울의 재판에 나타난 응답을 평가하라.

25 선교사의 협상술-5

(행 25:1-12)

베스도는 총독의 소임을 인수받자 개인적으로 바울의 재판에 대한 상황설명을 위해서 예루살렘에 간 다음, 벨릭스가 열었던 재판과 비슷한 가이사랴 재판을 열었습니다. 이 재판은 베스도가 산헤드린 공회를 대하기 위하여 바울을 예루살렘으로 되돌리기 위한 것이었습니다. 하지만 바울은 자신이 예루살렘으로 가게 되면 죽음을 면치 못할 것임을 알고 베스도의 우두머리인 가이사에게 가기를 소원했던 것입니다. 베스도의 재판은 간단했지만 여기에는 세 가지 부류의 등장인물이 나옵니다.

1. 고발자-유대인들

쌍칼잡이 목사로 유명한 변호사 출신의 양 목사님의 간증을 들어보면 당신이 변호사 시절에 시국사건을 많이 맡게 되었는데, 재판이 시작이 되려고 하면 이미 재판석을 점령한 학생들로 인하여 재판을 진행할 수가 없다고 합니다. 그 때 양 변호사가 일어나서 손으로 조-용 싸인을 하기만 하면 조용해진다고 합니다. 저들의 편이기 때문입니다. 군중심리입니다. 때로는 신앙심이 없거나 중생하지 못한 자들이 더 신앙이 좋아 보입니다. 그래서 영분별이 없는 지도자들은 당하기도 합니다. 그리고 너무 지나친 자들은 피해의식으로 겁쟁이 지도자가 되는 것을 많이 보게 됩니다. 이처럼 위선이고 악을 행하는 자들과 더불어서 예배를 드리는 것은 어려운 일입니다. 율법의 준수자들이 스스로 율법을 어기면서 사람의 뜻을 이루려고 하는 모습을 보여주고 있습니다.

필자도 미국의 워싱턴에서 목회를 할 때 이러한 군중에 해당하는 자들과 더불어서 목회를 한 적이 있었습니다. 목회자를 몰아내기 위해서 목회자에게 죄목을 씌우고 십일조를 동반하여 거부하고 마지막에는 교회의 소유권을 가지고 분쟁을 벌이는 모습을 보면서 추악한 한국인의 근성을 보는 것 같아서 눈물을 흘리며 교회의 후임이 세워지는 것을 보며 교회를 사임하고 시민권을 반납하고 한국으로 돌아온 경험이 있습니다. 그 당시에 교회는 물론 나오지 않았으나 교제했던 분이 워싱턴 총영사를 지냈던 반기문 유엔 사무총장입니다.

고발자 유대인은 새 술을 새 부대에 부으라고 하시는 예수님의 말씀처럼 새 시대를 맞이하는 시대정신이 결여가 되어있는 젤롯당이요 타락한 종교가들인 것입니다. 그러므로 기능적으로 제2의 이스라엘이라고 하는 한민족도 마지막 시내, 마지막 주자로 하나님이 쓰시는 것입니다.

2. 재판관-베스도

베스도는 훌륭한 행정가일 수 있습니다. 그러나 사실보다는 유대인의 마음을 얻기 위해서 언제든지 술수를 부릴 수 있는 자입니다. 그 전의 전임자와 다를 바가 무엇입니까! 우리가 인생을 살다보면 옳은 행동을 하고자 해도 인정과 환경 때문에 세상과 타협하고 꺾이거나 굽혀지는 경우가 많이 있습니다. 필자도 그런 경험을 최근에 해보았습니다. 안창호선생의 평전을 읽으면서 너무나 큰 감동을 받았습니다. 눈물을 줄-줄-흘리고는 도산공원으로 달려가 이 분이야 말로 이 땅에 고난 받는 종으로 오신 예수 그리스도라고 민중 신학자처럼 고백을 하게 되었습니다. 그러나 정치적인 해프닝에 휘말리면서 선한 뜻으로 한 것이 훼손이 되었을 때 너무나 마음이 아팠습니다. 불이익을 당하는 것 같아서 그만 물러날 수밖에 없었습니다. 옳은 길이었는데도 사람들은 미성숙한 결정을 한 것으로 보는 것입니다. 세상 사람들은 예수님이 십자가에 달리신 것을 어리석은 길이라고 보는 것과 마찬가지입니다. 문화 변혁자(transformer of culture)로 산다는 것은 정치, 경제 사회, 문화, 예술, 스포츠, 과학, 교육, 철학 그리고 서비스에 이르기 까지 변혁을 이룬다고 하는 것입니다. 현 대통령은 경제만 살리면 나머지가 다 해결이 된다고 하는 데 균형을 잡고 같이 살려야 신경제가 살아날 수가 있습니다. 제2, 제3의 베스도와 같은 지도자들 때문에 민중들은 고난을 겪고 있습니다. 세계관까지 변혁이 되어진 리더를 모시지 못하는 이 민족은 불쌍한 민족입니다. 그러나 그 길이 십자가의 길이기에 하나님의 나라 차원에서 묵묵히 주님의 뜻을 간구할 뿐입니다.

3. 승리자-바울

바울은 응답하여 말하기를 "유대인의 율법이나 성전이나 가이사에게나 도무지 죄를 범하지 아니하였노라"(행25:8).

어떻게 바울은 이 지옥과 같은 환경을 이길 수 있었습니까?

바울은 하나님이 우주를 다스리는 분임을 확신하고 있었기 때문입니다. 눈에는 아무 증거 아니 뵈어도 믿음만을 가지고서 보면 이 귀에는 아무 소리 아니 들려도 하나님의 약속 위에 설 수가 있는 것입니다. 종국에는 하나님이 다스리기 때문에 천지창조의 시작이 있으면 천지창조의 종말이 있는 것입니다.

또한 바울은 성경의 말씀을 통하여 시대를 보는 눈이 있었기 때문입니다. 영을 분별하고 앞을 내다보는 영안이 열리게 되면 유대민족을 진정으로 위한다고 하는 것이 무엇인지를 알게 되고 성령이 죄에 대해서, 의에 대해서, 심판에 대해서 증거하기 때문에 십자가의 길, 순교자의 길을 따라갈 수가 있는 것입니다. 소유의 창고(the storage of belongings)의 길을 버리고 축복의 통로가 되어서 베스도 앞에 선 바울의 모습은 4차원의 영성을 지닌 성육신적인 리더의 모습입니다. 진정한 의미의 승리자가 되기 위해서는 4차원의 영성을 가지고 3차원의 문제들을 다스리는 것입니다.

재판장 앞에서도 하늘의 꿈을 꾸는 것입니다.

재판장 앞에서도 긍정적으로 로마로 간다고 생각하는 것입니다.

재판장 앞에서도 내일일은 난 몰라도 믿음을 가지고 나아가는 것입니다.

재판장 앞에서도 입술로 주님을 시인하는 것입니다.

결론

우리는 일심으로 십자가의 야전사령관으로 나가면 됩니다.

우리는 십자가의 용사로 적을 훤-히 내다볼 수 있는 감제고지에서 아래를 내려다보며 일심으로 공격을 하면 되는 것입니다. 아론과 훌이 모세를 도와서 중보기도를 드릴 때 산 아래에서 미디안과의 전투에서 여호수아가 승리한 것처럼 승리자(victory)가 되는 것은 성공자(success)가 되는 것 수준이 아닙니다. 수많은 전투(battle)와 전투를 거쳐서 전쟁(war)에서 승리자가 될 수가 있는 것입니다. 얼마 전에는 석유가 1배럴에 143$까지 거래가 되고 있습니다. 다시 조종이 되지만 석유 때문에 전쟁이 벌어질 수가 있습니다. 실업자가 양산이 되면 실업자에게 밥을 먹일 수 있는 방법은 전쟁을 일으켜서 군대로 모는 길입니다. 그러면 저들은 군대에 취직이 되는 것입니다. 주변의 강대국이 이러한 오판을 벌이지 않도록 소강국인 한국으로서는 지혜가 필요한 때입니다.

바울이 당한 고소는 예수님이 당한 고소와 같이 죄 없는 자에게 죄인(sinless sinner)으로 올가미를 씌우는 중국의 1960년대의 문화혁명 당시에 인민 재판같은 것입니다. 문화혁명(revolution of culture)이 이루어지기 전에 문화변혁(transformation of culture)으로 준비가 되었다면 시행착오를 줄일 수가 있었을 것입니다. 불안전한 인간에게 재판을 받는 다고 하는 것 자체가 불쌍한 것입니다. 영운하신 심판자이신 하나님 앞에서 시상대 앞에서는 마음으로 우리는 세상의 법을 준수하며 그러나 율법의 완성으로서의 사랑의 법을 준행하는 삶을 살아야 합니다.

☞ **연구과제**

베스도의 재판에 나타난 3가지 부류의 인간성을 제시하라.

26 선교사의 협상술-6

(행26:1-13)

선교지에서 일어난 재미난 이야기가 있습니다.

존 패튼은 식인종들이 사는 지역에서 처음으로 선교활동을 시작했습니다. 그의 그리스도에 대한 깊은 헌신은, 그가 선교지로 떠날 준비를 하고 있었을 때 노인이 그에게 식인종에게 잡혀 먹힐까봐 염려된다고 말한 데 대한 그의 대답에서 명백하게 나타났습니다.

패튼은 이렇게 답변했습니다.

"디손씨는 연세가 많으셔서 곧 묘지에 묻히게 되고, 그 이후에는 벌레들에게 먹혀 버리게 되겠지요. 고백하건 데 저는 주 예수님을 섬기면서 살다가 죽을 수만 있다면 식인종에게 먹혀 죽든지, 벌레에게 먹히든지 문제가 되지 않습니다."

패튼은 주님이 선택해 주시는 대로 어떤 방법으로나 어느 곳에서나 완전히 그리스도를 섬기려는 결심이 되어 있기 때문에 자기가 어떻게 죽을지는 조금도 문제되지 않는다고 고백했습니다.

식인종도 회심을 하면 주기도문을 외면서 식사를 할 것이고 나도 주기도문을 외면서 십자가에 달리신 주님을 묵상할 것이기 때문입니다.

　이렇게 조건없이 완전하게 주 예수님께 몸을 맡김은 바울 사도의 선언을 상기시켜 줍니다.
　바울은 "살든지 죽든지"(빌1:20) 자기 몸에서 주님이 존귀하게 되시기를 바라는 열망을 나타냈습니다. 산 제물은 인간의 의지대로 함부로 행동을 하지 않습니다. 그리스도 안에서 행하는 모든 것은 살던지 죽던지 그리스도를 존귀케 하는 것이기 때문입니다.
　오늘 본문 사도행전 26장은 사도 바울이 아그립바 왕 앞에서 기독교를 변증한 내용입니다.
　우리가 선교사로서 타문화권에 가서 복음을 증거하기 위해서는 복음 전달의 원리를 개발하여 사도 바울과 마찬가지로 성령이 충만하여 복음의 유일성에 대하여 분명한 말씀, 체험이 갖춰져야 합니다.
　먼저 1절을 같이 읽겠습니다.
　1절: 바울이 ……변명하되
　사도 바울은 선교 변증의 메서지를 시작하고 있습니다. 기독교 변증학이라는 말은 무엇입니까? 기독교 변증학이란 기독교를 변증함으로 명백하게 Defence 하는 것입니다. 바울이 이처럼 담대하게 아그립바왕 앞에서 이 일을 할 수 있었던 것은 하나님의 calling이 있었기 때문에 가능하다
　복음을 자기 자신의 것으로 여기고 담대하게 외치는 것이 복음을 전하는 자의 올바른 자세입니다. 하나님의 도구가 되고 그릇이 된 것입니다. 선지자가 된 것입니다.

　"주께서 가라사대 가라 이 사람은 내 이름을 이방인과 임금들과 이스라엘

자손들 앞에 전하기 위하여 택한 나의 그릇이라."(행9:15)

이 말씀대로 바울은 아그립바 왕 앞에 드디어 서게 된 것이다. 마테오 리치가 명말 청초에 중국에서 천주실의를 통하여 기독교의 신 존재 증명을 한 것은 벼랑 끝에서는 용기가 무엇인지를 우리에게 보여주고 있습니다. 벼랑 끝에 서면 용기가 납니다. 더 이상 물러설 곳이 없기 때문입니다.

하나님은 우리가 벼랑 끝에 설 때 구원자가 되어주십니다. 예레미야는 마른 웅덩이에서 가장 놀라운 하나님의 기도의 메시지를 듣게 되었습니다.

"일을 행하는 여호와, 그것을 지어 성취하는 여호와, 그 이름을 여호와라 하는 자가 이같이 이르노라. 너는 내게 부르짖으라 내가 네게 응답하겠고 네가 알지 못하는 크고 비밀한 일을 네게 보이리라"(렘33:2-3)

구체적으로 바울은 어떻게 하나님의 사람으로서 세상의 왕에게 만왕의 왕되신 그리스도를 소개했습니까?

2-3절에 "다행히 여기옵나이다. 그러므로 내 말을 너그러이 들으시기를 바라옵나이다." 라고 말하고 있습니다.

선교지에서 현지인의 세계관 (Worldview)까지 변화시키기 전에는 영혼을 구령할 수 없습니다. 자문화우월주의에 빠진 상태에서 문화의 대결(Confrontation)로 상대방의 세계관을 비난하므로 마음의 문을 닫게 할 것이 자명한 이치입니다.

예수님의 시선으로 바라보며 유연성(Flexibility)을 가지고 접근할 때 성령이 역사하여 저들의 마음을 변화시키는 것입니다. 변화의 주체는 성령이요, 현지인이지 선교사는 객체가 될 때 성령님이 역사할 수 있습니다. 그 때 비로소 「나는 죽고 그리스도만」이 자세로 문화를 변화시키는 문화 변혁자로서의 성육신적 선교사가 되는 것이다.

4-12절은 사도 바울의 자기 이력서입니다.

사도 바울은 유대교와 기독교의 불연속성 (Discontinuity)의 선상에 있었습니다. 그러나 그는 다메섹 도상에서 예수님을 만난 경험이 있기 때문에 통시간적인 시간을 초월한 기독교변증학을 할 수가 있는 것입니다. 그는 이렇게 말합니다.

4절에서 자신의 정체성을 말합니다. 나는 유대인이다.

"내가 처음부터 내 민족 중에와 예루살렘에서 젊었을 때 생활한 상태를 유대인이 다 아는 바라"

현지인 선교는 현지의 변화된 그리스도인이 가장 잘 할 수 있는 것입니다. 동질성의 그룹이기 때문에 최소한의 대우를 받을 수 있는 것입니다. 저도 중국의 공안에 붙잡히게 되었을 때, 중국어를 조금하는 것이 도움이 되어서 풀려나올 수가 있었습니다.

5절에서 자신의 열심을 말합니다. 나는 바리새인이다.

"일찍부터 나를 알았으니 저희가 증거하려 하면 내가 우리 종교의 가장 엄한 파를 좇아 바리새인의 생활을 하였다고 할 것이다"

우리는 무조건 바리새인은 잘못되었다고 말할 것이 아니라 저들의 엄한 보수적인 신앙은 받아들여야 한다고 봅니다. 예를 들어, 북한에서 신앙의 자유를 찾아서 남하하신 강변교회 김명혁 목사님이나 할렐루야 교회의 김상복 목사님에게는 주일 성수는 가장 소중한 은혜의 율법입니다. 대충 철저히 한다고 하면서 주일성수를 하지 않는 무리들과는 차원이 차별화된 무엇이 있기 때문에 보수신앙이 그래도 안전하다고 보는 것입니다. 보수주의인 칼빈주의자의 경우에도 보면 현재는 스위스의 제네바에 있는 칼빈의 동상에 주민들이 깡통과 쓰레기를 버린다고 하지만 그의 보수신앙은 올바른 것이었고 보수신앙을 가지고 사회개혁을 급진적으로 한 것은 그 당시 세속화된 주민들에게는 큰 부담이 되었다고 봅니다. 사회개혁은 점진적으로 자연스럽게 해야 되는 것이기 때문입니다.

6절에서 구약의 약속을 선포합니다.

"이제도 여기 서서 심문받는 것은 하나님이 우리 조상에게 약속하신 것을 바라는 까닭이니"

고난받는 종으로 오신 메시아와 함께 고난을 받게 되는 것을 영광으로 여긴다는 것입니다.

> "그가 찔림은 우리의 허물을 인함이요 그가 상함은 우리의 죄악을 인함이라. 그가 징계를 받음으로 우리가 평화를 누리고 그가 채찍에 맞음으로 우리가 나음을 입었도다"(사53:5)

구약의 말씀을 몸으로 체득하는 신학을 실천하고 있는 현장신학자인 바울의 모습을 통해서 복음을 증거하기 위해서는 고난은 필수과목인 것을 알 수 있습니다.

8절에서 예수님의 죽으심과 부활하심에 대한 소망의 메시지를 선포하십니다.

"당신들은 하나님이 죽은 사람 다시 살리심을 어찌하여 못 믿을 것으로 여기시나이까?"

천지를 창조하신 하나님을 믿는다고 한다면 우리는 전능하신 하나님의 한 가지 선택이 죽은 사람을 살리시는 사건을 통해서 우리에게 부활의 소망을 말씀하여 주신 것입니다.

창조주 하나님을 믿는다는 사람들이 어찌 창조적인 마음을 가지고 인생을 설계하는 것은 두려워하는지 알 수가 없습니다. 나는 전능하신 하나님을 믿기 때문에 하나님이 택하신 한 가지 방법도 믿습니다.

6절과 8절 사이의 약속 … 소망사이에서 연속성(Continuity)으로서의 메시야 예수를 만나게 된 것이 중요합니다. 이러한 일을 위해서 하나님은 유대교와 기독교의 연속성으로서 사도 바울을 택하신 것이다.

유대교+바울=기독교라고 하는 공식이 성립이 되는 것입니다.

9절 나도 나사렛 예수의 이름을 대적하여…

"수용성의 원리(Receptibility)"(엥겔의 계수 -9 …0 …+9)로 표시될 수 있는 원리입니다. 유대교 변증학이다. 유대교 변증학자가 기독교 변증학자로 바뀌게 된 것이다. 극도로 미워하는 사람은 사랑으로 돌아설 가능성이 높습니다. 그러나 무관심한 사람은 그 영이 죽어있기 때문에 하나님의 영광을 나타낼 수가 없는 것입니다. 그러므로 복음에 대해서 대적하는 자를 두려워하지 마시기 바랍니다. 그가 생고구마인지 익은 고구마인지 찔러 보는 것이 중요합니다.

바울과 마찬가지로 자기 자신을 솔직히 시인하는 사람들은 변화된 사람이고 가능성이 있는 사람입니다.

최근에 미국에서 어떤 선교사가 너무 자신의 일에 burn out하여 그만 사임을 하기로 결정을 했습니다. 우리 같으면 사표를 던지면 되는 데, 자신의 입장을 설명하고 사임을 할 수밖에 없는 이야기를 진솔하게 하는 모습을 통해서 미국의 선교사들은 이 사람이 부정적인 표현은 했지만 그 마음은 이미 치유가 시작이 되는 긍정적인 표현을 하기 시작한 것이라고 하며 시간을 두어 기도하고 격려하는 모습을 보게 되었습니다. 이러한 공동체는 살아있는 공동체입니다. 자기 자신을 솔직히 이야기할 수 있는 순수한 사람들이 모인 공동체가 선교공동체가 되어야 합니다.

10-12절입니다.

"예루살렘에서 이런 일을 행하여 대제사장들에게서 권세를 얻어 가지고 많은 성도를 옥에 가두며 또 죽일 때에 내가 가편투표를 하였고 또 모든 회당에서 여러 번 형벌하여 강제로 모독하게 하는 말을 하게 하고 저희를 대하여 심히 격분하여 외국 성까지도 가서 핍박하였고 그 일로 대제사장들의 권세와 위임을 받고 다메섹으로 갔나이다.

타문화권에 가서 복음을 전할 때 핍박이 있음을 우리에게 제시해 줍니다. 오래 전에 대전에서 살인 사건이 났는데, 한 사람이 먼저 치니까, 상대방이 방어(Defence)한다고 친 것이 상대방을 죽이게 되었다고 합니다. 그런데, 그 차번호가 「너6666」이었다는 것입니다.

크리스챤으로서 사회에 대해서 어떻게 선한 영향력을 미칠 수 있는가 하는 데에 대해서 리챠드 니버는 문화 변혁자(Transformer of culture)로서의 그리스도인이 되라고 말합니다. 저는 한 때, 문화공보부 장관이 되면 타락한 기독교를 깔뱅과 마찬가지로 개혁할 수 있겠다는 생각을 해본 적이 있었습니다. 그런데 문화공보부 장관 아들과 함께 대학교를 다니면서 그것이 허황된 것임을 알게 되었습니다. 그 아버지는 고문서의 영인본을 한정판으로 만들어서 전국의 대학도서관에 납품하는 일을 주요관심사로 여기는 것을 보고 이것은 아니라고 생각을 하게 되었습니다.

우리가 먼저 변화되면 성령님의 역사를 통해서 이 사회가 점차적으로 변화되어나가는 것입니다.

유대교 변증학은 기독교 변증학과의 차이점이 있는데, 상대방의 육신을 죽이는 것이고 기독교는 희생이 된 것입니다. 우리는 육을 죽이는 자를 무서워하지 말고 육과 영을 죽이는 자를 마귀의 세력을 두려워해야 되지 않겠습니까?

12절에 다메섹까지 갔나이다라는 말씀을 통해서 예수 믿는 자를 핍박하기 위해서 도시락까지 싸가지고 다니면서 핍박하던 핍박자 바울의 모습을 생각해 보라. 그의 세계관이 바뀌지 않게 되자 하나님은 다메섹 도상에서 그를 만나는 특별한 체험을 하게 하신다. 성령의 역사를 통해서 지적인 신학자들도 변화되어서 복음을 증거하는 자가 되는 것을 많이 보게 됩니다. 요즈음은 신학교 교수보다는 목회자가 마리아와 마찬가지로 더 좋은 자리를 차지했다고 여기고 있습니다. 목회경험이 없는 사람이 신학교 교수를 하다가 지역교회의 목회자로 가는 사람들이 많이 있습니다.

복음에 대한 열정도 소중하고 사역의 성과도 소중하지만 자신의 인격을 지켜서 끝까지 순종하는 인격적인 사역자가 이 세속주의 세상 가운데 남은 자와 마찬가지로 소중한 시대입니다.

13절 해보다 밝은 빛이 나를 둘러 비치니이다 라고 말하고 있습니다.

기독교 변증학이 되기 위해서는 먼저 유대교에서 기독교인으로 들어오는 체험이 필요합니다. 여기서 해보다 밝은 빛은 무엇일까? 이것은 예수님의 탄생을 알리는 빛으로 인격적인 빛이시며 바울을 빛의 사자로서 온 세상에 비춰게 하시는 선교의 빛입니다. 바울은 처음에는 조도를 맞추어보려고 했지만 그 빛에 눈이 멀어버렸습니다. 하나님의 사랑에 눈이 멀어버린 것입니다.

창 1:3 하나님이 가라사대 빛이 있으라 하시매 빛이 있었고

창조의 빛이 다시 한번 사울의 몸을 감싸게 되었을 때, 그는 다시한번 질적으로 새로워지는 체험을 하게 되는 것입니다.

저는 기도원에서 성령의 기름부음을 체험했습니다. 어떤 분이 저

에게 오셨는데 새까만 나의 몸에 기름을 붓게 되자 흰 몸으로 바뀌는 것을 체험하게 되었습니다.

"우리가 다 땅에 엎드러지매 내가 소리를 들으니 히브리 방언으로 이르되 사울아, 사울아, 네가 어찌하여 나를 핍박하느냐 가시채를 뒷발질하기가 네게 고생이니라. 내가 대답하되 주여, 뉘시니이까 주께서 가라사대 나는 네가 핍박하는 예수라. 일어나 네 발로 서라. 내가 네게 나타난 것은 곧 네가 나를 본 일과 장차 내가 네게 나타날 일에 너로 사환과 증인을 삼으려함이니"(14-16절)라고 말하고 있습니다.

이는 성령의 세례를 말하는 것입니다. 이제 더 이상 바울의 사도성을 문제로 삼을 수(the baptism of the spirit)가 없는 것입니다. 제가 시청에 나가서 한국과 스페인전에서 거리응원을 체험해 보았습니다. 마지막에 승부차기를 하는 데 여자들이 안 들어가면 어떻게 하지! 지고 말거야! 하기에 제가 아니야 분명히 이긴다고 하면서 그 눈을 쳐다보았습니다. 눈에는 패배의식이 가득 차 있었습니다. 안에 내재된 힘은 충만하지만 한번도 제대로 표현해 보지도 인정도 받아보지 못한 순진함이 있었습니다. 마치 성령을 받기 전의 불신자의 모습을 그렇게 표현하고 싶습니다. 그러나 저의 마음에는 영적으로 한국축구팀이 훨훨 나는 모습을 보면서 이기겠다고 생각을 하게 되었습니다

성령을 받은 사람의 삶과 성령을 받지 못한 불신자의 삶의 차이는 확신이 있느냐는 것입니다.

14-16절은 창문의 빛을 통한 치유의 사역이 이루어지게 되는 것을 보여주고 있습니다. 이제 예수님은 바울에게 기독교 변증학의 사명이 무엇인지 보여주고 있습니다.

첫째, 예수를 만난 체험과 기독교 변증을 위한 사환 (Servant)으로 삼겠다(16절)는 것입니다.

사환은 좋은 것입니다. 바울의 일생을 보면 급사와 같이 사용하신 것입니다. urgent messenger로 사용하신 것입니다. 종말론적인 사고를 가지고 선교를 한 바울에게는 아그립바 왕의 개인적인 종말을 바라보며 복음을 증거한 메신저인 것입니다.

둘째, 유대인 뿐 아니라 이방인에게도 보냄을 받은 자 (mitto ; missionary)로 삼겠다(17절)는 것입니다. 하나님 중심의 세계관을 가지고 유대인만을 위한 편협주의에서 벗어나서 세계를 품은 그리스도인으로 변화되는 것입니다. 이방인은 아직도 50%가 예수를 모르는데 25% 이상이 그리스도인인 한국의 교회들은 물량적인 교회성장에만 관심을 가지고 있으니 성령의 빛 안에 다시 한번 여과되어야 할 것입니다.

셋째, 기독교 변증의 결과로 누리게 되는 영적인 축복은 4가지로 설명할 수 있습니다.

어두움에서 빛으로 (18a)

사탄의 권세에서 하나님께로 돌아가게 하고 (18b)

죄사함과 예수를 믿게 하심 (18c)

하나님나라의 기업이 되게 하심 (18d)

이 얼마나 놀라운 하나님의 축복입니까!

19-23절은 기독교 변증과 선행 조건에 대해 말해 주고 있습니다.

22절은 하나님의 도우심을 받아 내가 오늘까지 서서…(16절의 약속에 대한 22절의 성취입니다)

하나님의 도우심을 받지 못했다면 어떻게 오늘까지 우리가 무사하게 살수가 있었겠습니까!

고난의 현장에서 장미꽃에 가시주심도 감사하는 마음으로 생각해보니 오히려 역경 가운데서도 감사하는 기도를 드리게 됩니다.

23절은 회개에 합당한 일을 행하라 … 선 회개 후 구원을 말하고 있습니다.

최근에 먼저 구원받고 서서히 회개할 수 있다고 말하는 미국제 복음주의가 판을 치고 있습니다.

그러나 제가 만난 불신자들에게 저들의 윤리규정을 낮추었더니 회개가 필수과목이 아니고 선택과목과 같이 여기는 풍조가 늘어가고 있습니다. 이것이야말로 신영지주의요 니골라당의 음행을 좇는 것이라고 말할 수 있습니다.

기독교 변증학도 종교 다원주의시대에는 종교 타협주의가 될 수 있겠으나 복음의 순수성(유일성)은 유지되어야 한다고 봅니다. 그러나 점점 복음의 배타성을 주장하는 사람들은 오히려 검증을 해보아야 한다는 세상이 되고 말았습니다. 분명히 제가 독립기념관에서 본 우리나라 애국가의 원본에는 하나님이 보우하사 우리나라 만세라고 되어있었습니다. 그런데, 우리는 하느님이 보우하사로 부르고 있지 않습니까? 어느 누구하나 문제점을 제기하지 않고 눈치만 보고 살아가는 세상에서 복음을 증거한다고 하는 것은 너무나 어려운 순교자의 길이요 십자가의 길입니다. 그래서 저는 이 길을 가는 사람들을 너무나 사랑하게 되었습니다.

"곧 그리스도가 고난을 받으실 것과 죽은 자 가운데서 먼저 다시 살아나사 이스라엘과 이방인들에게 빛을 선전하시리라 함이니이다 하니라"(23절)

여기서 그리스도의 죽으심과 부활하심…복음을 받은 자는 「나는 죽고 그리스도만」의 자세를 가지게 될 때 하나님의 노력이 머물러 있어서 선교 변증을 통해서 승리할 수 있습니다. 정말 순종해보면 하나님이 어떻게 역사하시는지 알게 됩니다. 순종하지 못하면 아무리 준비가 되었어도 마지막 순간에 허락을 받지 못하는 것이 우리의 연약한 인생입니다.

23b절에서 빛을 선전하리라. 선교의 빛을 선전하리라. 「빛의 사자들이여!」 어서 가서 복음의 빛을 전하라. 이것이 선교 변증학입니다. 이번 월드컵 경기이후에 K리그에 수많은 인파들이 모여서 추구의 발전을 위해서 응원을 하고 있습니다. 이것은 누가 시켜서 하는 것이 아니라 대한민국을 사랑하는 백성들이 한국축구의 미래를 위해서 함께 희생을 하는 것입니다.

복음을 증거하는 이들도 자원하는 심령으로 영적전투의 현장에 투입이 되어야 합니다.

기독교인은 많은 신이 아니라, 한 하나님을 믿습니다.

기독교인은 전 세계적으로 하나님의 가족 됨을 원합니다.

기독교인은 예수 그리스도가 한 구세주임을 믿습니다.

기독교인은 현세에서 복음을 증거하는 한 가지를 위해 존재합니다.

이것이 선교변증학의 내용입니다.

교회성장학자인 Win Arn의 보고에 따르면, 불신자의 75%는 친구의 전도로 예수 믿는다고 합니다.

여기서 친구와 이웃의 소중함을 알게 됩니다. 우리 사회에서는 친족공동체의 네트워킹을 통해서 복음이 증거가 됩니다. 그러므로 소수의 팀인 가정은 꼭 믿는 사람끼리 하면 좋겠습니다. 그리고 믿는 가정과 결혼을 해야 합니다. 믿는 가정도 이혼을 하는 세상인데 믿지 않는 가정으로 시집/장가를 간다고 하는 것은 폭탄을 지고 적진으로 돌격하는 것이고 평생을 적과 동침하는 것입니다.

타문화권에서 전도하는 것이 선교입니다. 이를 위해서 선교사들은 복음으로 구비되어져야 합니다.

여러분은 타문화권에서 바울처럼 복음을 증거할 수 있는 사역의 전문성과 직업의 전문성을 구비하고 있습니까? 훈련은 평생을 통해서 하는 것입니다. 이 일을 깨닫게 해주신 하나님을 찬양합니다. 바울은 진정한 의미에서의 위기관리의 능력이 있는 최종적인 리더라고 여겨집니다., 전천후 리더요 여러 종류의 다양한 환경을 통해서 하나님의 역사를 이루는 것을 알 수 있습니다.

장막을 깁는 자 → 변증가 → 전문항해사 → 하나님의 음성을 듣는 위기관리자

바울의 전문성도 이렇게 바뀌어 갔고 우리의 직업도 여러 번 바뀌는 것을 두려워 할 것이 아니라 이러한 상황 가운데서도 하나님의 음성을 계속 듣고 갔다면 그 길이 선교사의 길입니다.

☞ **연구과제**

바울의 기독교 변증 메시지를 분석하라.

27 신앙의 모래톱을 뚫어라

(행 27:1-44)

한국의 기독교는 모래톱에 걸려 있습니다. 기독교의 쇠퇴로 동양학에 대한 관심이 많아지고 예수 그리스도의 유일성에 대한 논쟁이 활발하게 전개되고 있습니다.

서구 사상인 기독교의 위기와 동양의 유교사상의 발흥으로 교회가 위기 앞에 서 있습니다.

우리는 그동안 믿어온 믿음의 본질이 무엇인지 모래톱과 같은 뚫기 어려운 신앙의 위기를 맞이하고 있습니다. 또한 교회는 공동체와 인간의 현실을 무시하고는 존재할 수 없는 시대를 맞이하고 있습니다. 따라서 분명한 칼라를 갖고 있지 못하면 복음을 증거할 수가 없으며 세속주의의 신앙에 물들 수밖에 없습니다.

오늘 21세기의 위기의 모습이 바로 유라굴라 광풍 앞에선 바울의 위기와 똑같은 상황입니다.

이때가 AD 59년 10월 5일이라고 하니 지금으로부터 꼭 1949년

전의 이야기입니다.

그 당시에는 역사학자들의 말을 빌리면 11월 5일 까지는 배가 출항할 수 없는 일기조건이었다고 합니다. 우연히도 오늘이 11월 5일입니다.

우리는 어떻게 하나님의 주권적인 보호 하에서 생명을 구원할 수가 있겠는가? 우리 교회는 어떻게 해야 주님의 교회가 될 수 있습니까?

첫째로, 전문가의 말을 신뢰해야 합니다.

11절입니다. "백부장이 선장과 선주의 말을 바울의 말보다 더 믿더라."

바울은 적어도 지중해에서만 11번의 항해의 기록을 가지고 있는 바다의 전문인이었습니다. 여러분이 즐겨보시는 고려태조 [왕건]과 마찬가지로 바다의 사람이었다는 것입니다.

바다의 사람들은 자신의 힘으로 할 수 없는 흔들리는 터전에서 일하는 사람들입니다.

야고보서 3:4(상)를 다같이 읽겠습니다.

배가 아무리 커도 또 거센 바람이 불어도 매우 작은 키로 조정하여 사공이 마음먹은 곳으로 끌고 갑니다. 그러나 이 경우에는 불가항력적인 상황이 발생한 것입니다.

그런데 선원들은 죄수로 호송되어 가는 바울이 바다에 전문가라고는 상상도 못했습니다. 선장은 선원들의 의견대로 조금만 더 가서 대피하자고 해서 12절에 보면 뵈닉스(피닉스)에 가서 쉬자고 말합니다. 뵈닉스는 불사조라는 새입니다. 불사조가 저들을 지켜 주리라고 믿었던 것입니다.

그러나 어림도 없는 이야기입니다. 전설에 나오는 가상의 새가 어떻게 현실에서 지켜줄 수가 있습니까?

13-15절의 말씀을 보시면 한번 선택을 잘못하면 계속해서 실수를 하는 것을 보여줍니다.

사고의 틀(Paradigm)을 전환해야 합니다.

얼마 전에 어떤 회사원이 금붕어 두 마리를 샀다고 합니다.

두 마리는 같은 종류지만 한 마리는 귀족풍이었고 다른 한 마리는 서민풍이었다고 합니다.

금붕어 어항이 마땅치 않아서 세수 대야에다 물을 붓고 금붕어의 먹이를 주었더니 금붕어들이 연신 뻐끔대며 먹이를 먹는 것이 여간 신기한 것이 아니었습니다. 그 다음날 보니 서민풍으로 생긴 금붕어가 빌빌대기에 물이 문제인줄 알고 슈퍼에 가서 생수를 사다가 부어 주었습니다. 상태가 좋아졌습니다. 그런데 새벽에 보니 서민형의 금붕어가 물위에 떠올라 있었습니다. 양희은의 노래처럼 서로 싸워 한 마리는 물위에 떠오르고 그 놈 살이 썩기 전에 얼른 끄집어내고 귀족풍인 금붕어의 이름을 밤새 고민하다가 [울리불리]라고 지었는데 퇴근하고 돌아와 보니 [울리불리]도 물위에 올라와 붙어있었습니다.

그저 붕어만 사면되는 줄 알았는데 붕어가 생명체인 것과 내가 버리지만 않으면 계속 있을 것이라는 착각을 한 것이 문제였습니다.

그리스도 안에 들어와만 있으면 다 그리스도인으로 살 수 있다고 하는 착각에서 벗어나야 합니다. 그리스도 안에 들어온 새로운 피조물은 어항 속에 있는 금붕어와 마찬가지입니다.

그리스도인들도 교회 때문에 살기도 하고 아프기도 하고 죽기도 한다는 것입니다.

따라서 교회의 지도자들은 위기관리의 능력을 가지고 있어야 합니다. 배에 탄 273명의 불신자들 사이에서 바울은 얼마나 외로운 그리스도인입니까?
물론 그 배에는 의사 누가와 아리스다고가 같이 있었지만 말입니다.

하늘엔 광풍이 불고 있습니다.
하늘 위의 고난입니다.
배 위에는 파도가 치고 있습니다.
흔들리는 민심으로 고난입니다.
바다 밑에도 모래톱이 있습니다. 배가 파손되는 고난입니다.
제가 한번 선교학적으로 해석을 하고 싶습니다.

이 총체적인 고난의 순간에 바울은 예수님의 음성을 듣습니다.
대사-1 : 사울아, 사울아, 네가 어찌하여 나를 핍박하느냐?
대사-2 : 주여, 뉘시오니이까?
대사-3 : 나는 네가 핍박하는 예수라!
　　　　(모래톱을 뚫어라. 뚫어라)

무섭게 바람 부는 밤 물결이 높이 설렐 때
우리 주 크신 은혜에 소망의 닻을 주리라.
굳건한 반석이시니 그 위에 내가 서리라
그 위에 내가 서리라.

영어찬송에는 이 세상 것은 sinking sand 라고 되어 있습니다.
On Christ solid rock I stand
All other ground is sinking sand
세상의 과학으로 구원을 받을 수 없습니다.
세상의 철학으로 구원을 받을 수 없습니다.
세상의 인터넷 바다를 통해서 구원을 받지 못합니다.

모래 위에 세운 집은 비 오고 바람불고 창수가 나면 무너지나 반석 위에 세운 집은 무너지지 않습니다. 그러므로 소망의 닻으로 흔들리는 모래톱을 고정시켜야 합니다. 할렐루야!

둘째로, 안심을 시켜야 합니다.
22절입니다. "내가 너희를 권하노니 이제는 안심하라. 너희 중 생명에는 아무 손상이 없겠고 오직 배뿐이리라."

담대한 바울의 자세는 비겁한 요나의 모습과는 다릅니다.
바다 위에서 어복장이 되나 로마에 가서 죽으나 바울에게 죽음은 그다지 중요한 것이 아닙니다. 사명자는 그 사명을 다하기 전까지는 결코 죽는 일이 없습니다.
사도 바울은 조용하나 담대하게 확신을 가지고 모인 무리들을 격려합니다. 흔들리는 배 위에서의 바울의 메시지는 그 자체가 예배입니다.
예배를 영어로 Worship이라고 합니다. worth에 ship을 합친 단어입니다.
'가치있는 배'입니다. 교회는 가치있는 배입니다.

노아의 방주와 마찬가지로 구원의 방주입니다.
그러나 연약한 조각배와 같습니다.
세상의 흔들리는 광풍 가운데 '움직이는 교회'로서의 성도의 믿음이 얼마나 중요한가 하는 것을 우리에게 보여주고 있습니다.

야고보서 3:5 "이와 같이 혀도 작은 지체로되 큰 것을 자랑하도다."
배가 좌초되는 상황에서는 입술을 열어 그 배의 선장되시는 주님께 부르짖을 수밖에 없습니다.

예수님은 참 포도나무이고 우리는 가지라고 하면서도 일단 위기가 닥치게 되면 유라굴로 광풍 앞에서 파손된 배만 바라보는 연약한 신앙을 가지고 있는 것은 무슨 이유입니까?
정적인 믿음에 머물지 말고 주님과 늘 교통하는 동적인 다이나마이트의 신앙을 가져야 합니다.
전천후신앙을 가져야 합니다.
온도조절계의 신앙을 가져야 합니다.
환경을 극복하고 다스리는 믿음을 가져야 합니다.

셋째로 하나님으로부터 온 메시지를 담대히 전해야 합니다.
23-25절입니다.

"나의 속한 바 곧 나의 섬기는 하나님의 사자가 어젯밤에 내 곁에 서서 말하되 바울아, 두려워 말라 네가 가이사 앞에 서야 하겠고 또 하나님께서 너와 함께 행선하는 자를 다 네게 주셨다 하였으니 그러므로 여러분이여, 안심하라. 나는 내게 말씀하신 그대로 되리라고 하나님을 믿노라."

하나님의 시각에서 볼 때에는 바울은 너무나 보배롭고 존귀한 주님의 사도입니다. 그러므로 그에게는 무조건적인 은혜를 베푸시는 것입니다.

이사야 43:4 "내가 너를 보배롭고 존귀하게 여기노라"

칠흑같은 밤입니다. 폭풍우가 불어옵니다.
칠흑같이 어두운 밤에 두려움이 엄습하는 데, 마치 등대와 같이 어두움을 비춰주는 바울의 메시지는 승객들에게 위로의 메시지가 되었을 것입니다.

큰 풍랑이 이 배를 위협하면 저 깊은 물 입 벌려 달려드나
이 바다에 노저어 항해하는 주 예수님 이 배의 사공이라.
큰 소리로 물결을 명하시면 이 바다는 고요히 잠자리라.
저 동녘이 환하게 밝아올 때 나 주함께 이 바다 건너가리

성도 여러분!
이 세상에서의 광풍은 무엇입니까?
아우스비츠 수용소의 벽에 쓰여진 글입니다.

하늘을 두루마리 삼고 바다를 먹물 삼아도
한없는 하나님의 사랑 다 기록할 수 없겠네
(지극히 높으신 그 분은 옛적에 홀로 땅과 하늘을 만드셨다.)

11세기의 한 유대인이 지은 시를 랍비 마이어가 1096년에 독일 브롬스에서 지었습니다. 이 시를 아우스비츠 수용소의 개스 챔버에서

죽어가면서도 하나님이 궁극적으로 구원해주시리라고 믿고 기록한 것입니다.

오늘날 이스라엘은 세계에서 가장 우수한 나라 가운데 한 나라가 되었습니다. 믿음대로 된 것입니다.

넷째로, 본을 보여야 합니다.

35절입니다.

"떡을 가져다가 모든 사람 앞에서 하나님께 축사하고 떼어 먹기를 시작하매"

예수님의 섬김의 도의 패턴이 중요합니다.

노도광풍 가운데서 배멀미도 하고 무슨 식욕이 있겠습니까?

그러나 사도 바울은 간단한 식사를 통해서 저들의 육신의 양식을 제공한 후에 남은 식량을 다 바다에다 버리는 것입니다. 국제통상학에서 이를 제티슨(jetision)이라고 합니다. 다시스로 가는 배에서 광풍을 만났을 때, 요나를 물에다 버리는 장면을 기억하십니까? 그것이 제티슨입니다.

스티븐 스필버그 감독의 역작인 [아미스타드]라는 영화에 보면 아프리카 가나의 황금해안에서 노예를 싣고 쿠바의 하바나를 거쳐서 뉴올리안즈의 노예시장으로 팔려온 노예의 모습을 생생하게 보여 주고 있습니다.

이 영화에도 오랜 선상생활에서 병든 노예나 노동력이 떨어진 노예들을 무거운 돌에 묶어서 바다 밑으로 수장시키는 장면이 나오고 있습니다.

이러한 일에 항의하여 스페인 선원을 죽인 노예들은 무참하게 고문을 당하고 살아남은 싱케이라고 하는 주인공은 미합중국의 재판정 앞에 서게 됩니다. 제1심에서는 볼드윈이라고 하는 재판장은 노예매매의 부당성을 역설하며 노예들을 해방시키고 저들이 원하면 고향으로 돌려보내야 한다고 말합니다.

1심에서 승리한 흑인들은 싱케이를 비롯하여 무에 맘마 무에, 무에 맘마 무에(우리가 이겼다)!라고 외칩니다.

그 당시 미국은 남북전쟁 전이었고 대법원 판사의 9명 가운데 6명이 남부 출신이기 때문에 노예제도를 존속시키기 원하는 남부인의 입장대로 상고심에서 다루어지게 되었는데, 미국의 전직 대통령인 퀸시 애덤스 대통령의 중재로 사면을 받게 됩니다.

그가 증언을 합니다.

우리의 두려움과 편견과 부끄러움을 극복할 수 있는 힘을 주시고 정의를 실천할 수 있는 힘을 주소서.

행정부의 압력에도 불구하고 인간의 존엄성의 귀중함을 다룬 승리의 순간이었습니다.

고향인 아프리카의 멘데로 돌아온 싱케이는 그들의 가족을 찾을 수 있었습니다.

그러므로 기독교 지도자가 된 자들은 위기관리의 능력을 발휘해야 합니다.

죄수의 몸으로서 오히려 선장 앞에서 하나님의 음성을 전한 바울의 모습은 죄수의 몸으로서 바로 왕 앞에서 애굽의 일곱 해 풍년과 일곱 해 흉년을 해석한 요셉은 일치하는 점이 많습니다. 그러나 오직 믿음만이 남는 것입니다.

바울은 큰 그릇이었습니다.

사도 바울은 "바다의 위험과 강(江)의 위험과 동족의 위험과…"에서 보듯이 많은 위험을 당했으나 앉으나 서나 주님 생각만으로 올곧게 나아갔습니다. 그리고 그는 자신만을 구원한 것이 아니라 알렉산드리아 배에 탄 273명의 불신자들을 구원했습니다.

우리의 목적지인 천국에 도달하기까지 우리가 도와야 할 이웃이 얼마나 많은가를 도전해주고 있지 않습니까?

44절에 보면 수영을 하지 못하는 자는 널조각에 의지해서 나오는 장면을 보여주고 있습니다.

평신도들도 사역자로 구비되지 못한 자들은 마지막에도 의지할 것이 있어야만 살아남습니다. 당신이 가지고 있는 널조각을 이웃에게 주고도 살아남을 수 있는 능력을 가질 수만 있다면 이 험한 세상을 변화시킬 수가 있지 않을까요?

오늘 이곳에 와서 보니 시카고라고 하는 이름이 주는 사명이 너무도 크게 느껴집니다. 타이타닉 호의 마지막 죽어 가는 장면이 떠오릅니다.

아펜젤러 선교사님이 제물포에서 목포로 가는 구마루호 배에서 배가 난파될 때 피할 수 있는 5분의 여유가 있었음에도 불구하고 조선 성서번역을 돕는 조사의 딸이 경성을 방문하고 돌아가는 길에 그녀를 먼저 구해 내고 자신은 순교한 것은 그가 조선을 사랑한 선교사였음을 보여주고 있습니다.

저 죽어가는 자 다 구원하고 죄악과 무덤서 건져내며
죄인을 위하여 늘 애통하며 예수의 공로로 구원하네
저 죽어가는 자 예수를 믿어 그 은혜 힘입어 다 살겠네

사도 바울은 로마에 가서 하나님의 뜻대로 복음을 증거할 사명을 가지고 환란을 당했기에 극복할 수 있었습니다.

바울은 유라굴로 광풍 앞에서도 하늘 위에서 내려오는 생명선 되시는 예수님을 바라보고 있었습니다.
위엣 것을 찾으십시오. 그곳에는 주님이 계십니다.
하늘 위에서 이 땅에 오신 예수님의 독수리 복음인 요한복음을 묵상해봅시다(다같이 요한복음 17장 9절을 읽겠습니다).
"내가 저희를 위하여 비옵나니 내가 비옵는 것은 세상을 위함이 아니요 내게 주신 자들을 위함이니이다. 저희는 아버지의 것이로소이다."

로마의 상징인 독수리 가이사(케샤르)에게 가서 복음을 증거한다는 확신이 있었기에 바울은 흔들이는 바다 위에서도 한 마리의 독수리로 날아올라서 성령의 기류를 타고 로마에 도착하는 비전을 실현할 수가 있었던 것입니다.

하나님은 보너스로 멜레데 섬에 들러서 흑인들에게도 복음을 증거할 수 있는 기회를 주셨습니다. 은혜 위의 은혜입니다. 더블 버거입니다. 하나님은 멋있는 하나님이십니다.

요즘 광우병 파동을 보게 되니, 날아가는 인생도 위대하지만 힘 안 들이게 주님께 붙어 가는 인생이 더 평안합니다. 그러나 우리는 한걸음 더 나가서 평화의 촉진자가 되어야 합니다.

☞ **연구과제**

이 시대의 신앙의 모래톱은 무엇인가?

28 열린 문 앞에서 선 대사

(행 28:16-31)

　본문은 사도행전 마지막 부분으로 쇠사슬에 매여 마침내 로마에 도착한 장면을 보여주고 있습니다. 동학전쟁이 일어났을 때 녹두장군인 전봉준 장군이 일본군에 의해 수레에 압송되어 한양으로 올라가는 장면이 떠오릅니다. 그는 시대고를 앓는 선비였습니다. 파랑새가 날아갑니다. 녹두꽃 위에 앉습니다, 녹두꽃이 떨어집니다. 일본검찰에 의해 심문을 여러 차례 받고 모든 죄는 당신이 지고 님이 효수되어 저자거리에 달립니다. 누군가 마지막에는 책임을 무를 사람이 있어야 모든 갈등은 끝이 나는 것이 세상의 이치입니다. 사도행전의 마지막 부분은 결코 희망적이지 않습니다. 바울은 거의 20여년을 복음을 위해서 달려왔으나 마지막에는 거동이 철저히 통제된 감옥에서 언제 칼을 맞을지 모르는 절망적인 hopeless, helpless, and heartless의 상황에 놓여지게 되었습니다. 그러나 바울은 그런 상황에서도 결코 기가 꺾이지 않고 담대하게 복음을 전했습니다. 그의 선교는 한마디로 상황에 굴하지 않는 창조적 융합(creative fusion)의 선교였기 때문입니다. 선교철학을 배우기를 원합니다. 그에게 담대한 선교가 가능한 이유는 무엇입니까?

1. 이스라엘의 구원을 위한 것이기 때문입니다.

16절을 같이 읽겠습니다.

20세기 최고의 영화라고 하는 <벤허>에도 보면 벤허의 친구는 자신의 출세를 위하여 자기 민족을 미련 없이 버리고 로마로 가는 장면이 나옵니다. 로마는 그 당시 세계 선교전략상 지금의 워싱턴 DC와 같이 중요한 관문도시였습니다. 그런데 역설적으로 쇠사슬에 매인 대사로서 압송이 되어간 것입니다. 하나님의 경제법칙에 의거하면 바울이 돈이 없는 상태에서 비자문제가 해결이 되고 교통비와 숙박비가 해결이 되고 로마병사가 철통같이 지켜주는 이 방법이 가장 좋은 방법일 수가 있는 것입니다. 하나님의 생각은 우리의 생각과 다를 수가 있습니다. 그러나 그 길이 영광의 길이라고 하면 쇠사슬에 매이더라도 순종하면 되는 것입니다.

16절에 보면 바울은 한 군사와 함께 한 셋집감옥에서 따로 거하는 허락을 받았습니다. 바울은 조심스럽게 유대인을 초청하여 자신이 가이사에게 상소한 것이 유대인의 동족을 멸하려고 하는 것이 아니라 부득불한 것임을 밝히고 있습니다. 그리고 그것이 이스라엘을 향한 구원의 소망임을 밝히고 있습니다. 이러하므로 너희를 보고 함께 이야기하려고 청하였노니 이스라엘의 소망을 인하여 내가 이 쇠사슬에 매인 바 되었노라(28:20). 이는 이스라엘 열두지파의 소망이요 열두제자의 소망이요 메시아가 오신다고 하는 대망을 의미하는 것입니다. 어두운 시대에 한줄기의 빛과 같이 어두움에 내리는 하늘의 불똥과 같이 우리 마음의 의심의 촛불을 끄게 하는 찬란한 메시아 왕국의 도래를 설명하게 되는 것입니다.

2. 열린 문의 소망이 있기 때문입니다.

하나님은 마침내 이 약속대로 메시아를 이 민족에게 보내주셨는데 그 분이 바로 예수 그리스도입니다. 예수님은 천국복음을 증거하시다가 공생애를 마치시고 성경의 예언대로 십자가에 못박혀 죽으시고 장사지낸바 되었다가 사흘 만에 다시 살아나심으로 인생들을 죄와 사망의 법에서 구원하셨습니다. 그리고 그 주님이 지금 다시 오고 계십니다. 지금 시카고 대학의 교정 정문에 있는 지구 종말의 시계 (Doom's Day Clock)는 북핵의 위기 후에 교정하여 2분 30초전을 가르친다고 합니다. 종말의 요건이 모두가 갖추어졌는데 이제 유대인이 이스라엘로 귀환하는 숫자만 차지 않은 또 다른 천년을 대망하고 사는 시대를 우리는 살고 있음을 유념해야 합니다. 비록 쇠사슬에 매인 신분이나 우리는 열린 문의 축복을 누리게 될 것입니다. 눈물 골짜기를 더듬으면서 우리의 갈 길을 다간 후에 우리는 반드시 천국에 입성하게 될 것입니다. 열두 진주대문을 지나며 고난의 길을 택한 것이 오히려 축복이 됨을 간증하게 될 것입니다. 진주 하나가 얼마나 비싼데, 나를 위하여 그것을 가져다가 프랑스 파리의 몽마르트 언덕에 있는 개선문 같은 대문을 열두 개나 세우다니 얼마나 값진 대문이겠습니까! 하나님의 드라마는 기독교인 감동을 넘어선 기독교인 졸도를 연출하는 역전 드라마입니다.

3. 그러므로 셋집에서도 살수가 있습니다.

30-31절에 보면 "바울이 온 이태를 자기 셋집에 유하며 자기에게 오는 사람을 다 영접하고 담대히 하나님 나라를 전파하며 주 예수 그리스도께 관한 것을 가르치되 금지하는 사람이 없더라"고 기록하고 있습니다. 바울은 이 기간에 에베소서, 빌립보서, 골로새서, 빌레몬서를 집필하면서 때를 얻든지 못 얻든지 자신의 양떼를 위해서 섬겼습니다. 진실로 감옥 안에서 4교대조로 들어오는 로마의 군사들에게 1:1 제자훈련을 시키는 기회를 선용하여 간수도 예수를 믿게 하고 예수님이 니고데모 한 사람에게 요한복음 3장 16절을 가르친 것과 같이 1:1의 역사가 작은 불꽃이 되어서 로마를 변화시키는 사역을 하게 된 것입니다. 마치 여리고 성의 함락과 마찬가지로 그냥 성을 돌라고 하시는 주님의 음성에 순종하여 성을 묵-묵-히 돌 때 하나님의 시간에 성이 무너지는 기적이 창출이 된 것처럼 바울은 묵묵히 자기 몫에 태인 십자가를 걸머짐으로서 로마를 복음화하는 숨은 주역이 된 것입니다.

결론

저자 누가는 바울의 사역을 로마의 셋집에서 1:1 사역으로 끝을 맺고 있는 것은 그의 사역이 여기서 끝이 나는 것이 아님을 보여주고 있습니다. 바울은 로마에서 순교를 했습니다.

한국에 온 의료 선교사인 헤론 선교사가 생각이 납니다. 그는 미국의 테네시에 있는 주립대학을 나온 의학박사요 교수인데, 한국의 갑신정변이 나고 혼란한 조선을 구하기 위해서 의사의 신분으로 오게 됩니다. 이미 알렌 선교사가 기득권을 가지고 있고 주미대사의 역할도 하고 있으며 제중원의 원장으로 있기에 자신이 나이도 많고 학위를 가진 자이지만 그 밑에서 일을 하게 됩니다. 열심히 일을 하다가 인간관계의 어려움도 경험하게 되고 결국은 풍토병이 창궐했을 때 피하지 못하고 자신도 죽게 됩니다. 그가 묻힐 장소로 얻은 곳이 지금의 양회진입니다. 저는 세례 요한과 같이 자신이 죽고 예수가 드러나기를 원했던 거처럼 알렌을 위해서 들풀처럼 사라져간 헤론 선교사를 존경합니다.

필자가 평신도 직장인을 2030년까지 10만 명을 양성하고자 하는 것도 이와 같은 원리에서 비롯된 것입니다. 때를 얻든지 못 얻든지 지도하는 선교사들이 지금은 비록 1,100여명에 불과하지만 그리고 소속도 달라지고 탈레반 사건 등 환경적인 어려움이 가중되지만 최근에는 동북아시대의 청년 리더를 전문인 선교사로 키우기 위해서는 한국어, 중국어, 일본어, 영어로 훈련을 하라는 비전을 새로 받았습니다. 하나님의 일을 하나님이 이루신다는 소명이 있기 때문에 작은 바울 아니 디모데가 되어서 그 길을 순종하며 따라가는 것입니다.

필자는 전신자선교사주의를 제창하며 모든 성도가 선교사로 살아야 한다는 주장을 실천하도록 훈련시키고 있습니다.
필자는 모든 성도가 다 예수님을 본받아 성육신적인 선교사가 되기를 훈련시키고 있습니다.
필자는 5중 전문성에 기초하여 언어, 지역, 직업, 사역 그리고 성령의 기름부음을 통하여 하나님의 나라가 퍼져가기를 소원하고 있습니다.

☞ **연구과제**

| 탈레반 사건 이후의 담대한 선교(Bold Mission)의 조건은 무엇인가? |

전문인 선교행전

저자·김 태 연

2008년 9월 10일 인쇄
2008년 9월 15일 발행

발행인·권 명 달
발행처·보이스사

출판등록·1966년 2월 23일·제 2-160호
우편번호 157-016
서울특별시 강서구 화곡6동 1120-13 한소빌딩
전화 (02)2697-1122 · 팩스 (02)2605-2433

값 13,000원

ISBN 978-89-504-0408-6

ⓒ 판권 본사 소유

※ 이 책은 일부분이라도 발행인의 허락없이는
무단복제할 수 없습니다.

Printed in Korea